口絵１①　上杉景勝肖像（米沢市上杉博物館所蔵）

②　上杉神社稽照殿の建物

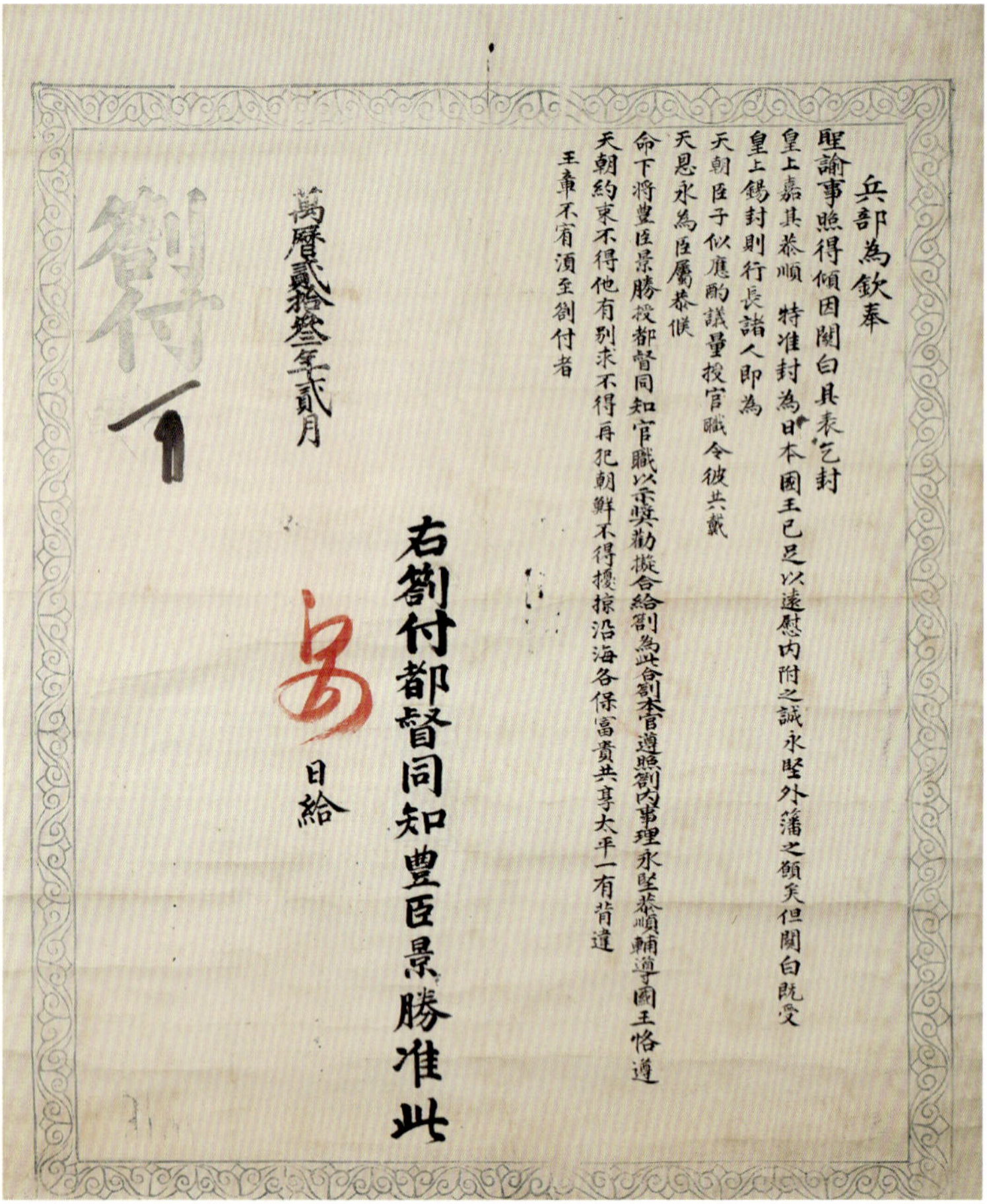

口絵２①　明国劄付
上杉景勝宛（全体）

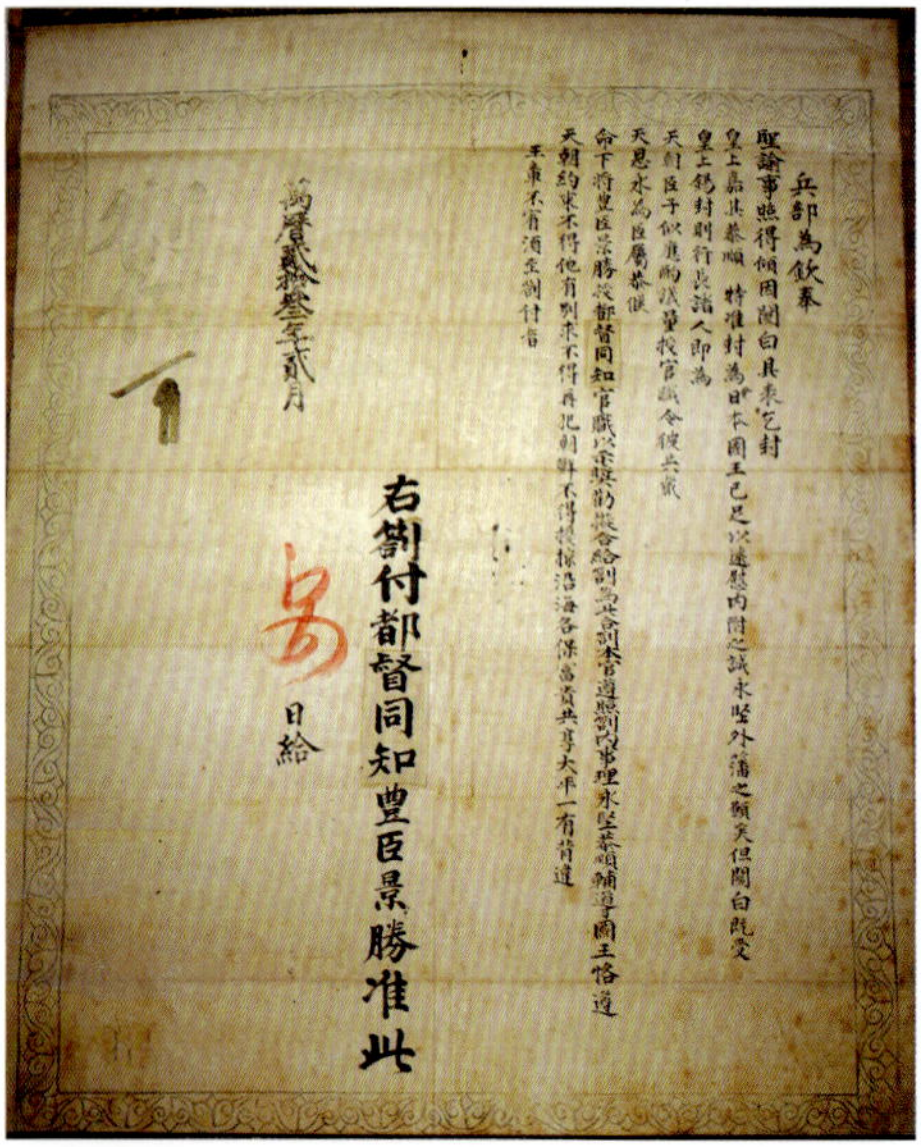

②　明国劄付　上杉景勝宛
（透過光撮影）

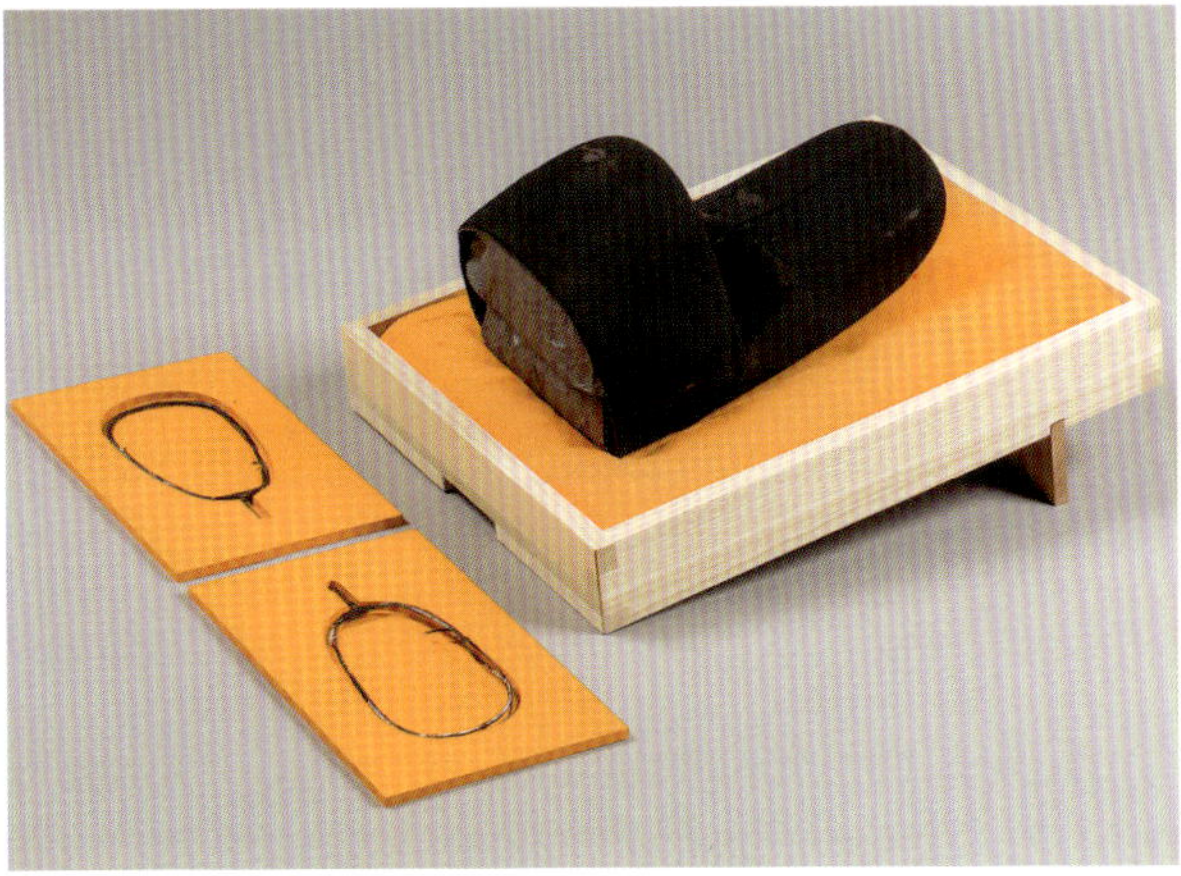

口絵3① 修理後の紗帽展角付 一頁

③ 紗帽 本体

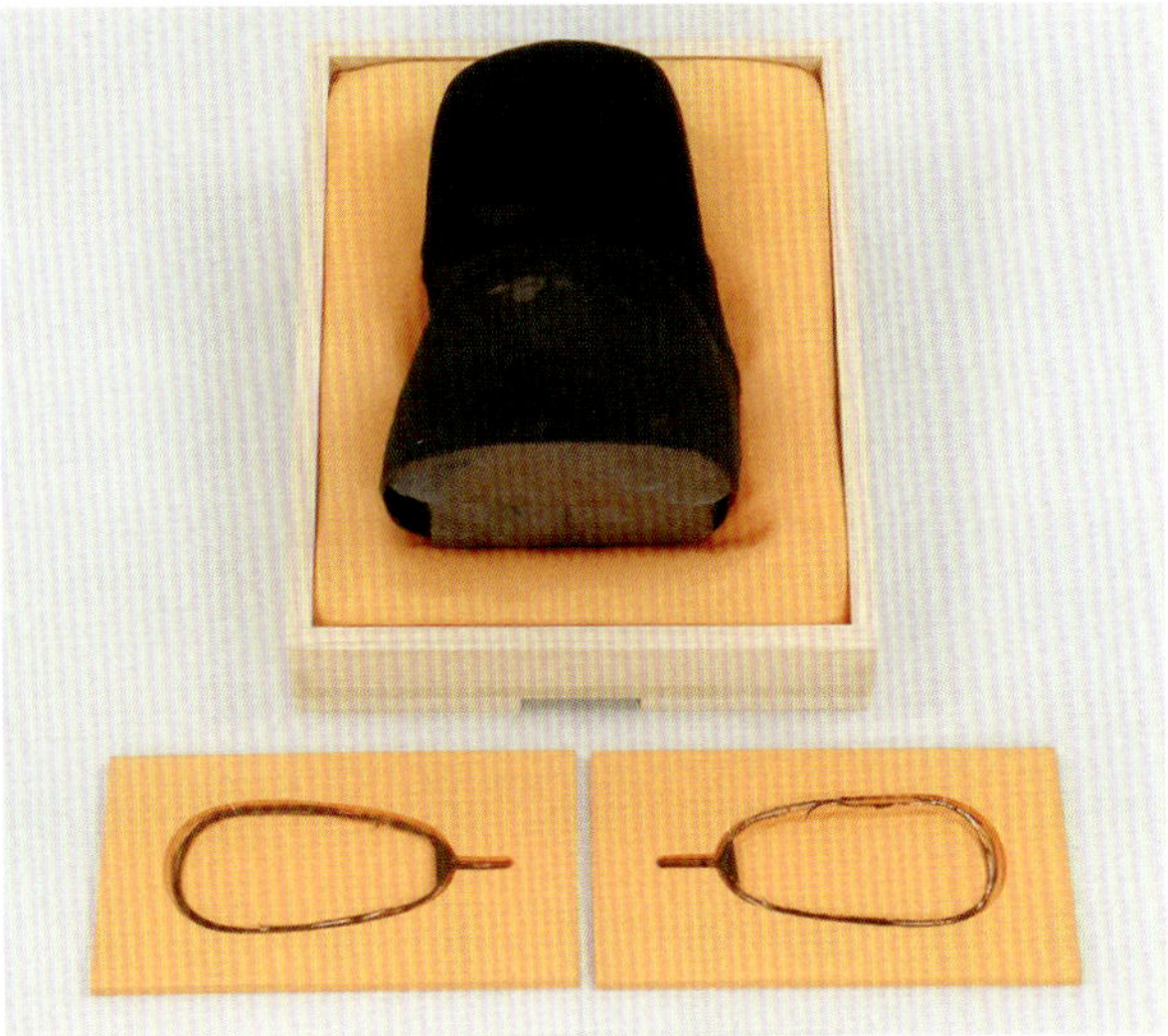

② 紗帽と展角の配置関係

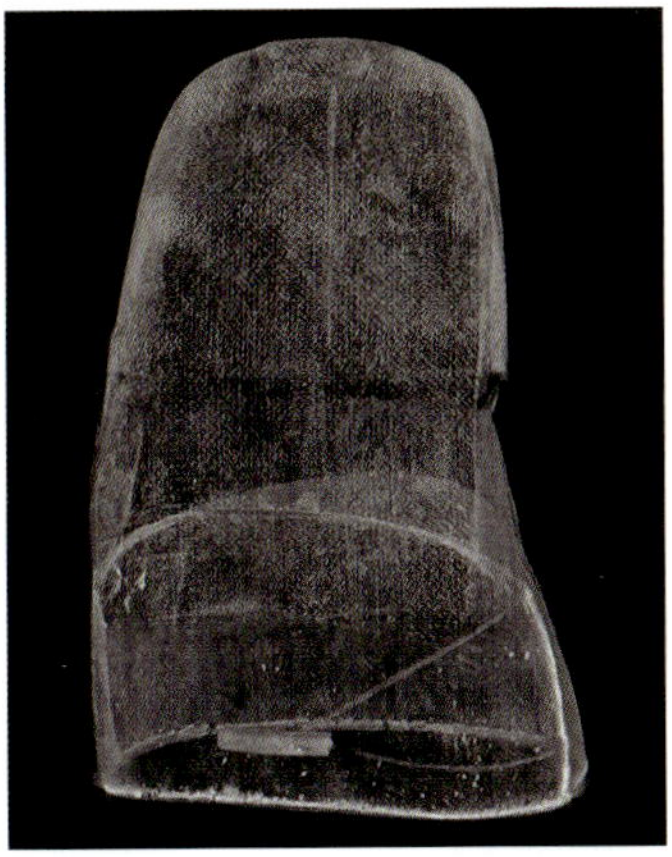

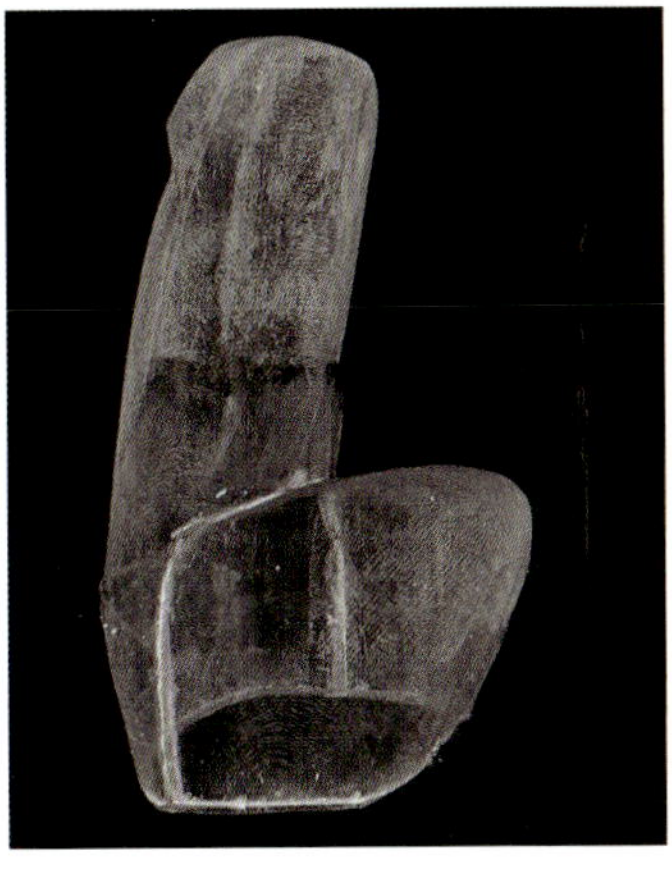

④ 紗帽 X線CT撮影（上：後ろから，下：右から）

口絵４①　修理後の犀角帯　一条

②　犀角帯俯瞰画像（正面から）

③　犀角帯俯瞰画像（背面から）

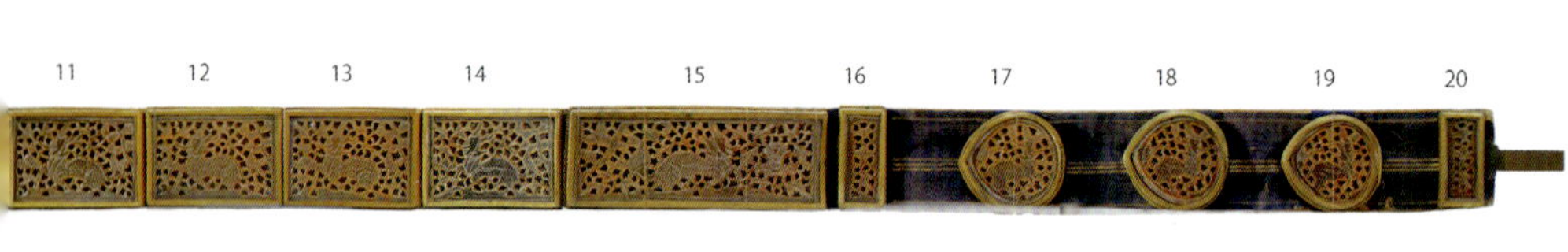

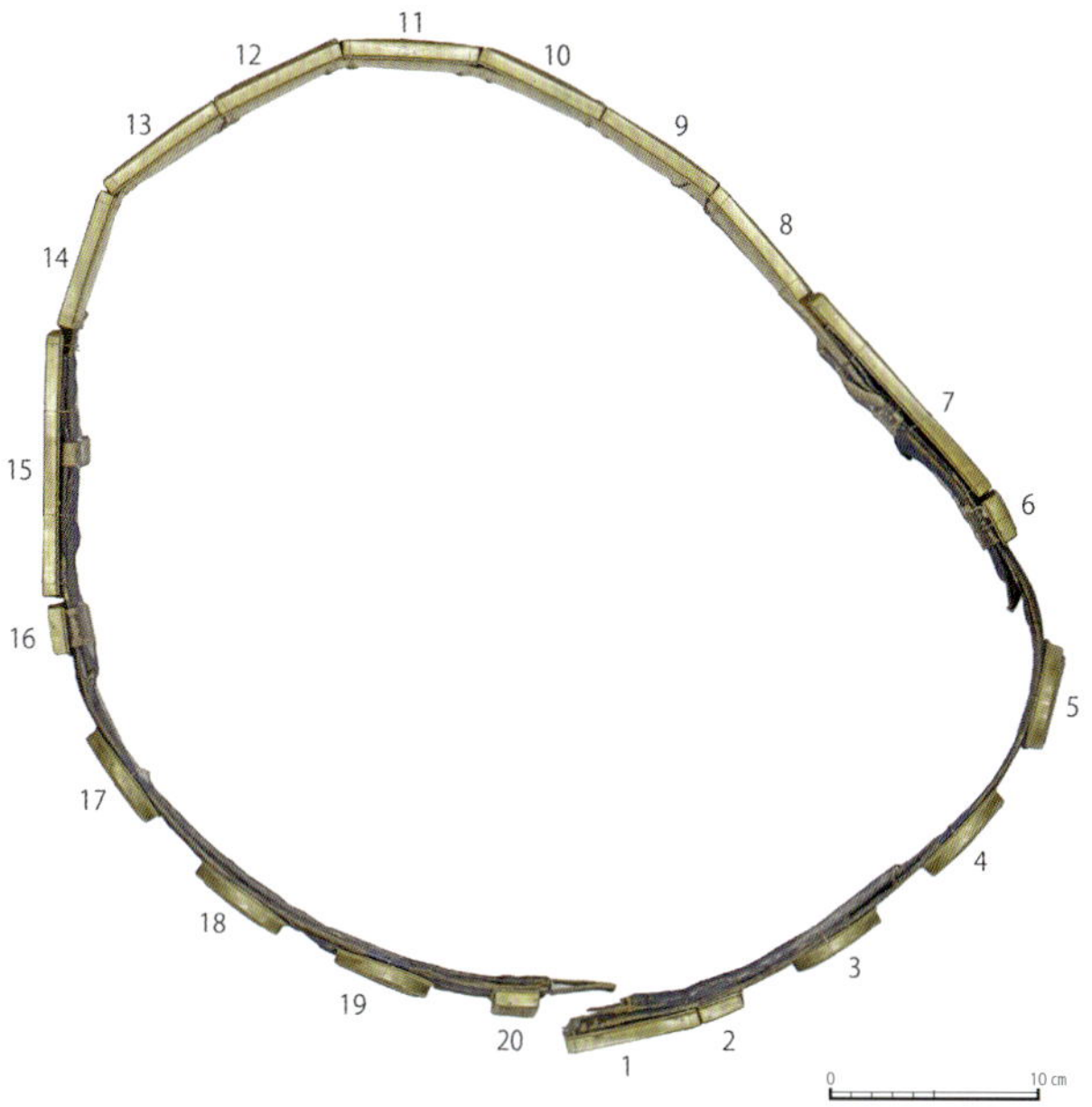

口絵5④　犀角帯上面の
オルソ画像

⑥　銙3（円桃）

⑤　銙1・2（正方と輔弼）

⑦　銙15・16（魚尾と輔弼）

⑧　犀角帯外面展開写真

口絵６①　大紅刻糸胸背
斗牛円領一領
正面

③　正面の補子

口絵７①　緑貼裏　一領　正面

② 背面

④ 背面の補子

② 背面

口絵８①　修理後の靴　一双

②　靴底（左右）

＊所蔵先が書かれていないものは，宗教法人上杉神社所蔵。

上杉景勝と明の冠服

中国から贈られた高官衣装

新宮　学［編］

吉川弘文館

目　次

序章　上杉景勝宛の武官任命通知書と明朝冠服

新宮　学

はじめに

米沢市の上杉神社が所蔵する上杉家伝来衣裳は、戦国武将上杉謙信と景勝所用の衣裳である。わが国の安土桃山時代の優れた染織工芸品としてきわめて価値の高いものである。昭和三十六年（一九六一）二月に服飾品九八点が国の重要文化財の指定を受けた。これらの衣裳は特定の個人が着用したと限定でき、その伝来の確実性にも特色がある（山辺　一九六九）。

しかし本書で取り上げるのは、これまでも注目を浴びてきた謙信所用ではなく、景勝に贈られた明朝冠服と劄付《さつぷ》である（口絵1①）。これらは幸い劄付とセットで伝来したことから、謙信所用以上に由来が確実である。

その上、東アジアの「壬辰戦争」の一時停戦期間に明朝が豊臣秀吉を「日本国王」に冊封するにあたり、秀吉本人への明服賜与（国宝・京都妙法院所蔵）に加えて、配下の武将に約五〇点もの明服が贈られた。それらのうち、兵部《へいぶ》劄《さつ》と冠服一式がともに残っているのは、国内で上杉神社所蔵の景勝受贈品が唯一であるというのは、じつに奇跡的と言わねばならない。さらに中国国内を見まわしても、上級武官の明服一セットが比較的良好な保存状態で伝来するのはきわめて珍しい。

十六世紀末に朝鮮半島を戦場にして東アジア三国が関わった戦争（一五九二―九八年）は、日本では文禄《ぶんろく》・慶長《けいちょう》の役としてよく知られているが、当地の朝鮮では壬辰《イムジン》・丁酉倭乱《チョンユウウエルアン》、中国では万暦《ばんれき》朝鮮之役などと呼ばれてきた。それらの名称の違いは、その戦争がこれまでそれぞれの国家や時代状況によって異なる「語り narrative」で語られてきたことを如実に示している。

冷戦構造が解体した一九九〇年代以降、東アジア地域がより緊密に連携し始め、さまざまな困難な課題を抱えながらも地域全体の繁栄と平和を実現するために「東アジア共同体」の構築が希求されるようになった。こうした中で、かつての戦争を新たに「壬辰戦争 The Imjin War」と名付けてこの地域で共有できる歴史的意義を明らかにしようという取り組みが、韓国の歴史学界から始まった（鄭・李　二〇〇八）。歴史の展開はつねに逆戻りを伴うもので、近年では国家間の緊張を増大させる事態が生じているが、かえって地域共同体を構築することの重要性を高めている。

山形県米沢市にある宗教法人上杉神社の博物館稽照殿《けいしょうでん》には、明朝より上杉景勝（一五五五―一六二三）に贈られた兵部劄と冠服一セットが所蔵されている（山辺・神谷　一九六九）（口絵1②）。壬辰戦争期に明朝と日本とのあいだで進められた講和交渉の過程で、万暦二十三年（一五九六）太閤豊臣秀吉を「日本国王」に封じることが決定された。秀吉には明朝から誥命《こうめい》・勅諭・金印・冠服が賜与された（大庭　一九七一）。家臣たちにも同様に冠服約五〇セットが贈られた。それらのうちの一セットが景勝に贈られた。その交渉自体は、よく知られているように秀吉の激怒により破綻したので、和平は結局実現しなかった。しかしながらその兵部劄と冠服は、明朝に返却されることなく景勝のもとに残り、伝世品として現代まで伝えられている。

兵部劄は、景勝を武職の「都督同知《ととくどうち》」（従一品）に任命することを兵部尚書（陸軍大臣に相当）が通達したものである。同時に贈られた冠服は、後述する常服の円領・直身・紗帽・犀角帯・靴の五点からなる。平成三十年（二〇一八）

十月、これらの兵部箚と冠服が日本の「重要文化財」にあらためて指定された（文化庁文化財部　二〇一八）。これらは、すでに昭和三十六年「伝上杉謙信・景勝所用の服飾類」の一部として同指定を受けていた。このたび十六世紀末の対外関係を示すその重要な価値が再評価され、歴史資料分野の重要文化財に分割指定された。

私たちの共同研究によれば、これらの冠服と兵部箚は日本の対外関係史上重要であるのみならず、中国明朝服飾史における研究資料としても貴重なものである。近年増加している明墓の緊急発掘による出土品に比べても、伝世品のため保存状態は格段に良好であり、稀少価値がある。したがって、明朝の服飾として正しく命名することが不可欠である。これにより、結果として前述した壬辰戦争期における和平交渉の経緯と実情を示す歴史資料として東アジア地域で共有すべき価値を付与することができるからである。序章では、これらの伝来した冠服の概要を紹介するとともに対外関係史と明朝服飾史上の価値を明らかにする一助としたい。

1　京都妙法院伝来の明朝冠服

秀吉に贈られた冠服の再発見

米沢藩上杉家伝来の明朝冠服については、戦前からその存在が知られていた。昭和十六年（一九四一）の史学会第四十二回大会に併せて開催された「上杉伯爵家什宝《じゅうほう》展観」では、その一部が公開展示されたことがあった。戦後の一九四五年に上杉神社の所蔵となり、一九六一年には重要文化財に指定された。しかし、あらためてその貴重な価値を認識させられたのは、平成十年（一九九八）に日本国王に封じられた豊臣秀吉に賜与された明服が再発見されたからである。翌年四月に京都国立博物館において開催された特別展覧会「妙法院と三十三間堂」では、景勝と同時期に秀吉に贈られた明朝冠服について、初めて本格的に行われた調査の成果が公開展示された（京都国立博物館　一九九九）。

京都市東山七条にあり、等身大の千手観音像が一〇〇〇体も並ぶ国宝三十三間堂（蓮華王院）を管理しているのが妙法院である。妙法院は、平安時代末期の後白河法皇の帰依を受けた天台宗の門跡寺院である。のちに秀吉との関わりの深い寺院となるのは、以下のような事情からであった。

慶長三年（一五九八）八月十八日、秀吉は伏見城で六十三歳の波乱万丈の生涯を閉じた。その亡骸は、東山の阿弥陀ヶ峰に埋葬され、翌年四月には秀吉を祀るための神廟が完成した。神廟は秀吉の神号「豊国大明神」に因んで、「豊国社《ほうこくしゃ》」と名付けられた。

それから十六年後の大坂夏の陣で豊臣家が滅亡すると、豊国社の神庫にあった秀吉の遺品の大半は、元和二年（一六一六）徳川家康の命で隣接する広福王府（秀吉創建の方広寺）に寄進された。この大仏殿の管理を任せられたのが妙法院であり、秀吉の遺品を保管することになった。これらの遺品の中に、文禄五年（万暦二十四年、一五九六）秀吉に明朝から贈られた頒賜品の一部が含まれていたことが明らかになったのである。

秀吉に賜与された冠服の内訳は、以下に掲げる宮内庁書陵部所蔵の「万暦二十三年勅諭」の後半部分に記載されており、その全容を知ることができる（図1）。

頒賜

国王

紗帽一頂展角全

金箱犀角帯一条

常服羅一套

大紅織金胸背麒麟円領一件

青褡複一件　**緑貼裏一件**

皮弁冠一副
七旒皂縐紗皮弁冠一頂旒珠金事件全　玉圭一枝袋全
五章絹地紗皮弁服一套
大紅素皮弁服一件　**素白中単一件**　**纁色素前後裳一件**
纁色素蔽膝一件玉鈎全　纁色粧花綿綬一件金鈎玉玎璫全
紅白素大帯一条　**大紅素紵糸舄一双襪全**
丹礬紅平羅銷金夾包袱四条
紵糸二疋
黒緑花一疋　深青素一疋
羅二疋
黒緑一疋　青素一疋
白氈糸布十疋
万暦二十三年正月二十一日

調査にあたった京都国立博物館工芸室長（当時）河上繁樹氏の研究によれば、このうち傍線を付した七点（常服関係二点、皮弁服関係五点）が妙法院所蔵の秀吉遺品にあたるとしている（河上一九九八）。前者の常服とは、明代では王朝の文武官が常朝視事する際に着用する公服である。後者の皮弁服とは、冕服《べんふく》に次ぐ礼装で、皇帝および宗室専用の礼服であった。天子による朔望（一

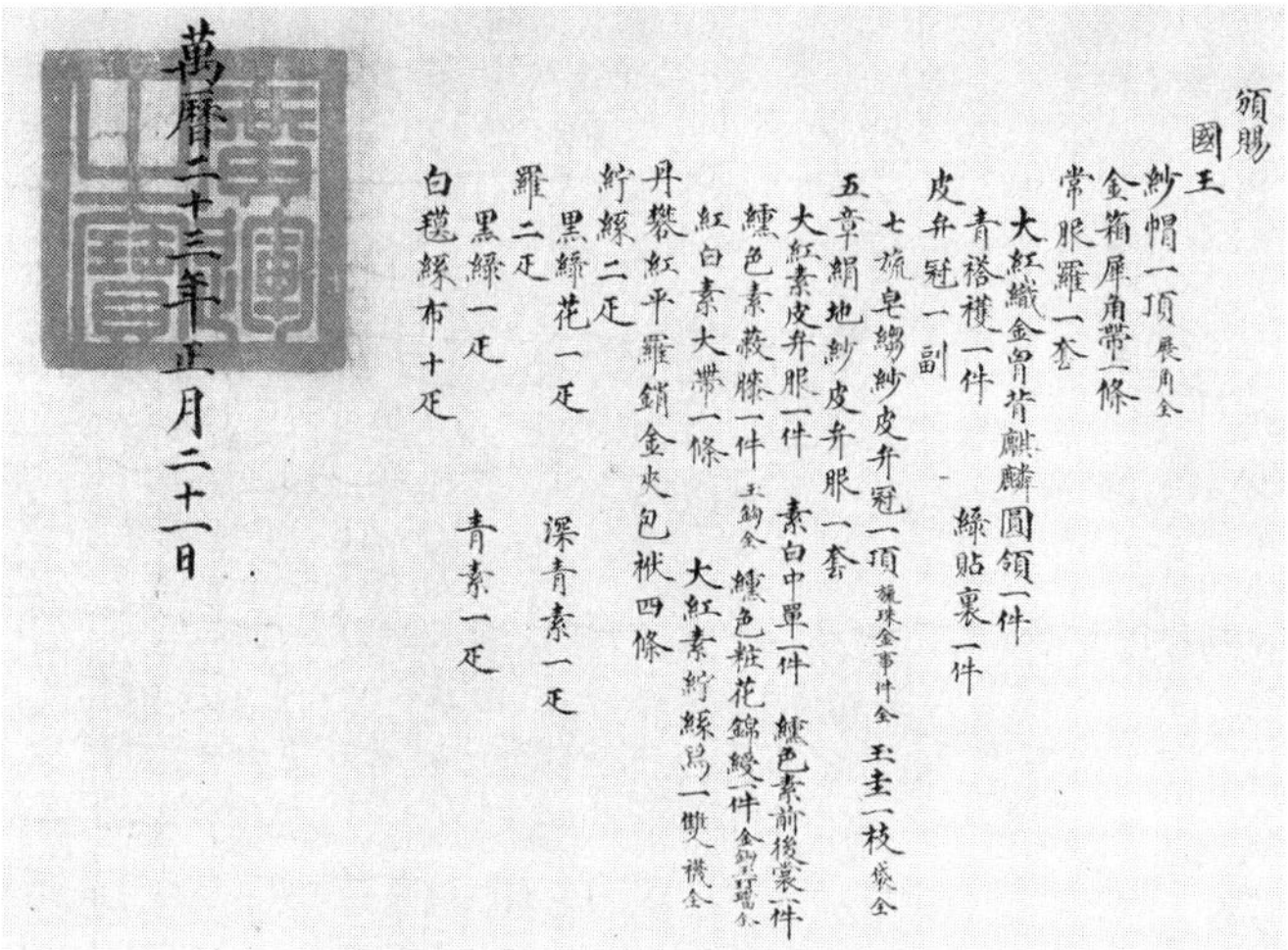
頒賜
國王
紗帽一頂展角全
金廂犀角帶一條
常服羅一套
大紅織金胷背麒麟圓領一件
青褡䙅一件　綠貼裏一件
皮弁冠一副
七旒皂縐紗皮弁冠一頂旒珠金事件全　玉圭一枝袋全
五章絹地紗皮弁服一套
大紅素皮弁服一件　素白中單一件　纁色素前後裳一件
纁色素蔽膝一件玉鈎全　纁色粧花錦綬一件金鈎玉玎璫全
紅白素大帶一條　大紅素紵絲舄一雙襪全
丹礬紅平羅銷金夾包袱四條
紵絲二疋
黑綠花一疋　深青素一疋
羅二疋
黑綠一疋　青素一疋
白氈絲布十疋
萬曆二十三年正月二十一日

図1　「万暦二十三年勅諭」部分（宮内庁書陵部所蔵）

日と十五日）の視朝や諸王の告朔時に着用した（『明太祖実録』巻五四、洪武三年〈一三七〇〉七月己亥の条）。

秀吉に贈られた勅諭後半部分の頒賜品目録に掲げられた冠服のうち、現存するのはその一部である。これに対し、景勝に贈られた明朝冠服は、常服のワンセットがほぼそのままに残っている点で貴重である。

2　景勝に贈られた兵部劄と明朝冠服

次に、上杉神社所蔵の景勝に贈られた兵部劄と明朝冠服について紹介する。冠服類の寸法・重量・材質については、神谷栄子氏によってまとめられた『上杉家伝来衣裳』日本伝統衣裳第一巻（講談社、一九六九年）に依拠した。今回調査修理された紗帽・犀角帯・靴については、角屋由美子編『明国劄付上杉景勝宛一幅　明冠服類（文禄五年上杉景勝受贈）一括』（上杉神社、二〇二一年）をも参照した。

（1）兵部劄付一幅（口絵2）

タテ一〇五・二センチ×ヨコ八九・〇センチ

兵部劄は明朝の兵部尚書石星が発給した劄付である。兵部尚書（正二品）が、上杉景勝に武官の「都督同知」（従一品）の官職を授ける旨を記した通知書である。従来、「辞令書」と説明されてきたが、兵部尚書にその任命権があるわけではないことから適切ではなかった。劄付とは、ほんらい上級官より下級官庁に通達する公文書のことで、最近では中国史以外の分野でも、いわゆる「下行《かこう》文書」として正確に扱われるようになった。

用紙の周囲には、四センチ幅の雲紋の枠（辺欄）があらかじめ印刷してある点が中国独自である。枠の内側はタテ九〇・八センチ×ヨコ七五センチで、その中に文書が墨書されている。

景勝の都督同知箚付のほかに、同時期に出された兵部箚として、毛利輝元宛の同じく都督同知箚付（毛利博物館所蔵）と前田玄以宛の都督僉事《せんじ》箚付（東京大学史料編纂所所蔵）が現存している。箚付の内容の詳細については、本書第二章を参照されたい。

（2）以下は明朝の冠服類であり、後述するように常服のワンセットと判断される。景勝に贈られた箚付にはその目録が附記されておらず、残念なことに正確な名称は明らかではない。以下の冠服類のそれぞれの名称は、重要文化財指定の名称と異なっているが、前述した「万暦二十三年勅諭」に載せる秀吉への頒賜品目録の名称を参考にして、編者の新宮が試みに命名したものである。配列の順序も、その目録の配列に準拠している。

（2）紗帽一頂　展角全（口絵3）

高さ三一・二センチ　幅二二・二センチ　重量九三・一グラム

左右の展角《てんかく》　長約二〇センチ　幅約九センチ　短径八・五センチ

黒革で框《わく》（枠）を作り外側を烏紗で覆った冠帽である。常服の一部で、文武官が常朝視事する際にかぶった。その黒色から「烏紗帽《うさぼう》」と呼ばれる。日本では「唐冠」と俗称する。

山東博物館所蔵の「平翅《へいし》烏紗帽」も伝世品であるが、高さは二〇・九センチと低い（故宮博物院・山東博物館・曲阜文物局編　二〇一三）。また上海市盧湾区肇家浜路で発掘された明代の潘允徴墓から烏紗帽一頂（高さ二五・五センチ）、潘恵墓から烏紗帽一頂（高さ二四センチ）がそれぞれ出土している（上海市文物保管委員会　一九六一）。潘允徴（一五三四―八九年）の官職は従八品の光禄寺掌醢署《しょううんしょ》監事、潘恵（一五〇三―八七年）は正六品の温州府通判と卑官にとどまっていた。これらに比べて、上杉神社所蔵の景勝のものは三〇センチと高さがかなりある。景勝に与えられた都督同知の従一品の官位に相応しいものと言えよう。左右の展角に、ほんらい被せてあったはずの黒色の紗はすでになくなっているものの、

図２　唐冠を被った豊臣秀吉像（高台寺所蔵）

鉄製の骨の部分が残っており、当時の形状と内部構造を窺うことができる。なお、令和元～二年度に修理を担当した京都の松鶴堂修理技術部の調査分析によれば、展角は鉄製の骨組に紙（漆加工）を貼ったとある（角屋編　二〇二一）。

前述した「万暦二十三年勅諭」の頒賜品目録の筆頭に「紗帽一頂」を掲げており、秀吉にも烏紗帽が賜与されていた。「豊国社納御神物之注文」（妙法院研究会編　一九八〇）には、「政所様ヨリ御納被成候分」として「一、御冠　二ツ　但玉冠・唐冠」とあって、政所より豊国社に奉納された唐冠が存在していたはずである。しかし現在、妙法院伝来の豊臣秀吉遺品の中には残されておらず、その所在は確認されていないことから、景勝に下賜された烏紗帽が伝世しているのはじつに貴重と言わねばならない。

明初、在京の文武官が常朝や侍班の際の公服（後述）では、前が低く後ろが高く方形を呈した幞頭《ほくとう》を被った。漆を塗ったものと紗を被せたものの二種があった。後ろ面左右に一尺二寸の展角が付いていた（『明太祖実録』巻二〇九、洪武二十四年〈一三九一〉六月己未の条）。これに対し、常服の展角は、明代前期は下に向かって湾曲していたが、後期に丸みを帯びて楕円形となった。ちなみに、冠の後ろ面に展角を上向きに折角したもの（烏紗折角向上巾）が「翼善冠」と呼ばれるもので、皇帝や皇太子の常服に着用された（万暦『大明会典』巻六〇、礼部一八、冠服一、皇太子冠服・常服）。

周知のように豊臣秀吉の肖像画の多くは、この烏紗帽（いわゆる唐冠）を被ったもので、秀吉のトレードマークとなっている。これは、能楽を愛好した秀吉が、能楽において「唐」や「神」の象徴として使われることを意識したものという（寺嶋　二〇一五）。京都の高台寺所蔵豊臣秀吉像（図2）は、秀吉が没した慶長三年（一五九八）八月十八日の日付をもち最も早い時期の肖像画で、晩年まで唐冠を愛用していたことが窺える。とはいえ烏紗帽は、明朝では臣下が被るものであった。皇帝は前述したように常服では展角を上向きにした翼善冠を着用した。明朝征服を試みた秀吉が、その晩年にいたるまで翼善冠ではなく、烏紗帽を愛用し続けたというのは、明朝の服制からすれば皮肉な話である。

じつは、柳成龍《リュソンヨン》『懲毖録《ちょうひろく》』巻一によれば、朝鮮出兵に先立つ天正十八年（一五九〇）十一月に聚楽第で朝鮮使節正使黄允吉《ホアンユンギル》らと会見した際にも、秀吉は紗帽を被っていたとある。ただし、朝鮮王朝も明朝と同様の紗帽を用いていたことから（金・孫　一九八四）、その時秀吉が被っていたのは、朝鮮か明朝のどちらの紗帽であったか定かではない。

（3）金箱犀角帯一条（口絵4）

幅四・九センチ　長一四二・五センチ　重量七〇〇グラム

黒革製の腰帯で、犀角の帯飾「銙《か》」が施されていることから、一般に犀角帯と呼ばれる。それぞれの犀角片には麒麟文が透かし彫りされているのに加えて、「金箱《きんしょう》」と呼ばれる金具（金框托）を嵌め込んである。金箱は「金鑲《きんじょう》」とも表記される。

文武官の常服の腰帯では、公・侯・駙馬都尉《ふばとい》・伯および一品官は玉を用い、二品官は犀角を用い、三品官は金鈒花帯、四品官は素金帯、五品官は銀鈒花帯、六品・七品官は素銀帯、八品・九品官および雑色未入流官は烏角帯を用いると、品級ごとに細かに規定されていた（『明太祖実録』巻二〇九、洪武二十四年六月己未の条）。朝服や公服でも、それぞれ同様に二品官の場合は犀角帯を着用すると定められていた。

景勝の腰帯は、従来「石帯」と紹介されてきた（山辺・神谷　一九六九、大庭　一九九六）ものの、玉ではなく犀角を用いている以上、石帯と呼ぶのは適当ではなかった。今回の分割指定では「犀角帯」と正確に命名された。編者はさらに一歩進めて、金箱犀角帯とよぶべきであると考えている。その理由について、詳しくは本書第四章を参照されたい。

（4）常服　羅　大紅刻糸胸背飛魚円領一件（口絵5①②）

丈《たけ》一三五センチ×裄《ゆき》一一三センチ　袖幅四三センチ　袖口一九センチ　重量八一五グラム

常服の緋袍《ひほう》である。羅《ら》は経糸《たていと》を綟《もじ》らせて織った生地の絹織物である。紵糸の冬服、紗の夏服に対し、合服《あいふく》として着用する（河上　二〇一三）。紅色の羅の生地に雲文（骨朵《こつだ》雲ともいう）を織り出した緞子《どんす》である。円領（丸襟）窄袖《さくしゆう》（つつそで）の単衣仕立てとなっている。身頃《みごろ》の両脇には「襬《ひ》」と呼ばれる半幅の共裂《ともきれ》を縫い足している。

胸と背の部分にはゼッケンのような刻糸（綴織《つづれおり》）の徽章が縫い付けてある。大きさはタテ三三・五センチ×ヨコ三六センチである。これは「補子《ほし》」あるいは「補」と呼ばれるもので、官位を表す徽章である。これが縫い付けてあることから「補服」と呼ばれることも多い。補子の文様をめぐる研究史については、後に詳しく検討する。

明朝の冠服は、王熹『明代服飾研究』によれば、礼服と便服に大別できる。礼服には朝服・祭服・公服の別があり、便服には常服と忠靖冠服があった。洪武元年（一三六八）に礼部および翰林院などの官員を集めて冠服の制度を定めた（『明太祖実録』巻三六下、洪武元年十一月甲子の条）。そののち洪武二十四年の改定では、文武官の朝服は大祀・慶成・正旦・冬至・聖節および詔赦の頒降開読・進表伝制の際に、祭服は郊廟・社稷を分献陪祀する際に、公服は毎日の早朝・晩朝奏事や侍班・謝恩・見辞（いとま乞い）の際に服用すると、詳細に規定されていた（『諸司職掌』礼部・

儀部、冠服・文武官冠服、『明太祖実録』巻二〇九、洪武二十四年六月己未の条）。

便服としての常服は、官庁で日常の公務を処理する際の制服である。忠靖冠服は、宴会に服用する燕服として嘉靖七年（一五二八）に嘉靖帝の命により新たに制定したものである（『明世宗実録』巻八五、嘉靖七年二月丁巳の条）。

明初には、前述したように在京文武官は奏事や侍班など皇帝に朝見する際には、ほんらい公服を着用すると定められていた。ただ朝政での整列を終えたのちに軍務などで即時に引見する場合には、常服も例外的に認められていた（『明太祖実録』巻五七、洪武三年十月己巳の条）。また雨や雪の場合には、便服の常服に着替えることも許されていた（『明太祖実録』巻二〇九、洪武二十四年六月己未の条）。

しかし明後期になると、日々の御門視事の際にも便服の常服で朝参しており、礼服の公服を着用するのは朔・望の日に正殿で皇帝を朝賀する時のみとなっていたようである（于慎行『穀山筆塵』巻一、制典上）。

明代の文武官の公服と常服は、ともに盤領右衽《ゆうじん》袍であった。盤領とは前述した円領（丸襟）のことで、漢族ほんらいの右衽（右前）に着た。その色は、洪武二十四年の改定では公服と常服ともに一品から四品までは緋袍、五品から七品までは青袍、八品九品は緑袍と定められた（『諸司職掌』礼部・儀部、冠服・文武官冠服・公服）。それ以前の洪武初には、公服はすべて赤色で統一されていた。明代、服飾の色で赤を尚《たっと》んだのは、周・漢・宋代の制に倣ったという（『明太祖実録』巻五二、洪武三年五月辛亥の条）。

公服と常服との両者の衣裳の大きな違いは、公服の場合に五寸から一寸までの花様の大小で官品を区別しているのに対して、常服では後述するように文武官は鳥・獣の文様で区別している点である。

景勝に贈られたこの緋袍は伝世品だけあって、変色腐食した出土品とは異なり色鮮やかである。染色は退色しやすい紅花染（大紅と呼ぶ）と推定されるが、四〇〇年の歳月を経過したとは思われないほど保存状態が良好であった。

これは、戦後間もない昭和三十年（一九五五）に調査を行った東京国立博物館初代染織室長山辺知行氏も指摘するところであった。

大紅について付言すれば、明末の宋応星『天工開物』巻三、諸色質料では、「深紅色。その原料はもっぱら紅花餅である。烏梅《うばい》水で煮出して、さらに鹸水《かんすい》で数回澄ませる。或いは稲藁の灰を鹸に代えても、作用は同じである。たびたび澄ますと、色はたいへん鮮やかとなる」（藪内清訳注本。平凡社、一九六九年）と詳しく説明している。

（5）便服羅　緑直身一件（口絵7①②）

丈一三一センチ×裄一〇六センチ、袖幅四一・五センチ、袖口一九センチ。重量七五五グラム

緑色に先染した経糸と緯糸で雲文を密に織り出した羅の緞子である。雲文は、前述した常服の大紅羅と同様である。色鮮やかな染色は「官緑」と呼ばれるもので、槐樹《エンジュ》の花を煮出して染めた上に藍澱をかけて染色する（宋応星『天工開物』巻三、諸色質料）。単衣仕立ての交領窄袖で、平絹の白襟（白領）を掛けている。見頃の両脇には、大紅羅と同様に襬を縫い足している。

従来、「下着」として紹介されてきたが、今回の分割指定では「緑貼裏」と命名された（文化庁文化財部　二〇一八）。確かに、『諸司職掌』工部・水部、織造・冠服にあるように、明初では品官に冠服が給賜される場合は「円領・貼裏・紗帽・角帯」のセットと定まっていた。しかしながら貼裏は、腰から下の部分に襞《ひだ》があるのを特徴とすることから、これには合致していない。むしろ全体の形状から見て、董進『大明衣冠図志』巻一五、冠服図示（五三六頁）に載せる「直身」と判断される。直身は「直領」とも呼ばれた（明、沈徳符『万暦野獲編』巻三九、土司、瓦剌厚賞）。後者は、円領と同様に、領（えり首）の形状による呼び名である。直身は、前述した妙法院伝来の明服にもほぼ同色同形のもの（丈一二六センチ×裄一一二センチ）があり、「便服」と紹介している（河上　一九九八）。景勝のものも補子がないことから便服と判断した。

直身については、明末の劉若愚『酌中志』（海山仙館叢書本）巻一九、内臣佩服紀略にも記載があり、道士が着る道袍とほぼ同形であったという。この資料では、内官の便服の一種として説明しているが、前掲の『大明衣冠図志』巻五、文武官冠服によれば、「出警図」などに多くの交領直身に補子を胸背に綴った官員が描かれていることから、円領と同様に常服の性質があったと推測している。直身は円領の下に着る場合もあるが、騎馬や出行の際に便利で、官員の普段着として着用されていたのであろう（国立故宮博物院　二〇一八）。そのため直身は伝世品も多く、山東の孔府（衍聖公府《えんせいこうふ》）には蟒衣や仙鶴補子など文様は異なるが直身が多数収蔵されている（孔子博物館　二〇一八）。

(6) 靴一双（口絵8①②）

高さ四〇㌢　底の長さ二九㌢　重量は両方あわせて八〇〇㌘

黒革製の長靴《ブーツ》である。上部を紺色の棉布で包み、靴底は刺子になっている。

明代、文武官の公服では、靴は黒色を着用すると規定されていた（『諸司職掌』礼部、冠服、文武官冠服）。靴はほんらい「胡服」とされ、非漢族の履物であった（明、田藝蘅『留青日札』巻二〇、女靴）。明初洪武年間には、文様や金線で装飾した靴を禁じる「靴禁」が厳しく定められていた（『明太祖実録』巻二二九、洪武二十五年七月壬午の条）。庶民は靴を履くことは許されず、皮製の鞝や麻製の鞋のみが許された。

なお、景勝の左右の靴底には、それぞれ「十六」と墨書されていることが新たに判明した（角屋編　二〇二二）。墨書された時期は不明であるが、陪臣に数十セット以上が一度に贈られたというから、おそらく左右の組合せを取り違えないために記された整理番号であろう。

明代後期には、賞賜用衣服として黒牛の皮靴と白羊の毛氈襪《もうせんべつ》（フェルト製のくつした）がセットで製造されていた（万暦『大明会典』巻二〇一、工部二一、織造・冠服）。前掲の秀吉に贈られた「万暦二十三年勅諭」の頒賜品目録には、靴を載せていないものの、妙法院伝来の明朝冠服類には景勝と同形の靴が含まれている（河上　一九九八）。景勝の場合は規定どおり黒皮製であるのに対し、秀吉のものには紵糸製とあり、濃紺の繻子で包んでいる。その上、長さ二六センチ、高さ六一センチの羊毛を圧縮した白毛氈でできた丈の長い靴下（襪《しとうず》）も揃っていた。あるいは、景勝にも同様の襪が贈られていた可能性もある。中国では、万暦帝を埋葬した定陵からの出土品の中にも同型の「氈靴」が含まれていた（中国社会科学院考古研究所　一九九〇）。

以上、景勝に対し贈られた都督同知の任命を通達する兵部箚と明朝冠服について、それぞれ見てきた。明朝では官僚は官位に応じた腰帯と衣裳を着用すると厳格に定められていた。その官位は、上位の一品から下位の九品までの九等級があり、それぞれの官位にはさらに正と従に分かれていた。

常服を下賜する意図

景勝が明朝から与えられた官職は、都督同知である。都督同知は武職の一つで、左・右都督のもとで軍務を補佐した。その官位は従一品である（『諸司職掌』兵部、司馬部、銓選・武官資格、『明史』巻七六、職官志五、五軍都督府）。したがって一品相当の冠服であればよいが、そう単純ではない。上杉神社所蔵の明朝冠服が何品官相当の冠服であるかについて、初めて検討を試みた大庭氏は、「ほぼ二品官の公服をもたらした」（傍点―引用者）とした（大庭　一九七一）。一般に、冠服の官位は、前述したように腰帯の材質によって区別されていた。皇明制書本『洪武礼制』服色、文武官陪祭服には、

一、凡そ文武官の常朝視事は、烏紗帽・団領衫・束帯を以て公服と為す。一品は玉帯、二品は花犀帯、三品は金鈒花帯、四品は素金帯、五品は銀鈒花帯、六品・七品は素銀帯、八品・九品は烏角帯。

とある。景勝に贈られた腰帯が一品の玉帯ではなく、二品の花犀帯すなわち透かし彫りの犀角帯であることから、大庭氏が指摘するように確かに二品相当ということになるであろう。ただし、いわゆる「公服」とは、厳密に言えば常服とは異なるものであった。前述の洪武二十四年の改定では、公服が朔望（一日・一五日）の朝参の時などに着用する正装であるのに対して、常服はそれ以外の常朝視事の際に着用した（『明史』巻六七、輿服志三、文武官公服・文武官常服）。前掲した秀吉に賜与された勅諭の目録筆頭には、「常服羅一套」と明記している以上、陪臣の景勝の場合も常服のセットが贈られたとしなければならない。

ちなみに外国の国王や臣下にも常服が下賜されたのは、明朝側の特別な意図が込められていた。『明孝宗実録』巻一七五、弘治十四年（一五〇一）六月己亥の条には、外国の王に皮弁服と常服がそれぞれ賜与される理由についてはっきりと区別されていたことが記されている。つまり、前者の皮弁服は皇帝および宗室専用の礼服であり、これをその国の君主に賜与するのは、家族関係に擬え「華夷一家」の栄誉を授けるためであった（檀上　二〇一六）。これに対し、常服は天朝たる中国に臣服する敬意を忘れさせないためであった。秀吉への頒賜品の目録では、常服を先に記載しているのも、明朝への臣服をより強調する意図が込められていたと見るべきであろう。

腰帯のほかに、（4）の常服に縫い付けられた徽章の補子も、明服の官位を表示するものである。その補子が獅子でなく龍の文様であることに注目し、後述するように「蟒衣」と判断した大庭氏も、二品相当と矛盾する点については十分に考察されていないので、のちにあらためて検討することにしたい。

ところで、妙法院伝来の秀吉のものと上杉神社所蔵のものとを比較すると、上杉神社の冠服の保存状態がきわめて良好であったことが判明する。しかも、秀吉に贈られた頒賜品の筆頭に挙げられた紗帽と金箱犀角帯は、残念なことにいずれも現存が確認されていないが、景勝に贈られた冠服類の中にこれらに相当するものが残されている点は重要である。両者の伝世品の冠服は、国王と陪臣との違いがあるものの、相互に補完し合う関係にあるからである。

後述するように、この時に明朝から冠服五〇セットほどが贈られたと言われているが、現在のところ、妙法院所蔵と上杉神社所蔵のものしか存在が知られていない。この点は、文化庁も「秀吉冊封時の家臣宛て頒賜品としては国内唯一のもの」と指摘している（文化庁文化財部　二〇一八）。

また中国の国内を見まわしても、清朝の冠服類はかなり残されているが、明朝のものはとても珍しい。しかも伝世品は、本書第六章で取り上げる辺境少数民族の土司や曲府に伝存する孔子の子孫に贈られたものを除けばきわめて少なく、明朝の冠服のほとんどは万暦帝の定陵や各地の藩王墓、文武官墓、宦官墓から発掘された出土文物であり、損傷が激しい（甄《しん》　二〇一三）。文武官墓では、衣服など八〇件あまりが出土した江蘇省泰州市の徐蕃夫婦墓がよく知られている（泰州市博物館　一九八六）が、伝世品ではない。それだけに、保存状態の良好な上杉神社所蔵の明朝冠服のセットはきわめて貴重なものなのである。

付言すれば、これらの明朝冠服は、戦後の昭和二十年（一九四五）に宗教法人上杉神社の所蔵するところとなった。それ以前は、慶長六年（一六〇一）に会津から入部した藩祖の景勝以来、上杉米沢藩に代々伝えられてきた。歴代藩主自らが虫干しに立ち合うなどの宝物管理については、本書第一章で詳しく触れる。

山辺知行氏が引用する「謙信公御召類長持入記」によって知られるように、明治維新による廃藩後に至っても、上杉伯爵家のもとで厳格に保管された。米沢の市街地約三分の一が大火で焼失した大正八年（一九一九）以後には、上杉家家譜編纂員を長年務めた伊佐早謙が臨時宝物整理掛長の兼務を委嘱されて悉皆調査を行ったこともあった（浅倉　二〇〇八）。こうした事実に示されているように、近代以降も継承された文物管理の伝統が存在したことを忘れてはならないであろう。

3　景勝の常服補子をめぐる研究の展開

官位を表す徽章の補子

景勝に贈られた常服の胸と背の部分には、前述したようにゼッケンのような四角形の徽章が縫いつけている（口絵6①②）。これは、一般に「補子」あるいは「補」と呼ばれるものである。なお、元朝から明朝前期の史料には、類似の意味として「胸背」の語もある。しかし当該時期の史料上に見えるほんらい部位を表す胸背と、服飾用語の補子とは厳密には区別して理解すべきものである。「胸背」の用例について一例を挙げれば、『元典章』巻五八、工部巻一、造作・段疋「禁織大龍段子」に、「胸背龍兒的段子（胸背部分に龍の文様のある緞子）」の語がみえる。ペルシアの細密画や中国の木版画には、モンゴル元朝貴族の衣裳の胸背部分に花様や鳥獣を織り込んだ方形の装飾がすでに描かれている。しかし、これらの装飾は明朝のように官位を示すものではなかった（Valery 1994）。モンゴル時代の胸背の装飾については、本書第五章でその時代の広い視野から詳しく論じている。

さて、補子の歴史的起源について分析を加えたのが、中国の戴立強氏の研究である（戴　一九九五）。これによれば、「補子」は、明実録の服飾制度に関する記述の中に、「補子」の語が見えないとして、補子の語はモンゴル語音を「補丁」とそのまま訳したもので、おそらく明代人が「補子」を鄙俗な俚語《りご》（俗語）と見做して用いず、「胸背」や「花様」に替えたのではないかと推察した。その上で、補子や補服は清代服制の専用名詞であり、明代墓葬の発掘簡報の中でそれらの用語を用いるのは妥当性を欠き、清代の用語を用いて明代の出土物を表現するようなものであるとした。つまり補子＝清朝用語説を提起したのである。

これに対し、服飾製作上から検討を加えたのが王淵氏の研究である（王　二〇〇八）。「胸背」や「花様」の語は、

図3　麒麟文の品級文様（万暦『大明会典』巻61）

明朝官服の品級文様が初めて服装上に織られた時に使用された一種の名称であった。そののち明朝晩期になると、官服の品級文様と服装が別々に製作されるようになり、先に品級文様の織物が製作され、その後に服装の上に縫い綴られるようになって、初めて「補子」の名称が生じた。補子の名称は、明末にはすでに出現しており、明代初期から中期に服装と一体の官服の品級文様は「花様」あるいは「胸背」の名称を使用すべきである。服装とは別に製作された官服の品級文様を「補子」と呼ぶべきであるとした。補子の名称は、明末にすでに出現しているという指摘は正しい。実際、『明英宗実録』巻三一九、天順四年（一四六〇）九月甲戌の条をはじめ明実録にその用例が数例存在する。ここでは、王淵氏の所説に依拠して考察を進めることにしたい。

明清時代に位階を表すために常服につけた徽章の文様は、金糸や彩糸で鳥獣の文様を織り込んでいた。『明太祖実録』巻二〇九、洪武二十四年六月己未の条には、公・侯・駙馬都尉・伯は麒麟・白沢《はくたく》、文官一品・二品は仙鶴・錦鶏、三品・四品は孔雀・雲雁《うんがん》、五品は白鷴《はくかん》、六品・七品は鷺鷥《ろし》・鸂鶒《けいちょく》、八品・九品は、黄鸝《こうり》、風憲官は獬豸《かいたい》、武官一品・二品は獅子、三品・四品は虎・豹、五品は熊羆《ゆうひ》、六品・七品は彪、八品・九品は犀牛・海馬と定めたことが記されている。これは明朝の独創であり、総じて文官は鳥類、功臣や武官は獣類と区別されていた（沈徳符『万暦野獲編』巻一三、礼部、牙牌）。

秀吉に下賜された常服の補子は、タテ三二・五㌢×ヨコ三九㌢で、金糸の麒麟文であった。麒麟文は、万暦『大明会典』巻六一、礼部一九、文武官冠服・常服、「公侯駙馬伯花様」に図示されているように、功臣の最上位にあたる公・侯・駙馬都尉・伯クラスに相当する（図3）。明朝と冊封関係にあった琉球国王にも、天順五年（一四六一）以来胸背麒麟文の常服が贈られていた（『歴代宝案』第一集、詔勅巻一）。

これに対し、景勝に贈られた冠服の補子は、前述したようにタテ三三・五チセン×ヨコ三六チセンの彩糸綴織である（口絵6③④）。景勝に与えられた武官の官職「都督同知」の官位従一品に対応する獅子文ではない。そのため、その文様についてこれまでも注目されてきた。昭和三十六年（一九六一）の重要文化財指定当初には、単に「龍文」と説明されていた。上杉神社でも従来龍文と理解されてきた（上杉神社　一九六九、図版一〇五）。今回の分割指定では、斗牛文と改めて登録された。この間の文様をめぐる研究の進展について、ここでまず紹介しておきたい。

補子の文様をめぐる四つの説

従来提出されてきた諸説を整理すれば、①龍説、②蟒龍《もうりゅう》説、③飛魚説、④斗牛説の四説にまとめることができる。

龍説は、つとに瀧川政次郎氏により紹介され（瀧川　一九四二）、第二次世界大戦後に上杉家の衣裳を初めて本格的な調査を行った山辺・神谷両氏も龍説を踏襲した。しかし、龍は中国では皇帝のシンボルであり、近世以降には皇帝の独裁権力の成立に伴い、二角五爪の龍文が皇帝が独占的に使用するものとなった（宮崎　一九六五）。景勝の補子は四爪であり、正確には龍文とは言えない。まして同時期に日本国王に冊封された秀吉に賜与された常服の補子が麒麟文であったことから、陪臣にあたる景勝が龍文を下賜されることはありえない。

そこで、龍に似て非なる蟒龍説を出したのが、大庭脩氏や杉本正年氏である（大庭　一九七一、杉本　一九七八）。大庭氏はただ「龍の模様のついた衣、すなわち「蟒衣」とするのみであったが、杉本氏はさらに「四爪の蟒」と指摘した。蟒とは大蛇（おろち）のことで、ほんらい角や足はない。のちに蟒龍の語が生じて蟒衣も作られるようになった。明人の沈徳符《しんとくふ》（一五七八―一六四二）は、「蟒衣は龍を象った服で、至尊（皇帝）が御するところの袍と相似て、但だ一爪を減らすのみ」（『万暦野獲編』補遺巻二）と説明している。皇帝の服用する龍文と見紛うほどであった。正統初年（一四三六）からモンゴルの部族長にも賞与されるようになった。蟒衣（蟒服）は京都の妙法院に伝世品が数件残されており、大紅の単衣に彩糸や金糸で蟒龍の文様を全身に織り出している（河上　一九九八「妙法院伝来の明服一覧」）。蟒龍を織った補子が実際に下賜された事例は、「孔子六二代衍聖公孔聞韶像」からも窺うことができる（黄二〇〇七）。

しかしながら景勝の補子の文様は、二角の龍とは異なり、翼があり後ろ足が見えないことや角が曲がっていることから、蟒龍ではなく飛魚や斗牛と見なす説が新たに出された。平成十年（一九九八）に飛魚説を提起したのが河上氏である（河上　一九九八）。ただし、その翌年四月に刊行された京都国立博物館編集の特別展覧会図録『妙法院と三十三間堂』所載の解説では、「その胸と背には斗牛とも飛魚ともみえる文様がついている」（三九頁）として断定を慎重に避けている。

これを承けて、筆者は平成十二年に斗牛と推定したことがあったが、のちに撤回し河上氏の飛魚説を支持して、斗牛に似た飛魚文とした（新宮　二〇〇〇、二〇一六）。その後、平成二十九年に須田牧子氏が「翼翅はない」と判断してあらためて斗牛説を主張した（須田　二〇一七）。翌三十年十月の重要文化財の分割指定では、「大紅胸背斗牛円領一領」と新たに命名された。

その後令和三年（二〇二一）、美術史を専門とする佐藤琴氏が美術史と図像学的研究の視点から分析を加えて、八世紀中国で登場した「紺丹緑紫」と呼ばれる彩色法で一対の翼翅が描かれていることを解明して、斗牛説に異議を唱えて飛魚と主張した（佐藤　二〇二一）。今回の分割指定後も、その文様について議論が続いている。

ここでは、河上氏の飛魚説についてあらためて紹介すると、

この綴織の補の文様は、角が水牛のように曲がっているので、一見「斗牛」に見えるが、背に翼翅をつけ、後足もなく、尾は一応魚尾形をなしている。さらに、補の下部には波が見え、この動物が水上で跳ているところを表

している。この胴をくねらせながら海上を跳躍する姿は、黒主山の前掛の「飛魚」とも共通するものであり、上杉神社の常服の補も「飛魚」をあらわしていると考えられる（河上　一九九八）。

としていた。

まず河上氏が指摘するように、魚尾の存在と上肢のみで下肢がないことが重要である。これに対し王宝林・宗鳳英主編『中国文武官補』には、斗牛補の貴重な伝世品の画像「明代青色地織五彩斗牛紋装花緞方補」を収録しているが、二本の下肢がしっかりと画かれている（図4）。

次に問題の翼翅である。いささか判別しがたいものの、左上肢の上部と右上肢の下部にそれぞれ二本ずつ付いているのがそれである。また下方の波と全体に散らばっている白色の水泡も確かに海上を想起させるものである。

その上、河上氏の飛魚説が説得力を有するのは、同時期の飛魚服の実例を提示した点であった。京都の財団法人黒主山保存会所蔵「波濤飛龍図前掛」がそれである（祇園祭山鉾連合会　二〇一二）。祇園祭の黒主山山鉾の懸装品として平成元年まで実際に使用されていた。この黒主山前掛は、琉球に渡った浄土宗僧侶の袋中《たいちゅう》上人（一五五二―一六三九）が慶長十年（一六〇五）に帰国する際に、尚寧王《しょうねいおう》（一五八七―一六二〇）から拝領した絹綴織の明服で、帰国後京都の檀王法林寺に伝えられた。文化十四年（一八一七）に黒主山に寄進され、前掛に仕立て直されたものである（九州国立博物館　二〇一二）。尚寧王がこの飛魚服を入手した経緯については不明とされているものの、まさしく明朝皇帝から琉球国王に下賜されたものであろう。

河上氏は、その飛魚服の飛魚文をトレースして示しているが、確かに景勝の補子の曲がった角を除けば、胴体をくねらせた姿など全体としてよく

図4　斗牛文補子（『中国文武官補』）

図5　飛魚文トレース図　京都祇園祭黒主山前掛（河上繁樹氏作成）

似通っている（図5）。前述したように景勝の補子ではいささか判別しにくい点があったものの、その図に描かれた形が整った翼翅の位置と共通する点や、新たに佐藤氏によって指摘された紺丹緑紫の彩色から翼翅が強調されていることが確認できる。つまり斗牛に特徴的な曲がった角を除けば、全体として飛魚の特徴を有しており、斗牛に似た飛魚文と判断される。

　最近、景勝補子の分割指定当時に文化審議会第一専門調査会の委員を務めていた河上氏は、年来の研究をまとめた著書の中で平成三十年（二〇一八）の分割指定に際して自説（飛魚説）の「再考を迫られる」ことになり、指定案件の名称について相談を受けたため「斗牛」と提案したと、その命名の経緯と飛魚から斗牛へ自説を変更した理由を明らかにしている（河上　二〇二三）。その判断理由の詳しい検討は、第三章に譲る。景勝の補子の文様が、斗牛の觩角《きゅうかく》（曲がった角）と飛魚の翼翅や魚尾という両方の特徴を合わせ持つこと、「結局のところ、何を優先させるかという判断になる」と率直に述べられたことは注目される。

　重要な点は、重要文化財指定において新たに命名されることで、結論が出て研究が終わったわけではなく、指定はその貴重な価値が公認されて研究の必要性がますます高まったということである。私たちが二〇一八年以来「明服・箚付研究会」を組織して研究を続けてきたのも、そのためにほかならない。本書第三章では、先に紹介した紺丹緑紫の彩色法で表された翼翅の存在をもとに主張した飛魚の図像を、あらためて龍の図像変遷の中に位置づけて、斗牛文に先立って飛魚文が生まれたことを明らかにしている。

4　違禁文様の常服が贈られた理由

違禁文様の登場——蟒龍・飛魚・斗牛

最初の重要文化財指定以来の研究進展により、景勝の補子の文様は龍ではなく新たに飛魚説と斗牛説が出されて、今回の分割指定では「斗牛」と命名されたこととその後の研究の展開を見てきた。飛魚にせよ斗牛にせよ、前述した明初洪武二十四年（一三九一）に定められた文武官の定制に合致しない特別な文様であることに変わりはない。

明代中期に差しかかった正統年間（一四三六—四九）には、明初以来の規定が弛緩しはじめ、蟒龍・飛魚・斗牛と呼ばれる新たな違禁の文様を織り込んだ服飾が製作されるようになったことが、『明英宗実録』巻一四九、正統十二年正月戊寅の条に記されている。

お上は奉天門に御され、工部の臣下に「官民の服飾にはみな定制がある。いま蟒龍・飛魚・斗牛および違禁の花様を僭用織繡する者があると聞いた。爾《なんじ》ら工部はこれをあまねく諭して、今後敢えて前非を踏襲する者がいたら、工匠は斬刑に処し、家族は辺軍に発充せよ。服用した人もまた重罪として宥さないぞ」と命じた。

官民の服飾には定まった制度があるにも関わらず、その当時、蟒龍・飛魚・斗牛をはじめとする違禁の文様を織り込んだものを勝手に着用する風潮が始まっていたことを伝えている。英宗正統帝は、工部に命じてそれらを製作した工匠は斬首の刑に処し、その家族も辺境の衛所に送り軍役に充てること、製作者だけでなく着用した者も重罪とすることを通達させた。ここでは、明律の規定以上の厳刑で臨むことが示されていた。

ここに言う「違禁」の花様（文様）とは、『大明律』巻二九、工律・営造、織造違禁龍鳳文段疋に、「凡そ民間で違禁の龍鳳文の紵絲紗羅を織造し貨売する者は杖一百、段疋は官に入れる」とあるように、皇帝や皇后を象徴する龍や鳳凰の文様であった。これらを織造販売した機戸はもちろん工匠とその家族までもが処罰された。

また同書巻一二、礼律・儀制、服舎違式には、礼律としてより詳しく規定されていた。皇帝の権威が一層強化された明代では、官・民の衣裳に限らず、家屋や器皿にいたるまで規定に違反した文様を勝手に用いることは律で禁じられていた。

その文様も、明初には龍・鳳に限らず皇室を表す黄色の装飾や、古今の帝王・后妃・聖賢の故事、日月・獅子・麒麟・犀・象にまで広く及んでいた（『明太祖実録』巻五五、洪武三年八月丁丑の条）。

太祖洪武帝の考えでは、官に等級があり民に富貧の差があるのは「天尊地卑」と同様に必然的なものであり、官・民の守るべき分を越えてはならないとする秩序意識によるものであった（『御製大誥続編』居處僭分）。これに加えて、『明太祖実録』巻二〇九、洪武二十四年六月己未の条に、「その常服は染色（顔色）の円領衫を用い、従来の胡服を用いてはならない」とあるように、モンゴル元朝治下で広まった胡服の是正をも強く意図していた。

しかしながら、明律に厳格に定められていたにもかかわらず、皇帝から特賜されたものではない違禁の蟒龍・飛魚・斗牛などの服飾を勝手に着用する風潮が広がっていたことは、正統十二年正月にも禁令が出されていることからも知ることができる（『明英宗実録』巻一四九、正統十二年正月戊寅の条）。

正統十四年の土木の変後には、とくに賞賜用としてこうした文様の官服が南京や蘇州・松江二府で織造されて北京皇城の内庫に収蔵されるようになった。それでも成化・弘治年間（一四六五―一五〇六）までは、これらは厳格に管理されていたものの、太監劉瑾《りゅうきん》が朝廷で権勢を振るうようになると、成童に達しない宦官にも濫発賞与されるようになったという（『明武宗実録』巻三九、正徳三年〈一五〇八〉六月庚午の条）。

成化七年に琉球の使臣蔡璟《さいけい》が、都の北京で針工を雇って織金蟒龍の羅衣を勝手に縫製していたことが発覚した。その時には、特賜された事実を示す文書がないという礼部の調査結果をもとに、その蟒衣を内庫に回収させるという厳しい措置が取られた（『明憲宗実録』巻八九、成化七年三月戊戌の条。沖縄県立図書館編『歴代宝案』訳注本第一冊、一九九四年の巻一、成化七年四月初八日）。なお、明朝から琉球王への賜与された冠服については、琉球独自の改変を含めて本書第七章で考察を加えている。

外国の使臣への厳しい対応とは対照的に皇帝に随従する錦衣衛の官員には、以前より蟒衣や飛魚服が下賜されており、特例として着用が許されていた（『明武宗実録』巻二三、正徳二年二月壬午の条）。錦衣衛では、長官に登用されると拝命の日ただちに繡春刀・鸞帯《らんたい》・大紅蟒衣や飛魚服が賜与され、皇帝扈従《こじゅう》の行列を華やかしていたことを、北京で育った沈徳符も指摘している（『万暦野獲編』巻二一、列朝・扈従頒賜）。

さらに、大同総兵官で都督僉事を臨時代行（署理）した温恭《おんきょう》が蟒衣一セットを賜与された例に典型的に示されるように、辺境に出鎮する功臣の後裔たちが、朝廷に願い出て蟒衣や飛魚服を下賜される風潮も広がっていた（『明武宗実録』巻三七、正徳三年四月丙子の条）。当時、巷では銀五〇両もあれば蟒衣一着が手に入るというような謡言《ウワサ》が語られていたほどであった（『明武宗実録』巻七一、正徳六年春正月壬戌の条）。

外藩から北京に迎えられて即位した世宗嘉靖帝の治世では、紊乱《びんらん》を極めた正徳年間のさまざまな弊風を改めた（田二〇〇二）。文武の品官の服飾文様についても統制が強化された。嘉靖十六年（一五三七）三月に、嘉靖帝の聖旨を奉じて礼部が文武官の服色について調査した結果をもとに、蟒衣や飛魚・斗牛服など違禁の服色の着用を禁じている（『明世宗実録』巻一九八、嘉靖十六年三月乙巳の条）。ただし、特賜された場合の除外規定に言及しているのは、その後も皇帝特賜が頻繁に行われていたことを推測させる。

こうした明代後半期の社会風潮から、上杉景勝の補子も文武官僚が正規に使用すべき文様ではないものの、当時広く与えられるようになっていた皇帝特賜のものとする理解が見られる。実際、将軍足利義澄から明朝に派遣された使臣宋素卿《そうそけい》が悪名高い宦官劉瑾に黄金一〇〇〇両の賄賂を贈って飛魚服（ただし、飛魚補ではない）を賜ったことが実録に載っている（『明武宗実録』巻六〇、正徳五年二月己丑の条）。宋素卿の本名は朱縞であり元来寧波府鄞《ぎん》県の人であったが、日本に連れ去られて日明貿易の通事（通訳）として活躍した。先の沈徳符も、陪臣宋素卿に飛魚服が特賜されたことを紹介している（『万暦野獲編』補遺巻一、内監・陪臣飛魚服）。

しかし、景勝にも特賜されたとするのは誤りで、同時期の秀吉には特賜ではなく規定通りの麒麟文が下賜されているのに、陪臣の景勝に違禁文様の常服が特賜される理由が無いからである。従来の研究では、この点を十分に考慮することなく、景勝に贈られた冠服が何品に相当するか、あるいは贈られた都督同知の官職に対して妥当であるかが論じられてきた。

故衣による数合わせ

ここでは、こうした違禁の文様の補子を貼付した常服が景勝に贈られた理由についてあらためて検討を加えたい。江戸時代初期に編纂された林羅山『豊臣秀吉譜』下巻には、じつに興味深い記述が残されている。

（慶長元年〈一五九六〉）九月二日、〔楊《よう》〕方亨《ほうきょう》・〔沈《しん》〕惟敬《いけい》伏見城に登る（中略）。時に〔小西〕行長進みて曰く、「大明の聘使《へいし》謹んで其の礼を行うべし。是《ここ》に於いて、惟敬金印および王に封じるの冠服を捧げ、且つ日本諸臣の冠服五十餘具を授けて曰く、其の位階に随いてこれを被用すべし。其の大明に於いて調整するところの衣服、僅かに三十餘具なり。今《いま》日本の国牧・郡守の多きを見て驚き、俄かにこれを調えるを得ず、故《ゆえ》に冊使の故衣を抃せて其の数に備える。既にして冊使対面の事畢《おわ》り、先に帰る。秀吉珍膳美酒を賜い、以てこれを饗《もてな》す（原文は漢文、〔　〕内は引用者が補う、振り仮名と傍線も引用者による）。

史料中に伏見城と記しているのは、大坂城の誤りである。閏七月十二日に畿内に発生した大地震のため、当初会見に予定されていた伏見城が損壊し、急遽大坂城に変更されたからである（中野　二〇〇八）。

ところで、引用史料によれば、明朝の冊封副使沈惟敬は秀吉以外の家臣や大名にも五〇セットあまりの冠服を授けたとある。そのうち、明朝が当初用意して来たのは三〇セットで、足りない分は冊封使節らの「故衣」、つまり替え着で数を合わせたというのである。他の史料では、「唐冠六十頭」が贈られたとする「風聞」を伝えるものもある（国文学研究資料館データベース『孝亮宿禰《たかすけすくね》記《き》』文禄五年九月四日の条）。

副使沈惟敬は日本側に冠服を授けるにあたり、「其の位階に随いてこれを被用すべし」と述べたとあるが、冊封使節らが日本に所持して来た替え着の衣服を掻き集めたとしても、それらの二〇セットの冠服が、明朝から与えられた位階とどれだけ合致していたかは定かでない。しかも近年の米谷均氏による研究では、当初上杉景勝は日本側の授職希望者リストには載せられていなかったことを指摘している（米谷　二〇一四）。さらに須田牧子氏や大野晃嗣氏は、東京大学史料編纂所修復室による料紙の紙質調査の結果をもとに、景勝に与えられた兵部箚の官職改変に雁皮紙（和紙）が用いられていることから、日本での改変の実態を明らかにした（須田　二〇一七、大野　二〇一九）。兵部箚の官職改変とその修正痕をめぐる複雑な経緯と豊臣政権側の関与については、さらに研究を深めた本書第二章を参照されたい。

さて、この記述の著者林羅山（僧号、道春）は、周知のように江戸初期を代表する儒学者である。寛永十九年（一六四二）仲春下旬の紀年のある自跋には、「右、秀吉譜三巻、台命を奉じてこれを撰著す。其の考検するところ、則ち近世の雑記及び中華・朝鮮の事記、且つ其の聞説するところ亦たこれ有り」と記している。その書は将軍家光の命を奉じて編纂したもので、当時の雑記や明朝や朝鮮の記述、さらには伝聞に基づくと史料ソースに言及している。

「故衣」で数を合わせたという記述が実際何に依拠したものかは、管見の限りでは明らかではないものの、半世紀足らずの時点で編纂されたことから、「聞説」を含めて一定の根拠に基づいたものと判断される。また同様の記述は、『景勝公年譜』巻一八、慶長元年秋九月二日の条にも載せられており、米沢上杉藩でも藩祖景勝に贈られた冠服が

「故衣」であったことを認識していたであろう。

数を合わせるため明使の「故衣」が景勝に贈られたものだとなると、その価値が下がると見る向きがあるかも知れない。しかし明朝の冊封使節たちが替え着として持参したものである以上、明朝で製作された冠服であり、明朝の服飾であることに変わりはない。むしろ、縫い付けられた補子を含む衣裳は、外国への贈答用ではなく明朝で着用されていたものがそのまま伝世したとみることができる。

近年、中国の蒋玉秋氏も明使が「故衣」をかき集めて数を合わせたことに注目して、これにより妙法院所蔵の明服には、一品武官に対応する獅子服のほか万暦年間（一五七三―一六一六）に流行した飛魚服・斗牛服・蟒服に及んだとしているのは、妥当な指摘であろう（蒋　二〇一九）。

飛魚に込められた願い

ところで、そもそも飛魚や斗牛とは、いったいどのような動物を象徴したものなのであろうか。文字通りのトビウオ説を紹介するのが、北宋の類書『太平御覧』である。同書巻九三九、鱗介部には、「林邑国記に曰く、飛魚身円《まる》く長さ丈余り、羽は重沓《ちょうとう》し翼は胡蟬（冠セミ）の如し、出入群れ飛び遊翔翳薈《えいわい》し、而して沈めば則ち海底を泳ぐ」とある。林邑は、ベトナム中部地方にあったチャンパーのことである。

古代人の想像上の認識を伝える『山海経《せんがいきょう》』では、飛魚の形は豚に似て赤い文様があり、これを食すれば雷も畏れず兵器を避けるとされる（清、呉任臣注『山海経広注』巻五、中山経）。そのルーツは、同書巻二、西山経に見える「文《ぶん》鰩《よう》魚」とされ、「常に西海従《よ》りして東海に遊ぶ」（袁珂校注）とされている。

これに対し斗牛も同じく想像上の動物であるものの、明の周祈《しゅうき》『名義考』巻一〇、物部に「斗牛は龍に似てして觩角《きゅうかく》」とあるように、その形状は龍に似て曲がった角を特徴とする。虬螭《きゅうち》（みずち）の類で、嘉靖年間には世宗が行在所とした皇城西内の海子（現在の北海・中海）に棲息するのが目撃されたという言い伝えもある（清、呉長元『宸垣識略』巻一六、識餘）。

飛魚は海上を安全に遊泳飛翔するのに対し、斗牛は武将に欠かせない宝剣の精に由来するとしている（杉原　二〇〇〇）。前述した通事宋素卿が賄賂を使ってまで熱心に求めたのが飛魚服であったこと、また琉球の尚寧王が袋中上人に贈ったのもまた飛魚服であったことに示されるように、海涛を自由に飛び越えてゆく姿をイメージさせる飛魚には、航海の安全を祈願する意図が込められていたのであろう。日本に派遣された冊封使節の官員たちも、飛魚の文様にそれを託して所持着用していたとは考えられないであろうか。

斗牛と飛魚のランク

飛魚にせよ斗牛にせよ、中華の人々のあいだでは古くから想像をめぐらしてきた動物であるが、官服のデザインに使用されるようになったのは、前述したように明代中期以降のことであった。

そもそも中国における龍の起源はきわめて古いが、五爪二角が定着するのは、元代のことであった（『元典章』巻二九、礼部・礼制二、服色、「貴賤服色等第」、『元史』巻七八、輿服志一）。明代には、五爪二角の龍文にとどまらず蟒龍文の使用の厳格化も始まった。この規制を逃れるべく新たに考案されたのが、飛魚や斗牛であった。

明朝中頃から龍に似て角も足もある蟒龍の文様がとりわけ好まれるようになったので、弘治元年（一四八八）正月、都察院副都御史辺鏞《へんよう》は京城内外の品官が蟒衣の特賜を願い出ることを禁止するように上奏した（『明孝宗実録』巻九、弘治元年正月甲子の条）。これを承けた礼部の提案は、新旧を問わずすべて回収を求める、京城内外の機房で勝手に織造するのは許さないという厳しい内容であった。しかし、弘治帝が出した禁令は、今回賞与された各官および南京守備の内外官で、以前に賜与されていた者は服用を許すという例外規定を設けたものであった。全面禁止というわけではなかったから、蟒衣禁止の実効のほどは疑わしいものであった。

考案者はもちろん使用者も、これは龍に似て龍にあらず、蟒龍だ、斗牛だ、飛魚だと強弁しながら違禁の文様を着用していたのであろう。

蟒龍に加えて斗牛や飛魚といった龍の仲間たちが、どのように位置づけられていたのかについて興味深いエピソードか、『明武宗実録』巻一五八、正徳十三年春正月乙巳の条に載せられている。

明朝で最も風変わりな天子で知られる武宗正徳帝の在位当時のことである。彼は、帝位に嫌気がさし、退屈な北京の宮殿を抜け出しては長城外の宣府まで出かけ、戦争の真似事や女遊びに耽っていた。その宣府からの帰還にあたり、礼部からは事前に文武の群臣に対して常朝の冠服で出迎えるようにとの指示が出されていた。ところがその後、常服ではなく曳撒《えいさん》・大帽など行軍の出で立ちで迎えるようという聖旨が伝えられ、文武の群臣にはその曳撒を仕立てるために大紅紵絲羅紗それぞれ一疋が下賜された。一品官には斗牛、二品官には飛魚、三品官には蟒、四品官は麒麟の文様が織り込まれていた。賜与に預かった官僚たちは一晩で仕立て上げられた曳撒の出で立ちで、凱旋さながらに皇帝を出迎えたという。しかし、のちに礼科都給事中朱鳴陽が批判したように、曳撒は皇帝に謁見する際の正装ではなかった。

この時賜与に預かった者はかなりの数に上り、内庫の在庫品で間に合わず、文官にも飛ぶ鳥でなく走る獣の文様が配られたというから特別措置であり、正式に定められた制度というわけではなかった。とはいえ、これらの文様が当時どのように認識されていたかを知ることができる。すなわち、文武の品官定制の文様にはない斗牛・飛魚・蟒龍が麒麟文よりはランクが上と認識されていたことである。しかも、ここでは斗牛や飛魚が蟒龍より上位にランクされているのも興味深い。これは、蟒衣が多くの官に特賜されてかなり普及する一方で、後から考案された斗牛や飛魚の文様がまだ稀少価値を有していたからであろう。これら三種の文様が、ほんらい郡王クラスに賜与される麒麟文よりも高いランクと認識されていたことだけは明らかである。

また嘉靖年間、二品官の兵部尚書張瓚《ちょうさん》に欽賜された飛魚服は、皇帝も蟒衣と見間違うほど蟒龍に似ていたという話まで記録に残されている（『明世宗実録』巻一九七、嘉靖十六年二月癸酉の条）。この出来事は、前述したように同十六年三月品官の服色デザインの統制強化の発端となったものである。

補服の場合、一般には斗牛、飛魚の順でランクづけられていたようである。『明史』輿服志には載せられていないものの、明朝滅亡直前の崇禎十四年（一六四二）に斗牛や飛魚も品官の補服にランクづけられたことが民間の記録に残されている（李清『三垣《さんえん》筆記』附識上、崇禎）。

おわりに

豊臣秀吉が日本国王に冊封された事実を具体的に示すアイテムとして、明朝皇帝より贈られた印章（金印）を除き、辞令書の誥命、冊封の経緯を記した勅諭、常服や皮弁服の冠服が日本国内に現存している。とりわけ、京都国立博物館によって再発見された京都妙法院伝来の秀吉の明朝冠服類、および上杉神社所蔵の米沢藩伝来の景勝宛兵部劄と冠服類は、これまで本章で述べてきたように貴重なものである。とくに秀吉に贈られた頒賜品の筆頭に挙げられた烏紗帽と金箱犀角帯は、残念なことにどちらも現存が確認されていないが、景勝に贈られた冠服類の中にこれらに相当するものが現存しているのは貴重である。両者の冠服は国王と陪臣との違いがあるものの、相互に補完する関係にあるからである。

また上杉神社に残る景勝に下賜された冠服類のうち、常服の円領に縫い付けられた補子の文様が翼のある飛魚文であり、特賜されたものではなく違禁の飛魚補であったと結論づけた。規定どおり麒麟補を賜与された「日本国王」秀吉を差し置いて、陪臣の景勝が特賜される理由がないからである。景勝の補服は、明朝の使節の誰かが替え着として持参した「故衣」であったと考えられる。

その補子の文様は、「身体の折り曲げ方が不自然で、身体がつながっていない」など稚拙な点から「おそらく民間工房で制作された」と推測しているのは、妥当な指摘であろう（佐藤　二〇一二）。その故衣は明使に特賜されたものでもなく、僭越《せんえつ》に入手していた違禁の飛魚補子であったと判断される。

現在、日本にはかつて琉球国王に特賜された飛魚服と「日本国王」の陪臣景勝に贈られた違禁の飛魚補子の貴重な実物が残されていることになる。また景勝に与えられた腰帯については、第四章で単なる犀角帯ではなく秀吉に賜与された金箱犀角帯と同様に格の高いものであることをあらためて明らかにする。これは、景勝に贈られた常服の補子と同様に、冊封使節の「故衣」で急遽数を合わせたことと関係している。今後、これらの貴重な日本の伝世品をも含めて研究することで、明朝服飾史研究が一層進展することを期待して、ひとまず序章での考察を終えることにする。

第一章　上杉神社蔵重要文化財「明国箚付・明冠服類」とその伝来

角屋由美子

はじめに

上杉神社の創設

上杉神社が創設されたのは明治四年（一八七一）のことで、長尾上杉家の家祖上杉謙信の遺骸をおさめていた米沢城本丸内の御堂を改めたものである。戦国武将として著名な上杉謙信と米沢藩の藩政改革に力を尽した上杉鷹山の二人が、神社の祭神となった。明治九年、本丸奥御殿跡に社殿が創建されると、謙信の遺骸は、御廟所（現、国指定史跡米沢藩主上杉家墓所）に移された。明治三十五年、上杉神社が別格官幣社（現在は廃止）になった際には、祭神は謙信一柱となり、鷹山を祭神とする松岬《まつがさき》神社が、大正元年（一九一二）、米沢城二の丸跡に別置された。

大正八年の大火で焼失した上杉神社の再建がなった大正十二年には、松岬神社に初代藩主景勝が初めて合祀された。その後、米沢市制施行五十周年にあたる昭和十三年（一九三八）に重臣の直江兼続、鷹山の学問の師細井平洲、鷹山の両腕として活躍した竹俣当綱と莅戸善政が配祀されたのである。

博物館稽照殿の開館

上杉神社は明治以来、米沢藩主であった上杉家より宝物の寄進をたびたび受け、保存管理を行ってきた。大正八年の米沢大火後、大正十二年、上杉神社の再建にあたり宝物殿として「稽照殿」（平成八年〈一九九六〉国の登録有形文化財に認定）を開館し、博物館としての歩みを始めた（口絵1②）。「稽照」とは、『古事記』の序文「稽古照今」（古《いにしえ》を稽《かんが》え、今に照らす）に由来する。上杉神社と稽照殿の設計者は、明治の社寺建築の泰斗、文化勲章受章者で米沢市の名誉市民でもある建築家伊東忠太であった。大火を経ての建設に、伊東はコンクリートによる設計を試みた。「稽照殿」は初期のコンクリート造りの博物館としても貴重な作例となっている。

昭和二十年、上杉神社の宝物となった「明国箚付」「明冠服類」は、昭和三十六年、「伝上杉謙信・上杉景勝所用服飾類」として工芸品の部において一括して重要文化財に指定された。平成三十年、「明国箚付」「明冠服類」は一括指定から独立して、歴史資料の部の重要文化財となったのである。豊臣秀吉の文禄・慶長の役の産物である「明国箚付」「明冠服類」は、秀吉家臣の名だたる武将が賜ったが、一括で伝来するのは、上杉景勝のものが唯一の事例である。また、冠服類の内、犀角帯・靴・紗帽の傷みが激しかったことから、令和元（二〇一九）～二年度に修理を行った。修理とはいえオリジナル性を重んじたもので、脆弱な状態に変わりはない。大坂城に明国使節と豊臣秀吉、上杉景勝等有力大名が集った歴史の一場面に遭遇した稀有な文化財は、本書で詳述するように無尽蔵な情報を提供する。保存管理と継承に努めながら、現代に存在する意義を検証したい。

上杉家の家督相続

1　上杉景勝の生涯——越後から会津、米沢へ

明国劄付、明冠服類を受贈した上杉景勝は、弘治元年（一五五五）、長尾政景と長尾為景の娘（上杉謙信の姉、仙洞院）の次男として越後上田坂戸城（新潟県南魚沼市）に生まれた。永禄七年（一五六四）、十歳で父が急死すると、叔父謙信の庇護のもと春日山城（新潟県上越市）で育った。天正六年（一五七八）三月、上杉謙信が突然死去し、景勝が家督を相続すると、もう一人の養子上杉景虎と彼を推戴する一派との争いとなった。「御館の乱」と呼ばれる。上杉景虎は小田原の北条氏康の七男で、永禄十二年、氏康と謙信が越相同盟と呼ばれる講和を結んだ翌元亀元年（一五七〇）謙信の養子となった。謙信は上杉の姓と自分の旧名景虎を名乗らせ、景勝の姉妹である姪を嫁がせて春日山城二の丸に住まわせていた。この戦いは越後の武将たちを巻き込んで領国を二分する争いに発展した。景勝の正室は武田信玄の娘菊姫であるが、兄勝頼と景勝が同盟を結んだ証として嫁いだのである。この戦いに勝利したことで、景勝は名実ともに謙信の遺領を相続し越後の大名となったのである。

しかし、その家臣団は上田衆と呼ばれる景勝直属の家臣に、謙信の家臣、謙信に服属した国衆たちと複雑で、これをまとめていくために景勝は心をくだいたと思われる。上杉家に重要文化財「長尾上杉氏印章」が伝来しており、謙信、景勝の印章はじめ歴代藩主の花押判が含まれる。その印章の中に謙信、景勝二代にわたって使用されたことが確認できる印章が四顆ある。鼎形朱印「圓量」、鼎形朱印「阿弥陀・日天・弁財天」、上突部鍵形朱印「摩利支天・月天子・勝軍地蔵」、上突部付朱印「立願勝軍地蔵摩利

図1　山形県指定有形文化財「紫糸威伊予札五枚胴具足」（上杉神社所蔵）

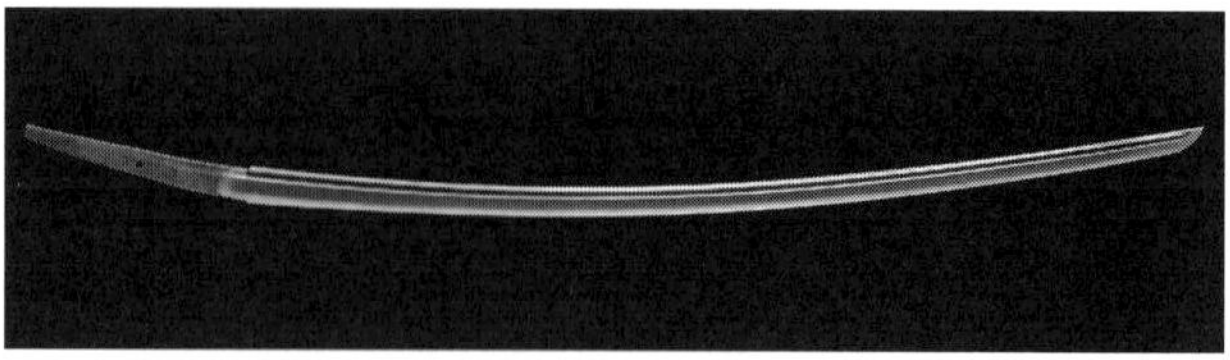

（表）

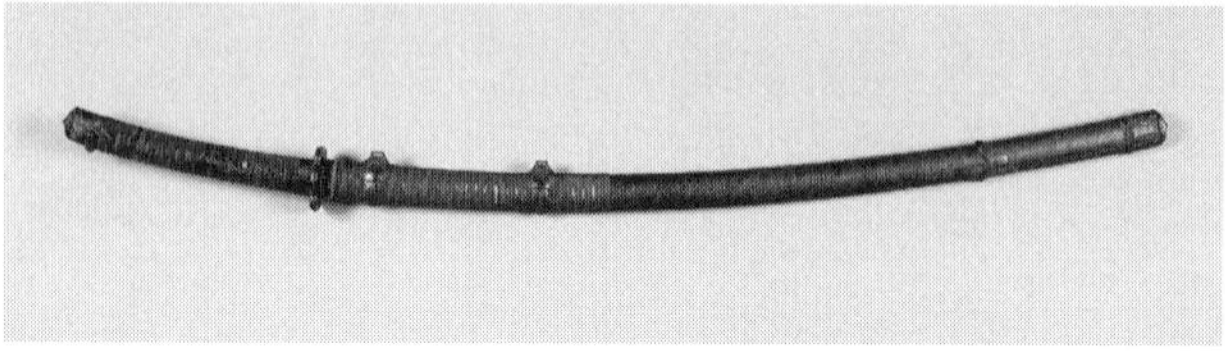

（拵）

図２　重要文化財「太刀　銘　助宗　附革柄革包太刀拵」（上杉神社所蔵）

支天飯縄明神」である。これら謙信の印章を使用することは、謙信の後継者を上杉景虎と争った景勝にとって、正当な後継者を主張する大きな意味を持ったと考えられる。同様に、重要文化財「服飾類（伝上杉謙信、上杉景勝所用）」九八点の中にも二代に亘る着用が言われるものがあるものの、こちらは伝承であって確定しがたいのが現状である。

天正九年六月十六日、新発田城（新潟県新発田市）主新発田重家が織田信長に内通し、上杉景勝に背いた。一方、三月十一日、天目山で武田勝頼を討った織田信長は、越前に柴田勝家、越中に佐々成政、加賀に佐久間盛政、能登に前田利家を配置し、上杉景勝包囲網を作り上げていた。織田軍に包囲された魚津城（富山県魚津市）は、城将の山本寺景長・吉江宗信・竹俣慶綱以下ことごとく討ち死にして六月三日に落城した。信長軍は滝川一益、真田昌幸らが上州・信州・武州方面からも侵攻し、景勝は四面楚歌の窮地に陥ったのである。ところが、六月二日に信長が京都本能寺で明智光秀に討たれ、その知らせが四日に魚津城に届いたため織田軍は全軍撤退したのである。景勝は間一髪の危機を脱することができたが、一日の差で魚津城の上杉軍の武将たちには悲劇であった。

豊臣秀吉に臣従

織田信長の死後、天下人となった豊臣秀吉と景勝は手を組むことにした。その豊臣政権との外交を担当したのが直江兼続である。兼続は豊臣の姓を与えられ、秀吉の推薦で、朝廷から正式に山城守に任じられた。すでに景勝も参議に任じられており、景勝と兼続などの主従が秀吉の体制下に組み込まれたことになったのである。景勝の新発田攻めも攻勢に転じたものの、新発田重家もなかなか屈せず、攻略まで七年の歳月を要した。

天正十六年、上洛した景勝は、聚楽第で豊臣秀吉に謁見し、秀吉の九州平定を祝し、新発田氏討伐を報告した。続いて天正十七年六月、佐渡を平定した。これは、天正十四年六月二十三日、羽柴秀吉に帰国の挨拶をした際、命じられたもので、天正十七年をもって、佐渡ははじめて景勝の領国となったのである。この間のやり取りの書状も国宝「上杉家文書」には多数含まれ、戦国武将たちの歴史を伝えている。天正十八年、景勝は秀吉が北条氏政・氏直父子を攻めて滅亡させた小田原（神奈川県小田原市）征伐に参陣し、文禄元年（一五九二）には、文禄・慶長の役のために秀吉が諸大名に号令したのに従い、春日山城から京都経由で肥前名護屋城（佐賀県唐津市）に着陣した。景勝は一年以上の在陣を経て、翌二年六月、釜山《プサン》に上陸し、日本軍駐留のための熊川城《ウンチョン》（大韓民国昌原市鎮海区）普請の任にあたり、九月に帰国した。この間戦いに明け暮れながらも、春日山城の修築や領内の検地を行うなど越後の安定に努めた。

会津若松城主

慶長三年一月十日、景勝は伏見城で秀吉から会津一二〇万石移封を命じられた。その内訳は会津九二万石、佐渡一四万石、出羽庄内一四万石で、徳川家康、毛利輝元に次ぐ全国第三位の大名となった。若松城（福島県会津若松市）に移った景勝は、会津領の要所に二八の支城をおき、重臣に守らせた。山形城（山形県山形市）主最上義光、岩出山城（宮城県大崎市）主伊達政宗に対する米沢城には直江兼続が配された。同年七月ごろ徳川家康、前田利家、毛利輝元、宇喜多秀家とともに五大老に列するなど、豊臣政権における重責を担った。

豊臣秀吉の死後、政治の実権を握りつつあった徳川家康は、慶長五年、会津で領国経営に専念する上杉景勝に、服従を求めて上洛を要求した。しかし、石田三成と手を組む景勝はこれを拒否した。家康は景勝に向けて兵を動かし、同時に石田三成（西軍）の挙兵を誘った。家康方の最上義光が、志駄義秀が城代をつとめる酒田城（山形県酒田市）を攻めようとすると、景勝は直江兼続に最上領への侵攻を命じた。山形城が孤立無援となった最上義光は伊達政宗に救援を求め、関ヶ原の戦いの局地戦が展開された。九月二九日に関ヶ原の戦いの西軍の敗北（九月十五日）が会津に届くと、景勝は全軍を撤退させ、家康に謝罪する道を選んだ。

米沢城下の建設

翌慶長六年八月十六日、家康の子息結城秀康に伴われて伏見城で家康に謝罪し、翌十七日、米沢城三〇万石（伊達・信夫・置賜三郡）に減封を命じられたのである。同年十一月二十八日、米沢城に入った。米沢城主となった景勝は、領地が四分の一になっても一二〇万石時代とあまり変わらない数の家臣を引き続き召し抱えていた。戦国的風潮がまだ強く残る中で、兼続は戦いに対する備えとして先進技術をとりいれた鉄砲の製造を積極的に行い、家臣たちに砲術の訓練を盛んに行わせた。家臣たちを手放さなかったのも次なる戦いに備えてのものと考えられる。直江兼続の指揮のもと行われた城下町建設は、以前の町のすがたを大きく変える大規模なものとなった。慶長十三・十四年、仮住まいのままであった家臣たちには、新しく広げられた三の丸を中心に屋敷が割り振られ、町人町は三の丸外の東側に新しく設けられた。郊外には城下町の防衛をかねて屋敷地を与えられた武士（原方衆）もいた。同時に諸街道の整備、治水事業も進められた。

また、景勝は米沢城本丸の東南隅に謙信の遺骸を祀る「御堂」を建設した。これに勤仕する寺院が堀を隔てた二の丸に建てられたのである。これらはすべて真言宗の寺院で、江戸中期には二一ヵ寺を数えた。上杉家の菩提寺である法音寺・大乗寺等の能化衆（能化とは仏教用語で宗派の長老または学頭の意味）と呼ばれる一一ヵ寺、御堂衆九ヵ寺、御堂を管轄する霊仙寺（本丸内、自性院—吉祥院—霊仙寺と改称）からなっていた。これらの寺院の多くは越後より移ってきたのである。このように本丸内に上杉謙信の墓所、二の丸に寺院という全国に類を見ない城郭がつくられたのである。越後に生まれ、春日山城で没した上杉謙信は生前米沢に来ることはなかったが、家督を相続した上杉景勝の国替えに伴い、遺骸は会津若松、そして米沢に移ったのである。関ヶ原の戦いに敗れた景勝にとって、家臣団再生の精神的支柱が上杉謙信であったと考えられる。御堂は米沢藩において最も神聖な場所として大切扱われたことが、多くの古文書によって知ることができる。

晩年の景勝

景勝の家督を相続した二代藩主定勝は、慶長九年、景勝が五十歳の時に生まれたただ一人の実子である。国宝「上杉家文書」には、幼名である千徳、喜平次宛の書状、三九通が含まれる。みかんや庭のりんごを送り合う親子の情愛や、手習いや学問を心配する景勝の父としての顔がうかがえる。元和九年（一六二三）二月十三日、喜平次は、将軍徳川秀忠に謁見し元服を命じられ、従四位下侍従・弾正少弼に任じられた。また、名を定勝と改めた。景勝は定勝任官の礼として秀忠に蝋燭千挺を献上した。かつて、徳川家康と戦った景勝も、江戸幕府の力を意識し、死期が迫っても藩主として、父としての配慮を怠らなかった。ほどなく三月二十日、米沢城で死去、六十九歳であった。火葬され、遺骨は高野山の上杉家廟に納められた。また米沢にも廟が造営され、以後歴代藩主の廟所となった。法名は覚上院殿法印権大僧都宗心。大正十二年（一九二三）、松岬神社（山形県米沢市）に合祀され、祭神となった。

2　明国の武官になった上杉景勝

景勝の生涯の中で、明国箚付、明冠服類を受贈することになった文禄・慶長の役（壬辰戦争）前後の動向をあらためて見てみる。

景勝の出兵

豊臣秀吉の文禄・慶長の役の背景として、海賊や海外貿易の問題、東アジア秩序の頂点に立つ目論みなど「唐入り」に関する研究も進展を見せているが、二度にわたる失敗は、豊臣政権の衰退となったことは否めない。豊臣政権の有力者であった景勝にも無関係ではなかった。文禄元年（一五九二）に、秀吉が諸大名に号令したのに従い、景勝は三月、春日山城から京都経由で肥前名護屋城（佐賀県唐津市）に着陣したのは四月二十一日のことであった。同月には西国大名を中心とした日本軍一六万がすでに朝鮮半島に渡り釜山《プサン》城を落とすなど、文禄の役の戦端は開かれていた。東国大名は名護屋に在陣することになったが、着陣早々に逃亡する武士が現れるなど遠方からの従軍には、さまざまな苦労や負担が強いられたことが考えられる。在陣七ヵ月を過ぎた十二月には、京都の関白豊臣秀次から苦労を労う見舞状が届いている。景勝は一年以上の在陣を経て、翌二年六月、釜山に上陸し、日本軍駐留のための熊川《ウンチヨン》城（大韓民国昌原市鎮海区）普請の任にあたった。直接の戦闘は確認できないものの過酷を極めた工事に上杉軍も死者を出している。一方、当初こそ戦いを有利に進めていた日本軍であったが、朝鮮軍の各地での抵抗に苦戦を強いられ、さらに明軍の出兵により敗退が続き、文禄二年四月から日明の講和交渉が始まっていたのである。同年九月、朝鮮から帰朝した景勝を秀吉は労い、秀吉のいる大坂城に帰朝の挨拶に立ち寄ることなく、京都から越後に帰国することを許している（図3）。

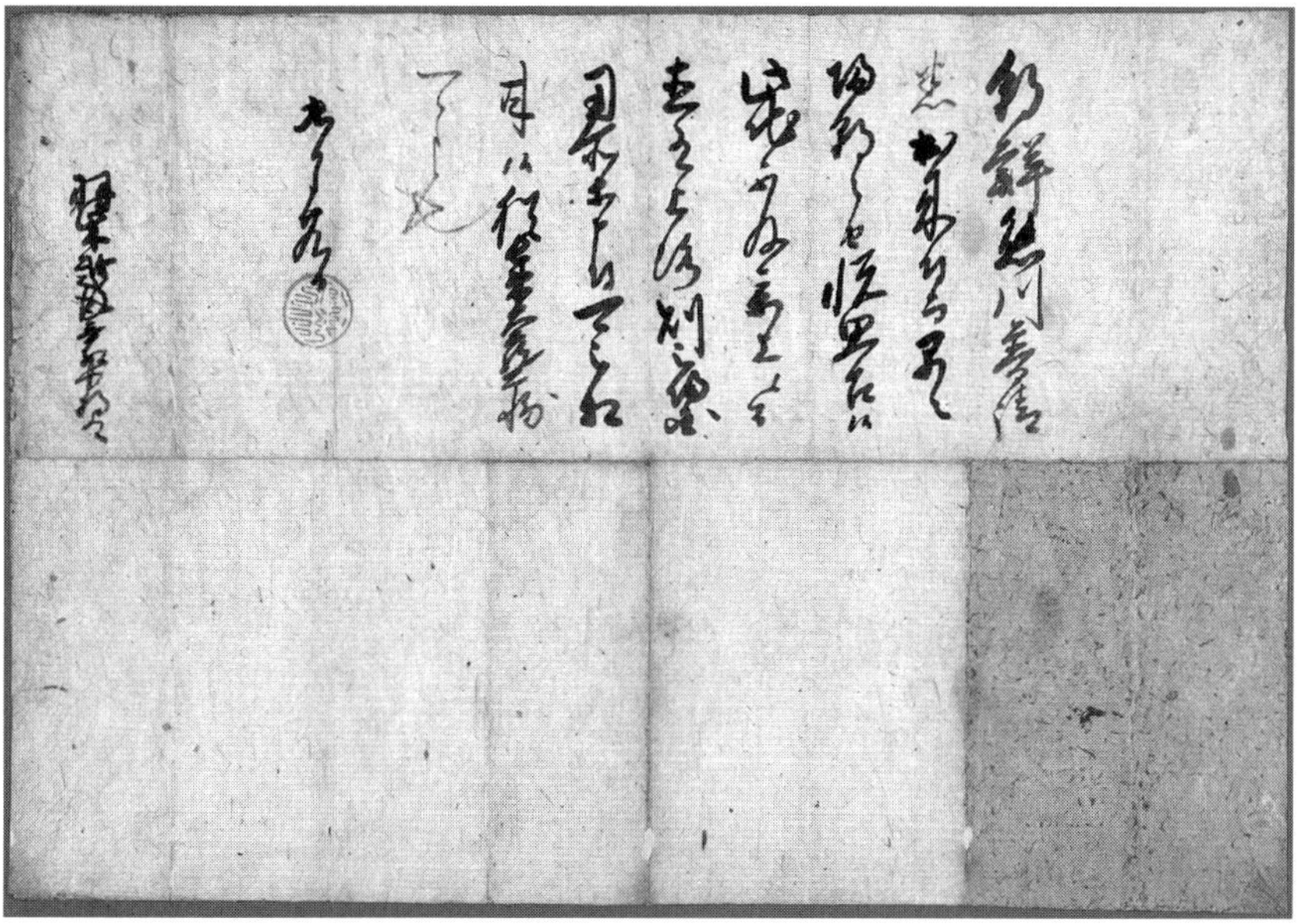

図3　国宝「上杉家文書」豊臣秀吉朱印状（文禄二年）九月二十九日（米沢市上杉博物館所蔵）

明国劄付・明冠服類の下賜

文禄五年九月一日、秀吉は大坂城で、日本と明国間の講和のために来日していた明の使者楊方亨・沈惟敬らと対面、秀吉を日本国王に冊封し金印、冠服類を下賜した。同時に徳川家康、毛利輝元、前田利家ら秀吉の重臣たちにも、それぞれの地位に応じ、劄付と冠服が与えられた。翌日の明国使を招いた饗応の席に、冠服を賜った大名はこれを身に着けて出席したという。なお、上杉景勝の事績を後世にまとめた『景勝公御年譜』巻一八、慶長元年九月二日の条の記述によると、諸臣に授けられた冠服は五十余具であったが、明国で調えたものは三十余具であって、大名の多さに明国使は驚き、急遽その数を調達することはかなわず、「冊使ノ故衣ヲ并セテ其数ニ備フ」とある。つまり、足りない二十余具は、予備もあったものと思われるが、明国使者の冠服も合せて整えたのであった。

劄付は、中国の元・明時代以降に用いられた公文書の形式の一つで、上級官庁が下級の官庁に遵守すべきことを指示する際に用いられた。本劄付は、明の万暦帝による武官任命を通達する文書であり、兵部の長官名で発給された。末尾「箚付」の下の花押が、当時の長官石星のものとみられる。景勝は従一品の「都督同知」に任命された。これにより上杉景勝は明国の武官にもなったのである。ただし、本文および「右箚付都督同知豊臣景勝准此」の「督同知」が貼紙の上に記されており、景勝の地位を上げる措置が図られたと推測されている。豊臣政権における大名の序列が明国では充分にわからないまま発行され、明国使が日本に到着して実態を知り、地位に合わせた工作が滞在中になされたのではないかとの指摘である。現在、上杉景勝の都督同知箚付のほかに毛利輝元の都督同知箚付（毛利博物館所蔵）、前田玄以の都督僉事箚付（東京大学史料編纂所蔵）が確認されている。「都督同知」は従一品、「都督僉事」は正二品に相当することから、後の五大老の毛利輝元と上杉景勝、五奉行の一人であった前田玄以との格差は順当である。『明神宗実録』巻二八一、万暦二十三年正月乙酉（十二日）の条に、小西行長・宇喜多秀家・増田長盛・石田三成・大谷吉継・徳川家康・豊臣秀保らを「都督僉事」に任命することを決した記載がある。豊臣政権の実態と明国の認識の相違が見られるものの、現在これらの諸将にも与えられた箚付を確認できないことはじつに残念である。明国箚付の詳細については第二章を参照されたい。

和平交渉の結末

明国使との対面、翌日の饗応と大いに喜んだ秀吉であったが、その実態が秀吉を日本国王とする日本が、明国皇帝を頂点とした東アジア世界の秩序に組み込まれたこと、自分の求める条件と全く相違していたことを理解するや講和を破棄し、再び朝鮮に出兵する道を選ばざるをえなかった。しかし、戦況は不利なまま、慶長三年（一五九八）八月には豊臣秀吉が死去し、五大老・五奉行は朝鮮からの撤退を決定した。明・朝鮮連合軍は撤退する日本軍を追撃し、九月から十一月にかけて激しい戦闘が行われたが、十一月末には完全撤退となった。景勝は五大老の一人として撤退処理に対応している。

3　明冠服類・服飾類の伝承と修理保存

江戸時代の宝物管理

現在、上杉謙信と景勝は神として祀られているが、景勝にとっての謙信、その後の上杉家歴代藩主にとっても、長尾上杉家の家祖謙信と初代米沢藩主の景勝は特別な存在であった。歴代藩主は参勤交代で江戸に向かう際、また米沢城に帰城の際、威儀を正して謙信の遺骸を納めた御堂に挨拶をしている。上杉家伝来の古文書・刀剣・服飾類・絵画など御宝物と呼ばれる文化財の残存状況から、それらが意図的に大事に残されてきたことがわかる。藩主自らが目録を作成し確認作業を行っている事例も少なくない。それらの多くは米沢城本丸の蔵に収められていたものと思われる。

享和二年（一八〇二）の「松岬城堞図」（米沢市上杉博物館所蔵）には、本丸西側に御能蔵、御宝物蔵、本丸南西隅に角之御蔵が描かれており、御能蔵は、元は屏風蔵であったが、大破のため取り壊し、屏風は御宝物新土蔵に持ち込み、安永五年（一七七六）中に建て直し能蔵になったとの注記がある。御宝物蔵も大破により寛政十二年（一八〇〇）中に建替えが行われている。屏風が入れられたのは、この宝物蔵であろう。ただし、狩野永徳筆の国宝「上杉本洛中洛外図屏風」は、天明元年（一七八一）三月四日、江戸上屋敷桜田邸に上杉治憲（鷹山）の家督相続のお祝いとして老中を招いた際、表御座の間に飾られていた（『治憲公御年譜』巻一六）と考えられるため、江戸屋敷にあったことになる。明冠服類や服飾類は、能蔵か宝物蔵に収蔵されていた可能性が考えられる。また、古文書などが収蔵されていた角之御蔵も大破によって南にあった物置の北に取り付ける普請を享和二年中に行ったことが記されている。大破の原因が老朽化であるか未詳ながら、火災もあり、宝物蔵の建替えや増設の経緯および米沢城の他、江戸の上・中・下屋敷での宝物管理も今後の調査課題である。ただし、江戸屋敷や米沢城の生活空間に存在するものは、日常や特別な目的を持ったものと考えるのが一般的で、謙信や景勝に由来するものは、米沢城の御宝物蔵か御能蔵に収納されたのではないかと思料する。

伝来服飾類の保存状態が良好であるのには、定期的な虫干し等の管理が必須である。古文書については毎年六月（旧暦）土用の日に、角蔵から搬出し、本丸御殿の式台にて虫干しを行い、樟脳も用いている（上杉文書六〇五・六一三記録所「日記」）。御堂の本尊・旗・装束類の虫干しも土用中に行い、大太刀の錆取りを六月晦日に広縁で行った（上杉文書二三五「御堂年中行事」）。服飾類に関する記録を見いだせていないのは残念であるが、六月〜八月の虫干しが推測される。

明治以降の明冠服類の保存

明治三年（一八七〇）十月、本丸御殿跡に藩庁が設置され、明治六年には米沢城の廃城が決定し、城内の施設の払い下げ、城の建物自体が撤去されるに至った。明治二十九年には、二の丸寺院跡地に上杉家の本邸（上杉伯爵邸）が建設された。敷地内に蔵の新設や移設があったものと思われるが、詳細の解明は今後の課題である。上杉神社への宝物寄進は明治から随時なされたが、明国箚付・明冠服類の寄進は昭和二十年（一九四五）であり、服飾類は同年からの寄託期間を経て、昭和二十四年のことであった。本来明国箚付・冠服類と服飾類は形態も異なり別々に取り扱われていたものと思われる。明冠服類には旧保存箱があり（図4）、貼札跡が散見されるが、一枚は明治二十三年の改札であり、もう一枚は戦前に伯爵上杉憲章が専門家に依頼して行った宝物調査による整理札と思われる（図5）。被服装束類／能面小道具の分類で、「明服　一領／冠　冕《かんむり》　靴共五点／黒塗桐箱入」とある。明服一領は大紅刻糸《だいこうこくし》胸背《きょうはい》斗牛円領《とぎゅうえんりょう》と緑《みどり》貼《ちょう》裏《り》をセットで数えたと理解するが、冕は誤りであろうか。これを犀角帯と考えると五点となる。

箚付も当初は折り畳まれていた。上杉神社に寄進された際は軸装となっており、明服と同蔵する必要がある旨の、海軍大将黒井悌次郎の付箋があった。黒井悌次郎は旧米沢藩士で上杉家の相談人の一人である。箚付が掛幅になった時期はいつか、残された課題は尽きない。

図4　明冠服類保存箱（上杉神社所蔵）

図5　上杉家整理札（上杉神社所蔵）

服飾類の保存管理

一方、伝上杉謙信・上杉景勝所用服飾類は長持に入れられていた。これを整理し、目録を作成した米沢藩最後の藩主で、伯爵であった上杉茂憲は、「謙信公御召類長持入記」の最後に「旧来御召服類惣テ秋野蒔絵絹櫃中ニ保存ス然レトモ狭少ニシテ便ナラズ依テ櫃中ノ品尽ク長持新調ノ上之ニ移シ明治卅四年八月虫払品数ヲ改メ更ニ包紙ヲ製シ入記ヲ認メ後世子孫ニ伝フ　後来虫払ハ家主自ラ指図シ取扱ヲ注意セシムベシ　　茂憲記印」と記した。昭和三十六年の重要文化財指定後、国庫補助事業により昭和四十年収蔵庫が増築された。服飾類は長持ちから出して、袖など一部分は折り畳むものの、広げた状態で収納できるよう桐材の棚箱が作られ、一箱に一領ないし二領を収納する五棹の箪笥が新調された。一棹の箪笥は一一段の棚段からなり、一一箱を納める。現在、大紅刻糸胸背斗牛円領と緑貼裏も、この桐箱の一つに収納している。

4　「明国箚付」「明冠服類」の重要文化財指定と修理

重要文化財指定と枠組み

明冠服類は、すでに昭和三十六年（一九六一）工芸品の部において、服飾類（伝上杉謙信・上杉景勝所用）として重要文化財に一括指定されたなかの一部であった。さらに箚付は明冠服類の附《つけたり》指定であった。これは当時重要文化財指定の枠組みに歴史資料はなく、明冠服類という伝来の確かな染織品としての評価が優先して指定がなされていたのである。指定書の表記を左記に示す。

昭和三十六年指定（工芸品の部）

服飾類（伝上杉謙信・上杉景勝所用）

（中略）

赤地雲文緞子龍文刻糸飾付明服　一具

（冠一頭、石帯一条、靴一双、下着一領共）

（中略）

附　明兵部箚　一幅

万暦弐拾参年弐月の年紀がある

（後略）

その後、研究は進展し、本資料群が豊臣秀吉家臣宛の箚付と冠服が一括で伝来する唯一の事例であることから、文禄・慶長の役の狭間の和平交渉の史実を現在に伝える実物資料として、また、日明間の外交史を論ずる上で、本資料群の存在は極めて大きな意義を持つという、歴史上の学術価値の高まりを見せている。一方、昭和五十年に文化財保護法が改正され、歴史資料分野が新設されていた。この分野は、複数の分野から構成される一括資料群など、従来文化財保護の対象となりづらかった歴史上重要な事象や人物に関する学術価値が高い資料群を対象としている。これにより、明国箚付、明冠服類の見直し調査が図られ、平成三十年（二〇一八）、既指定の服飾類から分割され、新たに歴史資料の部において重要文化財指定となった。その際、指定名称も研究の成果を踏まえ変更された。

「赤地雲文緞子龍文刻糸飾付明服」は「大紅刻糸胸背斗牛円領」の名称になった。赤地雲文緞子を用いた単仕立てで、「補服」と呼ばれる明朝の官服である。胸と背に斗牛文の刻糸の飾り裂を付している。飾り裂は「補子」と呼ばれ、官位を表すために明清時代の官服につけられた。武官は獣を織り込んでいる。斗牛は皇帝の龍に次ぐ高い格式で、豊臣秀吉の麒麟より上である。本来、箚付の位階と官服の仕様は合致するものであるが、不釣り合いが生じたのには、上杉景勝に贈られたものが、明国使が本国から用意してきたものの予備分であったか、国使自身のものであった可能性がある。また、斗牛には飛魚であるとの説があり、詳しくは第三章を参照されたい。また、「石帯」は材質から「犀角帯」となったが、北野博司氏による３Ｄ撮影分析から使用痕が確認された。第四章に詳細な分析がある。上杉景勝が大坂城で着用したほか、その後の米沢藩主が頻繁に着用したとは考えられず、『年譜』が「冊使ノ故衣」と記したことを裏付けるものと思われる。

法量等の基本情報の参照に、指定書（図6①）および附書（図6②）を示す（裄は肩幅と袖幅を足したものであるが、ここでは総長とみる）。

なお、『景勝公御年譜』巻一八、慶長元年（一五九六）九月二日の条に、箚付の授与に関して「右ノ箚詞ニ冕服ヲ相副、秀吉ヨリ列侯ニ相授ラル」と記載されており、このたびの重要文化財指定は正しい形になったとも言える。

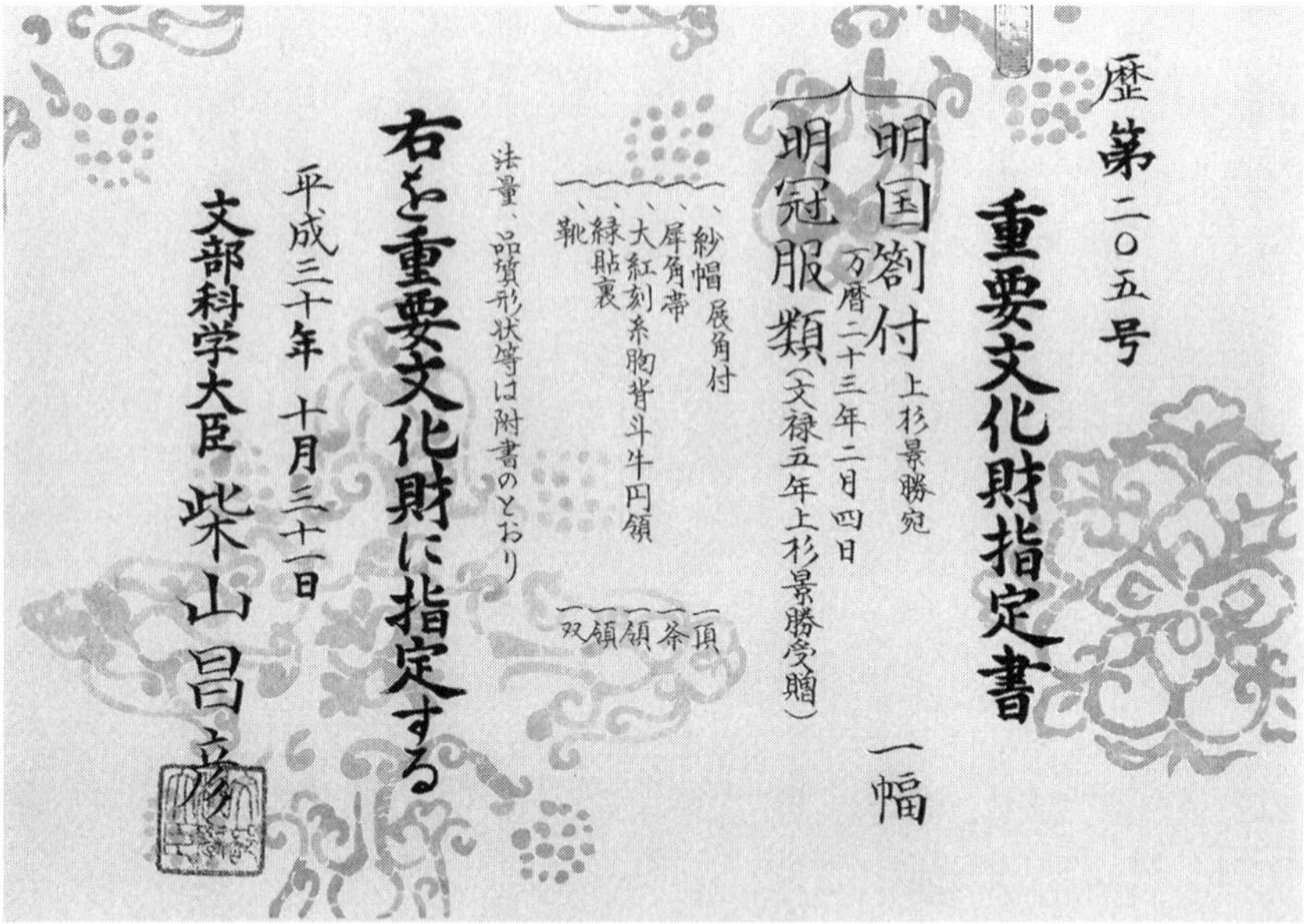
歴第二〇五号
重要文化財指定書
明国箚付 上杉景勝宛 万暦二十三年二月四日　一幅
明冠服類（文禄五年上杉景勝受贈）
一、紗帽 展角付　一頂
一、犀角帯　一条
一、大紅刻糸胸背斗牛円領　一領
一、緑貼裏　一領
一、靴　一双
法量、品質形状等は附書のとおり
右を重要文化財に指定する
平成三十年 十月三十一日
文部科学大臣 柴山昌彦

図６①　歴第二〇五号　重要文化財指定書（上杉神社所蔵）

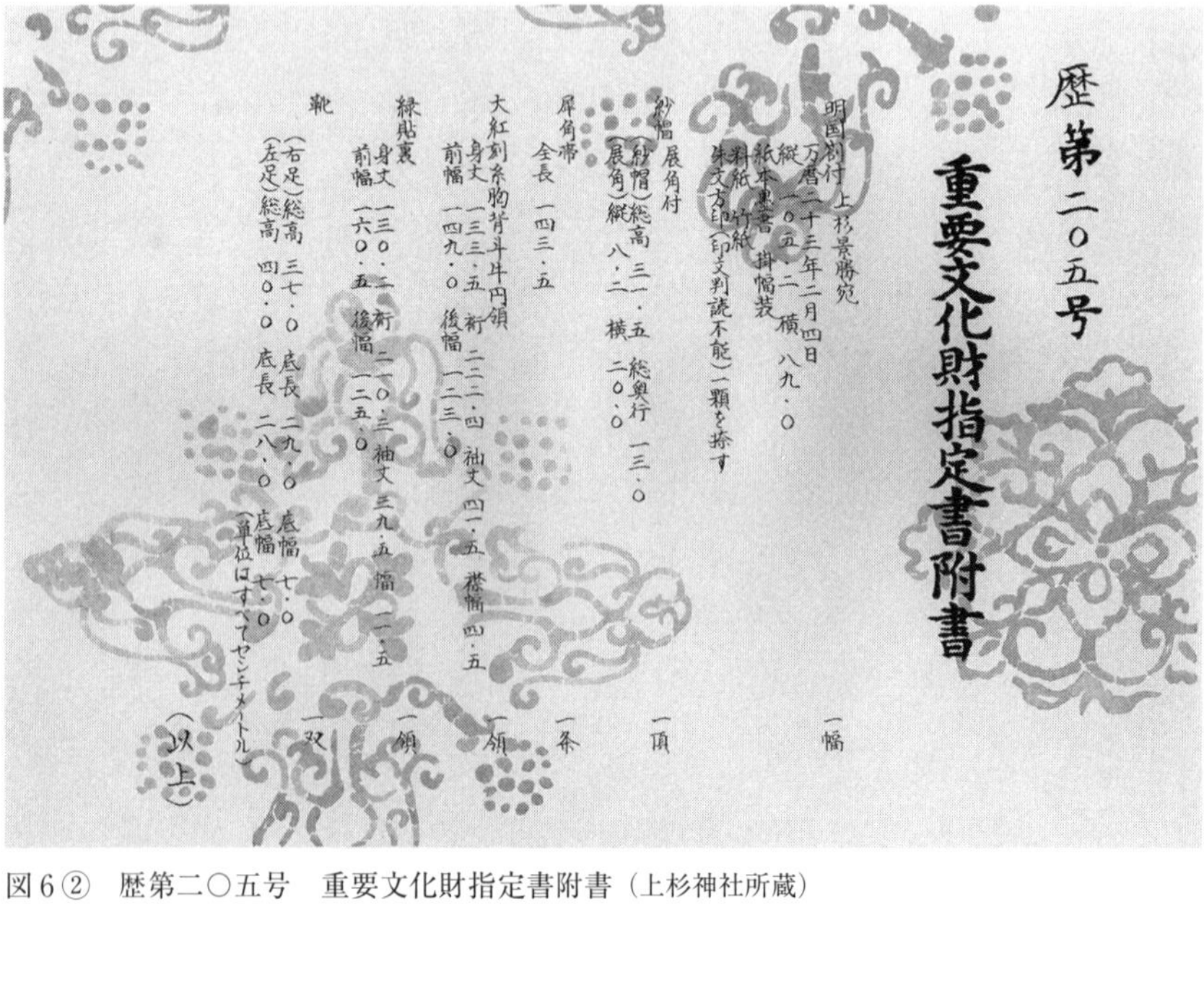
歴第二〇五号
重要文化財指定書附書
明国箚付 上杉景勝宛　一幅
万暦二十三年二月四日
縦 一〇五・二　横 八九・〇
紙本墨書 掛幅装
料紙竹紙
朱文方印（印文判読不能）一顆を捺す
紗帽 展角付　一頂
（紗帽）総高 三一・五　総奥行 一三・〇
（展角）縦 八・二　横 二〇・〇
犀角帯　一条
全長 一四三・五
大紅刻糸胸背斗牛円領　一領
身丈 一三三・五　裄 二二二・四　袖丈 四一・五　襟幅 四・五
前幅 一四九・〇　後幅 一二三・〇
緑貼裏　一領
身丈 一三〇・二　裄 二一〇・三　袖丈 三九・五　襟幅 一一・五
前幅 一六〇・五　後幅 一二五・〇
靴　一双
（右足）総高 三七・〇　底長 二九・〇　底幅 七・〇
（左足）総高 四〇・〇　底長 二八・〇　底幅 七・〇
（単位はすべてセンチメートル）
（以上）

図６②　歴第二〇五号　重要文化財指定書附書（上杉神社所蔵）

重要文化財「明冠服類」紗帽・犀角帯・靴の修理

「明国箚付」「明冠服類」が服飾類から分割して重要文化財指定になったことにより、現在、重要文化財「伝上杉謙信・上杉景勝所用服飾類」八八点に附一〇点の九八点となっている。平成二十七年（二〇一五）から文化庁の指導のもと、箚付、冠服類を含め、服飾類の保存状況の全点調査が進められ、修理の優先順位が検討された。その結果、箚付・大紅刻糸胸背斗牛円領・緑貼裏は、比較的保存状況が良好であるため、修理対象とはならず、傷みの激しかった紗帽・犀角帯・靴の修理が令和元年（二〇一九）から翌二年の二ヵ年にわたって行われ、令和三年三月に上杉神社稽照殿に戻った。

修理方針や実際の修理によって発生する課題は、所有者である上杉神社、文化庁、修理業者による協議によってその解決策が決定される。それぞれの修理前調査結果、および紗帽・犀角帯・靴の修理状況などについては宗教法人上杉神社特別展示図録『明国明国箚付上杉景勝宛一幅　明冠服類（文禄五年上杉景勝受贈）一括』（二〇二一年）に詳細に掲載されているので、参照されたい。

おわりに

上杉景勝が受贈した明国箚付、明服類の残存意義は大きく、東アジアの外交史研究の進展に大きく貢献していることは間違いない。一方で比較研究すべき資料がほとんどないことは多くの課題をもたらす。和平交渉の場に臨んだ五十余具の中から新発見があることを期待したい。しかし、残っていないかもしれないという思いも同時に存在する。上杉家が服飾類に限らず、物を大切にする家風であることはすでに述べた。ただ、箚付の現存例を考慮すると毛利輝元と上杉景勝は五大老、前田玄以は五奉行の一人であった。いずれも関ヶ原の戦いの西軍であり、豊臣秀頼との交流

図7　藤堂高虎所用「黒漆塗唐冠形兜　面頬付」（伊賀市所蔵，伊賀上野城保管）

図8　上杉景勝所用「唐冠形兜」（宮坂考古館所蔵）

も持っていた。上杉景勝が豊臣家と決別するのは大坂冬・夏の陣であり、豊臣方の大名であった。徳川家康はじめ徳川方の大名たちにとっては、秀吉を介して贈られた明国箚付や明服は当初から、また、時代の流れの中で無用の長物となったことは容易に考えられるからである。

上杉家は関ヶ原の戦いで敗者になったことから一二〇万石から三〇万石に、三代藩主の急死による世継ぎの不手際から一五万石に石高を減らしたものの断絶を免れ、上杉神社に寄進されるまで守り抜いた。しかし、経年劣化は避けがたく修理の時期を迎えた。オリジナル性を重んじた文化財の修理のあり様は一般的にわかりづらく、一つの行為にも慎重を期すのである。いつの時期に何処を、何をどのように変えたかの記録は、調査研究にも大きな影響を及ぼす。

戦国時代末期に変わり兜が武将たちの間で人気を博すが、その一つに「唐冠形兜《とうかんなりかぶと》」がある。「唐冠形兜」は、藤堂高虎が秀吉から拝領したとされる三重県指定有形文化財の「黒漆塗唐冠形兜　面頬付」（図7）をはじめ、複数確認されているが、上杉景勝も所有していた。兜の鉢は鉄の打ち出しで吹返に上杉家の家紋「竹に雀紋」が据えられている（図8）。後ろについていた纓《えい》（紗帽の展角に相当）が失われているのが残念である。「紗帽」を彷彿させる冠を象った形容からも、その影響を垣間見ることができる。上杉神社に伝存する明国箚付、明冠服類は、時代を物語る遺品としての魅力はもとより、多方面に及ぶ研究の唯一無二の資料群なのである。

第二章　明朝兵部発給劄付とその背景

——「明国劄付上杉景勝宛」の紹介——

大野晃嗣

はじめに

本章では、明朝の兵部（武官人事担当の官庁）が上杉景勝に武職の官職授与を伝えるという内容を持つ、「明国劄付上杉景勝宛」（以下、「上杉劄付」と略称）について紹介する（口絵2①②）。明朝はその行政を運営するに当たって、徹底した文書主義を採用した。その運営の手段としてやりとりされる文書は、発出元と受取手の関係に基づくと、大きく三種類に分類される。すなわち「上行文」（目上に対するもの）、「平行文」（おおむね同格の相手に対するもの）、そして「下行文」（目下に対するもの）である。この内、劄付は「下行文」の一種である。

大きさについてはすでに序章に言及されているが、ここであらためて記しておくと、タテ一〇五・二センチ×ヨコ八九・〇センチ、A0サイズの紙を縦方向に少し縮めたサイズである。また、一般的な模造紙の横幅をおよそ一割大きくしたものと想像すれば、大半の人にとっては、現代的な「文書」のイメージよりもかなり大きなものと感じられるであろう。

1　上杉箚付の内容と体裁

釈文・書き下し文・意訳

最初に上杉箚付の本文に句読点をつけて示し、そのあとに書き下し文と意訳を記す。なお、行内の記号（」）は本箚付内での改行場所を表す。□で囲んだ箇所は、第2節で述べる修正痕の場所である。また、第3節で述べるように、上杉箚付に用いられている字体には多くの異体字や減画略字の類いが含まれているが、ここでは混乱を防ぐために、当用漢字でまとめて記すものとする。


　兵部為欽奉」

聖諭事。照得、傾《ママ》因関白具表乞封、」

皇上嘉其恭順、特准封為日本国王、已足以遠慰内附之誠、永堅外藩之願矣。但関白既受」

皇上錫封、則行長諸人即為」

天朝臣子、似応酌議量授官職、令彼共載」

天恩、永為臣属。恭候」

命下、将豊臣景勝、授都督同知官職、以示奨勧。擬合給箚。為此合箚。本官遵照箚内事理、永堅恭順、輔導国
王、恪遵」

天朝約束、不得他有別求、不得再犯朝鮮、不得擾掠沿海。各保富貴、共享太平。一有背違、」

　王章不宥。須至箚付者。


右箚付都督同知豊臣景勝。准此。

万暦弐拾参年弐月「初四」（朱書）日給
（押印痕跡）
劄付　（押署）

兵部　聖諭を欽奉せんが事の為にす。照し得たるに、傾（「頃」の誤。ちかごろ）関白　表を具して封を乞うに因り、皇上　その恭順なるを嘉し、特に准《ゆる》して封じて日本国王と為す、已に以て遠く内附の誠を慰め、永く外藩の願を堅くするに足れり。但《た》だ関白　既に皇上の錫封を受くれば、則ち行長諸人は即ち天朝の臣子為り。応に酌議し量りて官職を授け、彼をして共に天恩を戴き、永く臣属為らしむべきに似たり。恭《つつし》みて命の下るを俟《ま》ち、豊臣景勝を将《もっ》て都督同知の官職を授け、以て奨勧を示さん。擬《ぎ》すらくは合に劄を給すべし。此《これ》が為に合に劄すべし。本官は劄内の事理に遵照して、永く恭順を堅くし、国王を輔導し、恪《つつし》んで天朝の約束に遵い、他に別の求め有るを得ず、再び朝鮮を犯すを得ず、沿海を擾掠《じょうりゃく》するを得ず。各おの富貴を保ち、共に太平を享《う》けよ。一《ひと》たび背違有らば、王章宥《ゆる》さざらん。須《すべか》らく劄付に至るべき者なり。

右　都督同知豊臣景勝に劄付す。此を准《う》けよ。

万暦弐拾参年弐月　初四日給す
劄付（押署）

兵部は「聖諭をつつしんで奉じる」という上奏を行います。調べましたところ、近年関白（豊臣秀吉）が上表文を差し出し冊封を願い出てきたことによって、皇帝陛下（万暦帝）はその恭順な態度を嘉みせられ、とくにお認めの上、日本国王に封じられました。すでに中国につき従うという（彼らの）誠意を遠きに向かいてねぎらわれましたゆえ、外藩たりたいとながく願うに十分でありましょう。ただ、関白が皇帝陛下から封を受けたからには、（小西）行長たちも天朝の臣子であります。事情をよく討議の上、軽重よろしく官職を与え、彼らすべてに天恩を垂れ、ながく臣下とするのがよいと思われます。つつしんで陛下のご命令を待って、豊臣景勝に都督同知の官職を与えて、ながく鼓舞激励いたしたく存じます。（以上のことが皇帝より裁可されたことを受けて、）我々兵部としては、箚付を与えることをただちに行うべきと判断し、箚付を発給するものである。当該官は箚付の内容によく従って、末永く恭順に、また国王を輔導し、天朝の決まりごとに従い、さらなる要求をしてはならない。朝鮮を再犯してもならないし、沿海部を荒らしまわってもいけない。各おの富貴を保ち、太平を楽しむように。少しでもこれに背くことがあれば、法によって罰するであろう。以上、箚付をもって申し渡す。

右、都督同知豊臣景勝に箚付を与えるものである。これをうけよ。

以上からわかるように、明朝は、壬辰戦争期中の和平交渉に際して豊臣秀吉を日本国王に封じ、それに合わせて秀吉麾下の小西行長らにも官職を授けることにした。この上杉箚付は、上杉景勝には「都督同知」（従一品）を授けるとして、万暦二十三年（一五九五）二月四日付けで、かんで含めるような文言とともに本人に通達するという内容になっている。したがって、秀吉麾下の者が時を同じくして受け取ったと考えられる箚付が複数伝来している。その伝来状況は以下の通りである。

上杉景勝　宛……【箚　付】上杉神社（山形県米沢市）所蔵
【箚付写】『景勝公御年譜』巻一八

毛利輝元　宛……【箚　付】毛利博物館（山口県防府市）所蔵（以下、「毛利箚付」と略称。図1）
【箚付写】山口県文書館（山口県山口市）所蔵

前田玄以　宛……【箚　付】「明国箚付（万暦二十三年二月四日　前田玄以宛）」（以下、「前田箚付」と略称）

【箚付模本】ともに東京大学史料編纂所（東京都）所蔵

景轍《けいてつ》玄蘇　宛……【箚付模本】松浦史料博物館（長崎県平戸市）所蔵（以下、「玄蘇模本」と略称）

【箚　付　写】景轍玄蘇『仙巣稿《せんそうこう》』巻之下

徳川家康　宛……【箚　付　写】『景勝公御年譜』巻一八（以下、「徳川箚付写」と略称）

小早川隆景宛……【箚　付　写】『大日本古文書　小早川家文書之二』三八五頁

文中に「別求」（さらなる要求）をしてはならないとあるのは、一連の和平交渉にあって、秀吉に対して冊封は認めるものの、朝貢・開市（「貢市」）を認めるかどうかが議論になっていたこと（鄭潔西　二〇一七）を受けている。すなわち冊封は認めるが、朝貢・開市を日本側から要求してはならないと釘を刺しているのである。次節で見るように、万暦二十二年十二月七日頃、兵部尚書（長官）であった石星は、小西行長の家臣であった内藤如安と和平交渉のために北京で会っている。そのおり、彼は内藤如安に対して、「一封外、不許別求貢市（一封の外、別に貢市を求むるを許さず）」と面前で伝えた（『両朝平攘録』巻之四）。そしてその内容は、万暦帝から秀吉に出された万暦二十三年正月

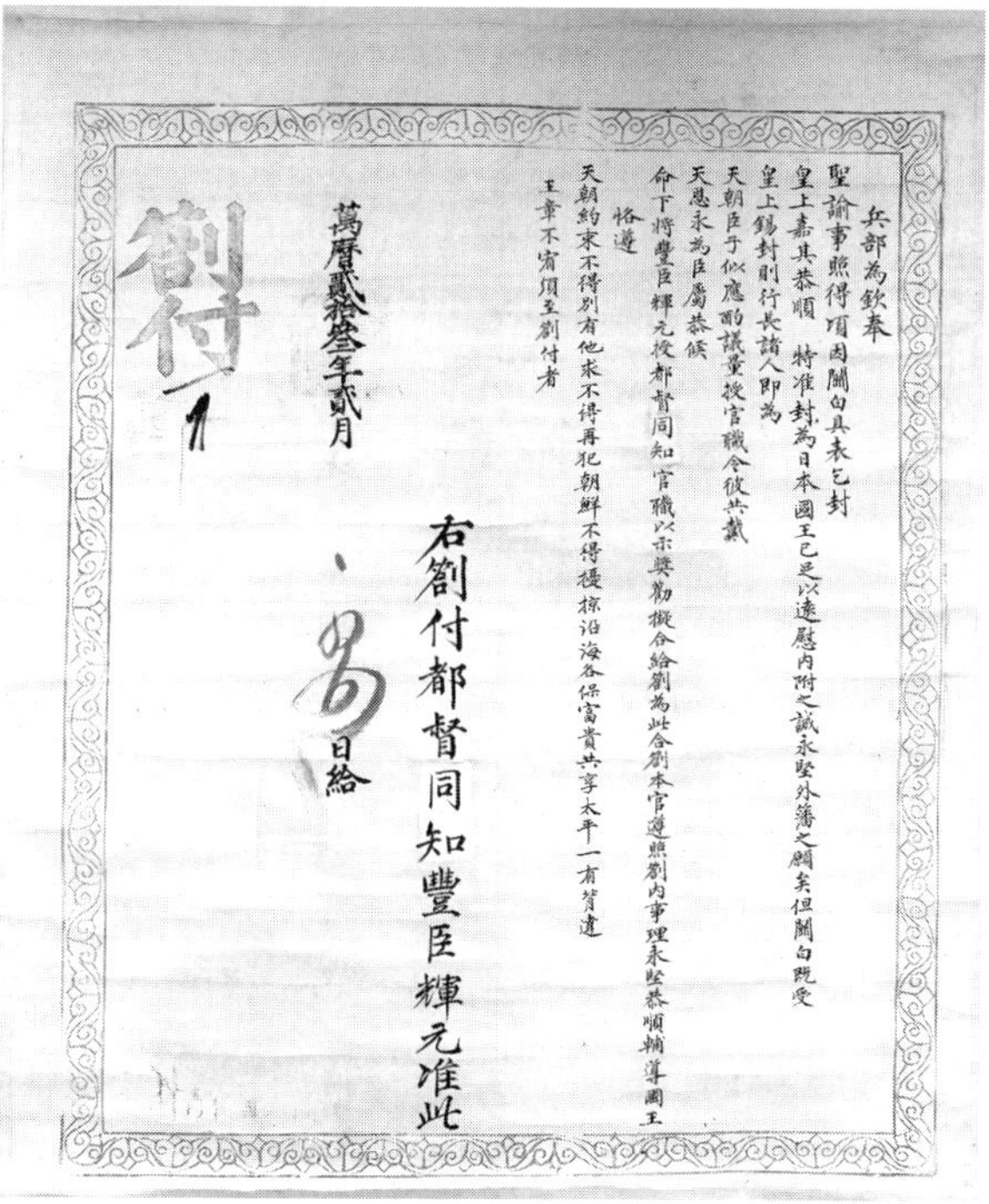
兵部為欽奉
聖諭事照得頃因關白具表乞封
皇上嘉其恭順　特准封為日本國王已足以遠慰内附之誠永堅外藩之願矣但關白既受
皇上錫封則行長諸人即為
天朝臣子似應酌議量授官職令彼共戴
天恩永為臣屬恭候
命下將豐臣輝元授都督同知官職以示獎勸擬合給劄為此合劄本官遵照劄内事理永堅恭順輔導國王
恪遵
天朝約束不得別有他求不得再犯朝鮮不得擾掠沿海各保富貴共享太平一有背違
王章不宥須至劄付者
右劄付都督同知豐臣輝元准此
萬曆貳拾叁年貳月　日給
劄付

図1　毛利輝元宛明朝兵部発給箚付（毛利博物館所蔵）

二十一日付けの勅諭（「明神宗贈豊太閤書」宮内庁書陵部所蔵）にも「既封之後、不敢別求貢市、以啓事端（既に封ぜしの後、敢えて別に貢市を求め、以て事端を啓かず）と盛りこまれている（新宮　二〇〇〇）。箚付に「他に別の求め有るを得ず」とあるのは、これらの事柄を簡略に表現したものに他ならない。そして、以上のことからすると、この箚付の授受は、同時期に「女直」（女真族）に対して明朝がとっていた「貢勅制」との対比から一つのことを伝えてくれる。明朝は女直に対して武職（都督僉事や都指揮使等）の任命内容を備えた「勅書」を多数与え、それが身分証・入国許可証・交易許可証、さらには有価証券としての価値も備えていたために、奪い合いの対象となっていた（増井寛也　二〇〇九）。これに比べると、上杉箚付は、同様に明朝兵部が武職の官職を授職し、被授者をその管轄下にある武官として認めるという文面ではあるものの、女直に与えられた「勅書」のような付帯する価値を持たない、いわば渡しきりとでもいうべきものであり、その本質は大きく異なるといわねばならない。つまり以上のような背景や内容、そして伝来状況から見れば、この箚付は、天朝たる明朝が多様な羈縻《きび》の策を伝統的かつ恒常的に用いてきた中にあって、相手を見てその一つを遂行するためにとった手段であり、道具であったのである。

箚付に見える体裁上の諸点

上杉箚付と毛利箚付、そして前田箚付の大きさはほぼ等しく、また四周の雲文の絵飾や「箚付」の大字などは同一の版木を用いて青色に刷り出されている。また上杉箚付と毛利箚付では「万暦弐拾参年　月」の部分は陽刻から墨色に刷ったものであり、「弐」の字だけが墨書で記入されている。これに対し、前田箚付では「万暦弐拾参年弐月」の部分がすべて墨書となっている点で、上杉箚付と毛利箚付に異なっている。また玄蘇模本は、以酊庵《いていあん》八十二代輪番僧梅荘顕常（蕉中）が天明元年（一七八一）十一月に対馬の西山寺で臨写したものである。上杉箚付などと比べると、サイズは縦横ともに三分の二ほどとなっている。ただ、写す際の原本となったであろう玄蘇宛ての箚付は、文政八年

（一八一一）に平山東山が編んだ『津島紀事』に鶴翼山西山寺の什物として記録されているものの、その後行方知れずとなっている。加えて、伝来する箚付と見比べてみると、素人目にはとても丁寧に臨写されているように思われ、また訓点まで施してあるなど、文化財として十分に貴重なものである。

　また、箚付本紙の最後に墨書による押署（サイン）がある（図2）。これは先述した、当時の兵部尚書石星のものである。『嘉靖三十八年進士登科録』（「登科録」は科挙試験の業務報告書であり、合格者名とその個人情報が掲載されている）によれば、石星（一五三八―九九）は、字拱辰、直隷《ちょくれい》大名府東明県の人。嘉靖三十八年（一五五九）に進士（三甲八十名）に合格し、官界でのキャリアをスタートさせた。『明神宗実録』によると、四十代後半から五十代にかけて、兵部左侍郎（次官）から工部尚書、戸部尚書など要職を歴任し、万暦十九年八月に兵部尚書を拝命している。その後、万暦二十五年九月に「賊に諂《おもね》り患を醸し、君を欺き国を悞る」として、対豊臣秀吉の責任を問われて投獄され、万暦二十七年に獄死した。壬辰戦争における明朝中央政界のキーパーソンの一人といっていいであろう。なお、これも次節で見るが、『明神宗実録』巻二八一、万暦二十三年正月乙酉（十二日）の条に、石星が秀吉麾下への武職の官職授与を上奏し許可された記事が載っており、その内容は、箚付本文のうち、「以示奨勧」までの部分と大略一致している。すなわち、兵部が官職授与について上奏し、皇帝から許可されたことをもって箚付作成に

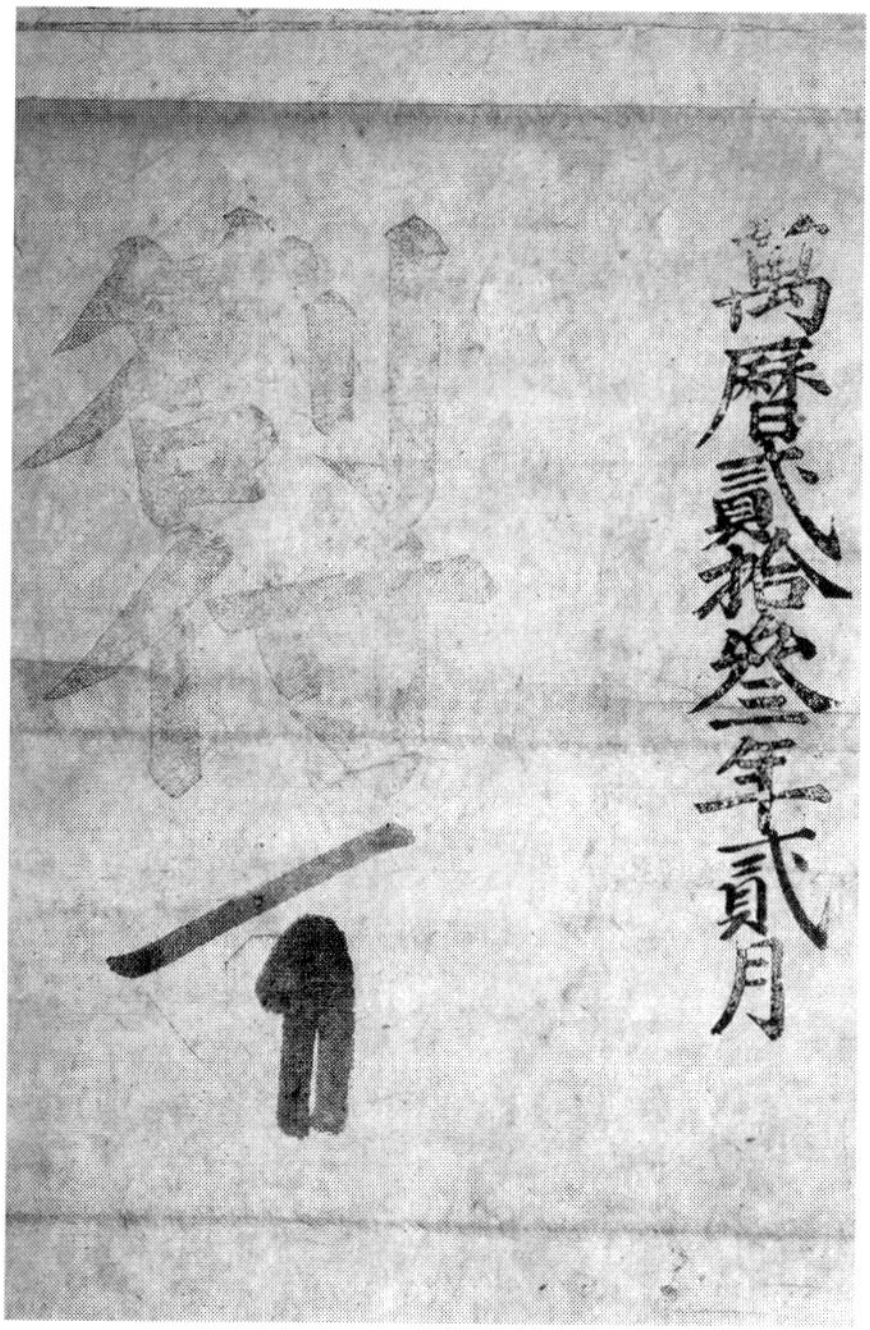

図2　上杉箚付石星押署（上杉神社所蔵，透過光撮影）

着手し、この発給に至ったわけであり、その手続きが劄付内にまとめて記され伝達されていることになる。

この石星のサインについては、一つ述べておかねばならないことがある。筆者は「大野　二〇一九」の注10の中で、実見した「玄蘇模本」に言及し、「彼（梅荘顕常）は兵部尚書石星のサインを判読できず、「石」を「可」と誤解しており、第一線で外交に携わる彼ほどの「碩学」僧をもってしても、近世中国王朝の公文書の形式などはその学識の埒外であったことがわかる」と、さもわかったように書いた（穴があったら入りたいとはこのことを言うのであろう）。つまり、筆者は、大きく青色に刷り出された「劄付」二文字の下にあるサインは、石星の姓である「石」の漢字一字であると考えていたのである。もちろんそのように考えた理由はある。それは李詡《りく》『戒菴老人漫筆《かいあん》』（巻六、「押字原始」）や張存紳『増定雅俗稽言』（巻一八、「籤押《せんおう》」）など、明代の様々な史料に引用される王安石のサインに関する逸話（元ネタは宋の葉夢得『石林燕語』）である。王安石は自分のサインを書くときに「石」という漢字を書いたが、初めに一画を横に書き、左にはらいを引いて、中程は丸一つですませたという。劄付に書かれた石星のサインを見た際に、この王安石の「石」の字の逸話を想起したのである。加えて弁解すれば、『景勝公御年譜』巻一八に見える上杉劄付の写しでは、このサインを「万」の漢字一字と判読している。これらのことがあって、上杉劄付や毛利劄付らにサインされているのは、「石」の漢字一字だと思いこんだ。

しかし、恐らくこれは間違っている。明の人郎瑛《ろうえい》の随筆『七修類稿』巻二五、「押字」によれば、「国朝押字の製、未だ必しも名せずと雖も（名前を書かない場合でも）、しかれども上下に多く一画を用う。蓋《けだ》し地平らぎ天成る（『書経』大禹謨《だいうぼ》の言葉）の意を取るなり」という。この上下に横線を持つ花押は広く東アジアで用いられていた（藤田　二〇二一、山田　二〇一七）。石星の押署にみえる上の横線は、それらの花押が持つ初めの横線に類似するものと考えてよいだろう。例えば『中国明朝檔案総匯』に収録されている文書を見ると（図3）、共通して上に横に大きく一本線が引いてある。上下に横線のある花押と、図3に見えるような上に一本の横線しかない押署がどのように使い分けられるのか、前者を略式にしたものが後者なのか、現在のところ筆者にはわからない。ただ、青刷りの「箚付」の下に書かれているのは、「石」の漢字ではなく、一本の横線とその下の本体部分が組み合わさって、一つの押署を構成したものと考えたい。本節において、以前の軽率な考えを訂正しておく。

なお、「万暦弐拾参年　月」の部分に朱文方印が押されていた形跡が見えるが（兵部の堂印であろう）、退色が激しい。梅荘顕常も玄蘇模本につけた識語の中で、「年号の上に一印があるが、脂痕を見るのみで、全くもって印色が無い」と述べている。この当時、平行文と下行文の文書に押印する際（つまり目上に対するもの以外）、植物の蘇木（マメ科の小高木スオウ〈蘇芳〉の心材）を煮煎し濾過した紅色の煎液をインキに用いていたが、これが退色しやすいことが問題になっていた。例えば、明朝の崇禎年間に戸部尚書であった畢自厳は、崇禎二年（一六二九）の上奏文の中で、押印に蘇木の煮汁を用いるときわめて退色しやすく、少しばかり時間がたつと、色・光沢、印文がすべて消え去ってしまうとして、鉱物系の「紫粉」を用いるべきだと述べている（『度支《たくし》奏議』巻之八、堂印糢糊祈請鑄換疏）。上杉箚付の堂印の痕跡は、まさにその一例であろう。

図3　『中国明朝檔案総匯』に収録されているサイン（左から梁廷棟〈通番623〉，陳新甲〈2818〉，張縉彦〈3380〉）

2　箚付発給の経緯と修正痕の事情

上杉箚付には、一部分をくりぬき、裏から紙をはりつけて修正した箇所がある。具体的には、箚付の本文と宛名部分の二ヵ所に見える「都督同知」四文字の内、「督同

図４　上杉箚付修正痕（本文）透過光撮影

図５　上杉箚付修正痕（宛名部分）透過光撮影

図６　毛利箚付修正痕（本文）透過光撮影

図７　毛利箚付修正痕（宛名部分）透過光撮影

図４～７は，上杉神社蔵

知」の三文字がそれである（図４、５）。また、毛利箚付にも同様の修正箇所があり、具体的には、同じく二ヵ所に見える「都督同知」四文字の内、「同知」の二文字がそれである（図６、７）。つまり、それぞれの修正箇所は、箚付によって伝達する本旨ともいうべき、授与された官職名の部分ということになる。そのため、この修正痕はこれまでも研究者の関心をひき、すでに多くの先行研究がある（中村栄孝　一九六九、大庭　一九七一、新宮　二〇〇〇、米谷

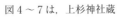

二〇一四、須田　二〇一七、大野　二〇一九）。本節では、詳細な論証についてはそれらに譲るとし、先行研究に基づいて、まず箚付発給に至った経緯を概観し、その次に修正痕の事情について、現在の筆者の見解も含めつつ解説する。

和平交渉と箚付

万暦二十二年十二月七日頃、小西行長の家臣であった内藤如安（「小西飛」）が、和平交渉のために明朝の首都北京に到着した。そして、彼は、秀吉麾下の者について官職を与えるように頼むべく、該当者の名前を兵部尚書石星に提出した。宋応昌『経略復国要編』後附、「小西飛稟帖《ひんちょう》」には、以下のようにある（引用史料内の括弧は筆者が補ったもの）。

（史料1）

日本国差来せる小西飛驒守滕（藤）原如安、謹みて天朝兵部尚書太保石爺臺下に稟《もう》す。……

計開……

一、豊臣行長（小西行長）　豊臣三成（石田三成）　豊臣長成（増田長盛）　豊臣吉継（大谷吉継）　豊臣秀嘉（宇喜多秀家）

以上五員、大都督に封ぜられんことを乞《こ》う。……

一、釈玄蘇（景轍玄蘇）は日本禅師に封ぜよ。

一、豊臣家康（徳川家康）　豊臣利家（前田利家）　豊臣秀保　豊臣秀俊（小早川秀秋）　豊臣氏郷（蒲生氏郷）　豊臣輝元（毛利輝元）　平国保　豊臣隆景（小早川隆景）　豊臣晴信（有馬晴信）　豊臣義智（宗義智）　以上十員、亜都督に封ぜられんことを乞う。

一、釈宗逸は日本一道禅師に封ぜよ。

一、豊臣玄次……以上十一員、都督指揮に封ぜんことを乞う。……

直《た》だ未だ応に封ずべきの人員を尽くさざる有れば、乞うらくは、老爺「大都督」の劄付十五張、「亜都督」の劄付二十張、「都督指揮」の劄付三十張、「亜指揮」の劄付五十張を給賜し、時に臨んで頒賞し、日本の大小臣僚をして、倶《とも》に叨《かたじけな》くも天朝の爵秩を受け、天朝の命令に遵わしめんことを。

もとより、「大都督」「亜都督」「都督指揮」「亜指揮」(「亜都督指揮」の略か)といった官職は存在しないが、小西行長と「朝鮮三奉行」(石田三成・増田長盛・大谷吉継)に近い関係にある人物の方に高位の官職を授かろうとする意図がはっきりとうかがえる。なお、同様の事柄を記載する別の史料として談遷『棗林《そうりん》雑俎』智集、逸典、日本関白求封の条をあげることができる。史料1と比べると、鈔本として流伝したこともあってか、欠落部分や出入りがあり、例えば、史料1では本章で引用した部分の前に北政所、秀頼、秀次についても要望を述べる段があるが、『棗林雑俎』ではその部分から、「豊臣吉継」の部分までが欠落している。その結果、「大都督」要求者の五名について、『棗林雑俎』では小西行長、宇喜多秀家以外が誰であるかわからなくなっている。また史料1では「亜都督」を要求している箇所が、『棗林雑俎』では「都督」となり、また史料1では「豊臣玄次」となっている箇所が「豊臣玄以(前田玄以)」となっている。ただどちらの史料にしろ、「豊臣(上杉)景勝」の名前が見えないことがまず重要である(唯一の可能性として、「平国保」(史料1)「平国宝」(『棗林雑俎』)。「保」と「宝」は音通)が上杉景勝であることが残されるが、誰のことを指すのかははっきりとしていない)。また日本において随時褒賞として与えられるように、一一五張にものぼる劄付(これを中村栄孝氏に従って「空名劄付」と呼ぼう)を官職名入りで要求していることも大切な点である。

この内藤如安による懇請を受けて、翌万暦二十三年一月十二日、兵部尚書石星は秀吉麾下に武職の官職を授与する原案を上奏し、これが万暦帝によって裁可された。

（史料2）『明神宗実録』巻二八一、万暦二十三年正月乙酉の条

兵部尚書石星題す。関白 表を具し、封を乞う。上 特に准して封じて日本国王と為す。査するに、隆慶年間初めて順義王に封ずるの旧例には、其の頭目の順を效《いた》す者、授くるに龍虎将軍等の職を以てし、朶顔《ドヤン》三衛の頭目は、見《げん》に各おの都督等の官を授く。今平秀吉、既に皇上の錫封を受けたれば、則ち行長諸人は即ち天朝の臣子為り。恭みて旨の下るを候ち、豊臣行長・豊臣秀家・豊臣長盛・豊臣三成・豊臣吉継・豊臣家康・豊臣輝元・豊臣秀保を将て各おの都督僉事《せんじ》を授けん。小西飛は、万里に間関して納款す、仍《な》ほ応に賞賚《しょうらい》を加え、以て其の労を旌《あら》わすべし。其の日本禅師僧玄蘇、応に給すべきの衣帽等の項は、本部 倶に京営犒賞銀内において酌給す。旨を奉じたるに、議の如く行え、とあり。

これは明朝の公式な記録であり、ここから、明朝中央の判断は小西行長以下八名に対して「都督僉事」（正二品）を与え、それ以外は景轍玄蘇と内藤如安のみを対象とするものであったことがわかる。またこの決定に至る議論について、礼部は「行長以下、量って指揮銜《かん》（都指揮使司の官職）を授けん」と意見したところ、結局万暦帝が「行長 都督僉事を授くるを准す」と判断したのだという（『万暦三大征考』倭上）。また、史料1の末尾には、事の決着として、「豊臣行長 都督指揮使を授く。……滕原如安 都督指揮使授く。……」との聖旨が下ったとある。内藤如安が都指揮使を授かったことが『国榷』巻六〇、万暦二十三年正月乙酉の条に見えるから、「都督指揮使」というのは「都指揮使」のことであろう。「都指揮使」と「都督僉事」とは同じ正二品官ではあるものの、後者の方が格上である。行長とその使者であることが周知されていた如安の両者が、同じ「都指揮使」というのは不自然に思われるから、行長の方は「都督僉事を授く」とあるべきところが誤記されているのではないかと疑われる。ただこれらの史料をあわせて読むかぎり、元々は小西行長以下に与えるのは「都指揮使」が関の山との議論もあったが、兵部の石星らの意見によって、それが「都督僉事」の授職へと変更されたと考えられる。すなわち明朝側が配慮を示して落着したともとれ

よう。

この史料2で注目されるのは、日本側（小西・内藤）から上位の「大都督」を授けてほしいと懇請があった五名は、すべて明朝から武職の授与を認められており、一方で、下位の「亜都督」の授職を懇請した者の中には、授職から漏れているものがいるということである。明朝がどのような理屈で、日本側によって「亜都督」を要求された十名の中から家康、輝元、秀保を選んだのかを記す史料はない。しかし、以上の状況から推察すると、明朝側は、この授職を検討する際に、小西行長・内藤如安によって渡された名前の一覧そのものに重点をおいて判断を下したと考えるのが自然であろう。どの史料も「行長」の名を持ちだしていることがその感を強くさせる。ただそうなると、史料2の中に、上杉景勝や前田玄以、小早川隆景の名前が見えないことは奇異に映る。それはもちろん、彼らへの劄付が、現物や写しの形で今に残っているからに他ならない。

さてこの後、豊臣秀吉を冊封するために使者が明朝から派遣され、本書が取り扱っている「冠服」や「劄付」が日本側に手渡されるという段を迎える。そして、どのような授職が誰に対してなされたかを記した史料が日本側に残っており、それが以下である。

（史料3）「大明皇帝贈進目録」（『江雲随筆』建仁寺蔵本謄写本、東京大学史料編纂所所蔵。授職状況の部分だけを左に抜粋する）

欽賞右都督家康
都督同知　利家　秀家　輝元　秀保　隆景　景勝　長盛
都督僉知（事）　三成　吉継　玄以　正家　金（全）宗　如清　正澄　行長

まず、第1節で紹介した劄付の伝来している者が、授職の範疇が武職ではない玄蘇を除いて含まれていることがわかる。別の言い方をすれば、史料2に記録される明朝の決定とは似ても似つかぬものになっていることが一目瞭然である。

る。ちなみに、明朝の高級武職は次のようになっている。

五軍都督府……中央に置かれた兵制の最高統帥機関

左都督・**右都督**　……正一品
都督同知　……従一品
都督僉事　……正二品

都指揮使司……五軍都督府の下で、地方の軍隊を統括

都指揮使　……正二品
都指揮同知　……従二品
都指揮僉事　……正三品

右のことを踏まえて史料3を見てみると、秀吉麾下の者たちが整然と正一品から正二品までの官職を授かっており、お手盛り的な史料1に比べると、明らかに現実の豊臣政権下での力関係を反映したものになっている。増田長盛が所謂「五大老」クラスと並んでいるのも、当時秀吉が「朝鮮三奉行」中で増田長盛を重要視していた（谷　二〇一二）ことと強く関わりがあろう。

授与官職の改変と修正痕

それでは、どのような背景があって史料2の内容が史料3の内容へと変化したのであろうか。それを考察するよすがとなるのが、本節冒頭で述べた上杉箚付と毛利箚付に残された修正痕である。論点を明確にするために、今一度ここで両箚付の修正痕の状況を確認しよう（図4〜7）。

【上杉箚付の修正痕】□は修正箇所を示す

「将豊臣景勝、授都督同知官職」（本文）

「右箚付都督同知豊臣景勝。准此。」（宛名部分）

【毛利箚付の修正痕】

「将豊臣輝元、授都督同知官職」（本文）

「右箚付都督同知豊臣輝元。准此。」（宛名部分）

これらはいずれも、くりぬかれた部分に裏から紙がはりつけてあり、その上に文字が書かれている。すなわち、上杉箚付の方は、もともと書かれていた「都」で始まる四文字の官職を改変するために、くりぬき修正したものと考えられる。残っている「都」の字の大きさとくりぬかれた部分の大きさを比較して判断すると、五文字の官職（都指揮同知や都指揮僉事）が書いてあった可能性は低い。このことからすれば、上杉箚付に現在「都督同知」とある二箇所には、もともとは「都指揮使」と記入されてあったに違いない。そして、よりつぶさに見てみると、本文部分においては「都」の字の最終画と「官」の字の一画目が、また宛名部分においてはやはり「都」の字の最終画と「豊」の字の四画目の上端が切られている。つまり、一旦は「都指揮使豊臣景勝」（宛名部分）とまで書かれたのではないか、それゆえに「将豊臣景勝授都指揮使官職」（本文）となっていたのではないかと推測される。その上で両所の「指揮使」の部分をくりぬこうとして、その上下にある字に切り口をひっかけたのであろう。この考えが正しければ、宛名部分の修正箇所の左下端、その外側に小さく残る墨色は、「使」字の一画目の名残ということになる。

それではなぜ、上杉景勝に対する「都指揮使」の箚付作成がなされたのであろう。それは、史料2からわかるように、明朝側が「豊臣景勝」宛の箚付を準備していなかったことが大きな原因に違いない。おそらく豊臣政権下の重臣筆頭格の一人であった上杉景勝に箚付が準備されなかったことは、日本側の力関係をわずかなりとも知る者によって、程なくして問題と見なされたであろう。そこで、史料1の説明の際に言及したように、日本側が要求していた随時頒賞するための「空名箚付」本紙を用いて、いったん上杉景勝に対する「都指揮使」の箚付が作成されたと考えられる。ただ、なぜ「都指揮使」となったかはわからない。史料2で見たように、石田三成や増田長盛らに「都督僉事」が授与されていて、「都指揮使」は「都督僉事」の格下であることがよく理解されている場であれば、上杉景勝に対して石田や増田より低い格の「都指揮使」授与伝達の箚付が、（いったんとはいえ）作成されるとは想像しにくい。その場しのぎや倉卒の間になったものか、今後の課題である。

　また、この空名箚付には「都指揮使」や「都督僉事」といった官職が最初から記入済みであったであろうか。もっと言えば、本文、すなわち「兵部」以下、「須至箚付者」までの文章はあらかじめ本紙に書き込んであっただろうか。筆者は現在のところ、これに懐疑的である。もしこれまでの仮説が正しく、また本文が先に書き込んであったならば、上杉箚付の本文に見える「将豊臣景勝授都督同知官職」の「豊臣景勝」とある部分だけは、後日に対象者名を記入できるように空白であったはずである。しかし、上杉箚付を観察する限り、「豊臣景勝」の「臣」の字と、その前の行にある「永為臣属」の「臣」の字は、同一人物の筆跡に見える。すなわち、上杉箚付の本文は、それが「豊臣景勝」宛の「都指揮使」授職を伝達する内容と決まった上で、全文を筆写されていると考えたい（この点については、第3節に関わる）。従ってこの考えを進めれば、宛名部分においても「右箚付」と「准此」だけが空格を挟んで先に記入してあった（または「右箚付」だけ）のではないかと思われる。

　一方、毛利箚付の方は「都督」で始まる四文字の官職を「都督同知」へと改変するために修正を行ったと考えられる。この場合は、史料2によって明朝から毛利輝元に「都督僉事」が授与されたことは明らかであり、本文と宛名に書かれていたであろう「僉事」の部分を「同知」に修改して、更に高位を授与された形に仕立て上げたことは理解しやすい。ただこの修改部分に関しても、本文の箇所では紙片に「同知」を記入してからはったものであるのに対し、宛名の部分では紙をはってから「同知」と書き込んでおり（須田　二〇一七、二七三頁）、作成に一悶着あったらしいことをうかがわせている。

そしてこれらのことを踏まえて考えれば、史料3に記されるような授職の実体は、明朝中央部の意図ではなく、主として豊臣政権側の人間によって、空名劄付や修改手段を利用しながら、政権内部の力関係を反映するように授職が整えられた結果だといえるであろう。史料2からもわかるように、明朝が授与したのは「都督僉事」（正二品）であったから、それを基準にして豊臣政権内部での力関係を上方向に反映させようとすると、より上位の「都督同知」（従一品）を記した劄付を作り出すのがほぼ唯一の方法である。重臣の上杉景勝と毛利輝元宛の劄付が「都督同知」と修正されているのは、これが最も大きな理由と思われる。徳川家康のみが最上位の「右都督」（正一品）というのも、その延長上に考えるのが自然であろう。一方で、小西行長の家臣であった内藤如安が「都指揮使」を授与されているから、ここを下限として、多くの者がそれより格上の「都督僉事」に集中することになったのかもしれない。つまり、上杉劄付は、かなり複雑な経緯と場を経て現存する形になったものと考えて間違いないであろう（この点については、須田　二〇一七、二八九頁も参照されたい）。現在に伝わる「上杉劄付」や「毛利劄付」に見える修正痕は、そのような豊臣政権内部での取り組みをうかがい知ることができる格好の材料なのである。

3　複数の劄付比較――新たな検討課題

劄付の字体

本節では、現存する複数の劄付を、その字体を中心に比較し、そこから浮かび上がる問題点を指摘し、筆者の考えを記す。

表は、劄付本紙の存在する「上杉劄付」「毛利劄付」「前田劄付」を比較し、字体に差異のある漢字について列挙したものである。加えて「玄蘇模本」に関しては、「玄蘇劄付」原本の字体をそれなりに忠実に写しとっているという前提に立って参考にした。また、「徳川劄付写」については、後述するケース1とケース23のために表に加えた。なお、本文中での「異体字」という表現は、『康熙字典』に見られる楷書体（便宜上、本節ではこれを標準字体と呼ぶ）とは異なるという程度の意味で用いている。

表および図1を一見すればわかるように、毛利劄付に使用されている字体はほとんど標準字体であることに比べて、上杉劄付と前田劄付に使われている字体にはずいぶんと異体字が多い。それだけではない。上杉劄付と前田劄付では、異体字の使われている箇所とその異体字がほぼ一致しているのである。さらに全文の筆跡まで眺めれば、上杉劄付と前田劄付の本文は、同一人物の手になるとまでは断定できないものの、一方が他方をまねようとしたか、または双方が同じものを手本としたのではないかとの印象を素人目に覚えるほど似通っている。裏を返せば、毛利劄付はまったくの別人によって書かれたものである。加えて筆勢や字配りなどの全体の印象としても、毛利劄付の方が丁寧なものに感じられる。また玄蘇模本の字体についても、毛利劄付の標準字体の方に近い。

次に注目されるのは、ケース1である。毛利劄付と玄蘇模本は「頃」に作り、文意が通じるが、上杉劄付、前田劄付、徳川劄付写はいずれも「傾」に作り、これでは文意が通じない。

以上のように比較してみると、この五張の劄付は、大きく「毛利劄付」「玄蘇模本」のグループと「上杉劄付」「前田劄付」「徳川劄付写」のグループとに分けてよさそうである。そしてこの二つのグループの違いは何かと考えれば、それは前者が史料2、すなわち明朝の公式決定に名前のある者、後者の上杉景勝、前田玄以が明朝の公式決定に名前のなかった者ということである。そして前節で述べた「上杉劄付」の成立過程を念頭におけば、上杉景勝、前田玄以、徳川家康宛の劄付は、「空名劄付」を用いて作成されたと仮説を立てることができる。

	16	督	督	督		
	17			僉		
	18	勸	勸	勸	勸	
	19	擬	擬	擬	擬	
	20	恭	恭	恭	恭	
	21	國	國	國	國	
	22	「恪遵」で改行	「國王」で改行	「恪遵」で改行	「恪遵」で改行	「恪遵」で改行
八行目（毛利箚付では九行目）	23	「他有別求」	「別有他求」	「別有他求」	「別有他求」	「他有別求」
	24	再	再	再	再	
	25	鮮	鮮	鮮	鮮	
	26	擾	擾	擾	擾	
	27	享	享	享	享	
九行目（毛利箚付では十行目）	28	須	須	須	須	
宛名	29	督	督	督		
	30			僉		
	31	豊	豐	豊		

表　箚付本紙の存在する「上杉箚付」「毛利箚付」「前田箚付」の文字比較

	ケース	上杉箚付	毛利箚付	前田箚付	玄蘇模本	徳川箚付写
二行目	1	傾	頃	傾	頃	傾
	2	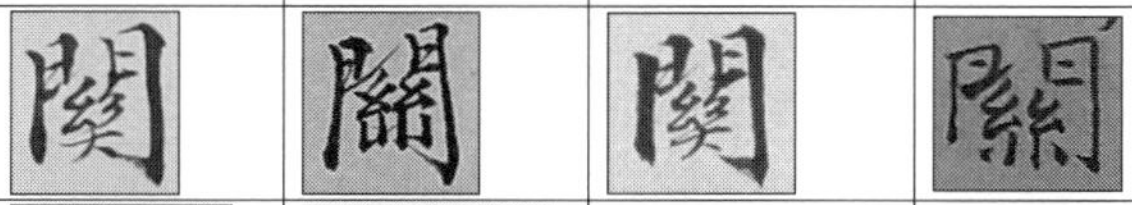				
三行目	3	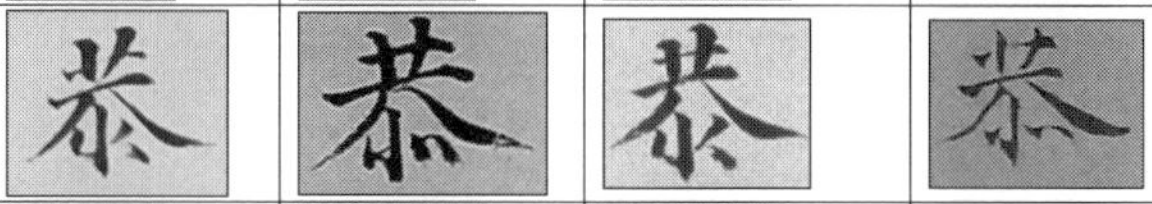				
	4	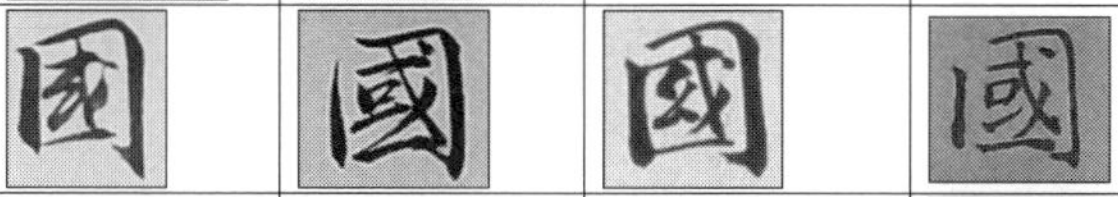				
	5	堅	堅	堅		
	6	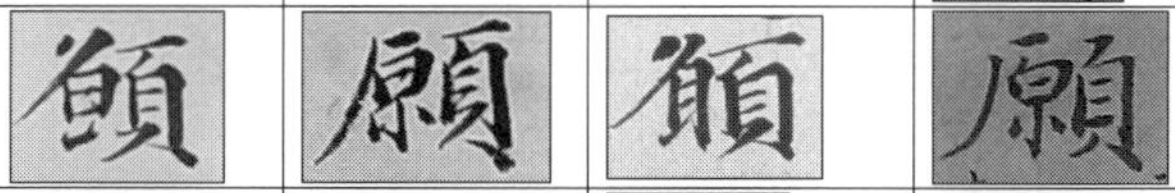				
	7	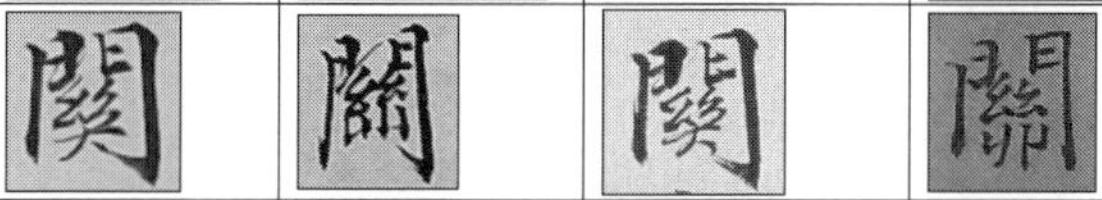				
五行目	8	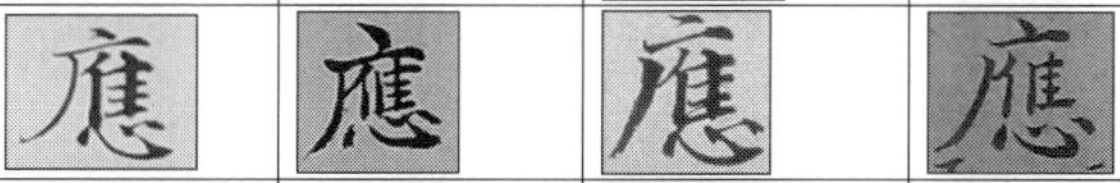				
	9	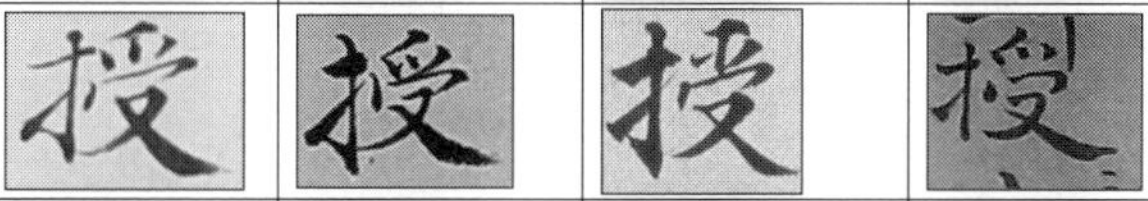				
六行目	10	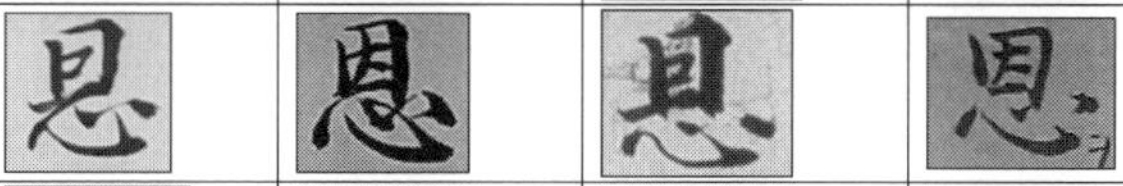				
	11	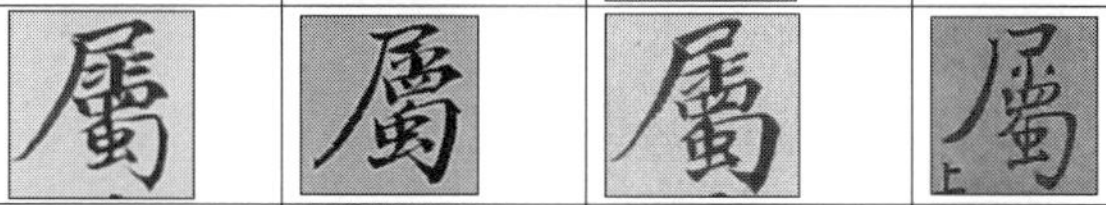				
	12	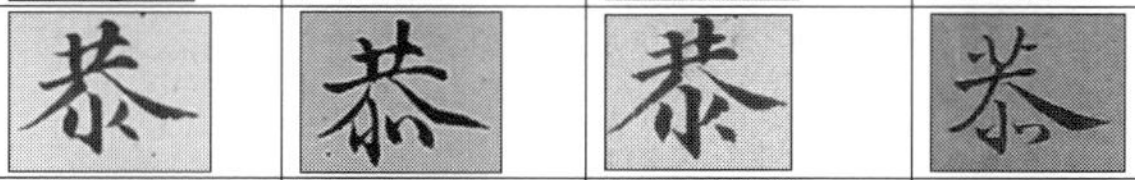				
	13	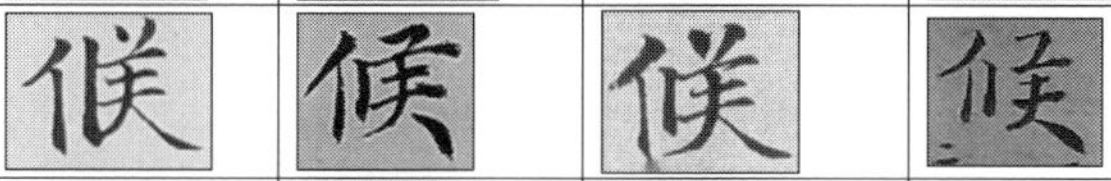				
七行目	14					
	15	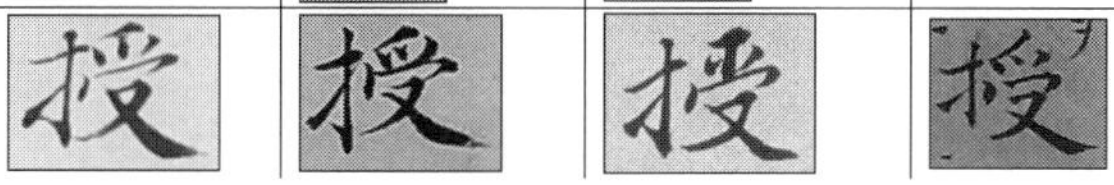				

新たな問題点

ただこの仮説には大きく二つの問題点がある。一つは、明朝の公式決定（史料2）では、徳川家康に対して「都督僉事」が授けられていたことである。つまり毛利輝元と同じ状況であるから、空名劄付を用いる必要性はなかったはずだとも考えられる。これについては、筆者は今のところ、毛利劄付の「都督僉事」を「都督同知」に修改することに比べて、「都督僉事」の四文字を「右都督」の三文字に減らして修正することは、文字の間隔や大きさが不自然になることから、空名劄付を使って一から作成し直した（それゆえにケース1が発生している）のではないかと考えているが、「徳川劄付」が現存しない以上、字体の比較もできず、考察を進めるすべがない。

また、もう一つの問題は、先述したように、異体字の場所とその字形、また筆勢や字配りなどに似通った点が多く見られるにも関わらず、前田劄付の方が「別有他求」となっているのに対し、上杉劄付の方が「他有別求」となっていること（ケース23）である。「別有他求」（毛利・前田・玄蘇）と「他有別求」（上杉・徳川）を比べて見た場合、第1節で既述のように、「別求」という表現は和平交渉において用いられた形跡がある。その一方で四文字全体として眺めた場合、個人的には「別有他求」の方が自然な印象を抱く。このあたりの相違が生じた理由は、例えばそれぞれの作成された時期が異なったこと、単なる書き違い、さらには先述の印象とは齟齬をきたすが、それぞれの写す元が異なっていた可能性などいくつも考えられる。しかし、これもこれ以上検討する方法を思いつかない。なお、空名劄付へ本文を写す際に、その元になったものが異なった（複数あった）のではないかという考え方は、毛利劄付と玄蘇模本で改行場所が異なる（ケース22）という点からも着想されるところである。

ただ、ケース14と30に見るように、「上杉劄付」と「前田劄付」では日本で頻用される「豊」の字が用いられ、「毛利劄付」の方では標準字体の「豐」が用いられていることは、本節での仮説と合わせて考えるとやはり相当に示唆的である。つまり、前節の最後で上杉劄付について「かなり複雑な経緯と場を経て現存する形になった」と書いたが、それは強く豊臣政権側の手が加わったものであり、また広い範囲の者を巻き込んだものであったと思われるのである。

おわりに

以上、先行研究の成果と現存する箚付の比較などを通して、上杉箚付について紹介を試みた。平成三十年（二〇一八）にこの箚付を本指定として歴史資料分野の重要文化財とされたことによって、今後上杉箚付を展覧会等で目にする機会も増えるのではないかと思われる。しかしながら、第3節でも触れたように、まだまだ未解明な点は多い。歴史学の面白さは、ああでもない、こうでもないと仮説を立てることがその入り口であることは間違いないが、それにしてももう一張なりとも箚付の現物が発見されれば、と思わざるを得ない。景轍玄蘇（なぜ日本側は明朝に「日本禅師」を要求したのに、玄蘇の箚付では「日本本光禅師」と書かれていたのであろう）や前田利家、徳川家康あたりに手渡された箚付が将来発見されるようなことになれば、また一歩考察を進めることができるであろうから、それを期待したいものである。

また、箚付料紙の原料などの方面から考察の糸口を見つけることも重要である。この点については、筆者はまったく知識がないことから、本章では一切触れることができなかったが、関心のある向きは、その基本研究の一つである「小島　二〇一七」、「高島　二〇一七」を一読いただきたい。料紙の原料に関わる分析なども、技術の進歩や経験の蓄積に伴って絶えず更新されるであろうから、それらの知見を持ち寄って考察を進めることが今後ますます必要となると思われるのである。

第三章　補子、龍にあらず

佐藤　琴

はじめに

序章で紹介されたとおり、本書で扱う景勝の常服の補子（口絵6③④）には四本爪の龍らしきものが表わされている。私は平成三十年（二〇一八）の重要文化財指定後にこれらを調査する機会に恵まれた。その際、須田氏が雲と判断した（須田　二〇一七）ものは、紺丹緑紫の配色で房状に表わされていることを確認した。そして、それを河上氏の研究（河上　一九九八）で言及されていた「飛魚」の翼であると結論づけ、指定名称の「斗牛」に異議をとなえた（佐藤　二〇二一）。その後、河上氏が自説を変え、斗牛説を支持するようになった経緯は序章で語られたとおりである（河上　二〇二三）。河上氏はご著書において景勝の常服の補子に表わされた龍らしきものは、飛魚の要件である翼と斗牛の要件である曲がった角（本章では以下「牛角」と表記）を有しているとし、「いずれにしても、「斗牛」とも「飛魚」ともとれるような曖昧な補子そのものが問題であり、それは風紀の乱れた万暦という時代が生み出した賜物に他ならない。」と述べている。

本書の刊行にあたって、私はこの問題に再び取り組んだ。今回は漢代から清代までの龍図像の変遷のなかに明代の冠服に表わされた「飛魚」と「斗牛」を位置づけることと、景勝の補子と同じように作られた補子を探し出し、その表現上の特質を明らかにすることを目指した。考察の結果、この補子が「風紀の乱れた万暦」に生まれたのではなく、明代前期に龍に似て龍にあらざるものとして、まず「蟒」が生まれ、次に「飛魚」がつくられ、そこから「斗牛」が分かれていった過程において、斗牛が完成する前に「飛魚」とされていたものであり、万暦二十四年（一五九六）に、この補子がついた常服を携えて来た明朝の使者たちも「飛魚」と認識していたと考えるに至った。以下の本文において、私がなぜこのような結論に達したのかを説明する。

1　そもそも龍とは

龍のすがた

龍にあらざるものたちが生み出された経緯を知るためには、その前提として龍の図像とはいかなるものかを知る必要がある。龍を生み出した中国と、中国の影響をうけて独自の龍文化（龍にまつわる伝承・文学・図案などの総称）を育んできた朝鮮半島と日本は龍への関心が高い。このため豊富な造形物があり、研究も数多くある。だが、周正律氏はこれまでの龍に関する研究は清末以降に形成された龍のイメージにとらわれ過ぎていることと、おそらく一つだとはいえない龍の起源に関する根拠の薄い説が多いことを指摘した（周　二〇一七）。そこで先秦代から漢代の文献を慎重に用い、年代と出土地に目配りしつつ漢代の画像石を分析し、そこにあらわされた龍図像の特質と漢代における変化を明らかにすることに傾注した。その際、これまで龍の形状の説明において必ず引き合いにだされる「三停九似説」と呼ばれる、想像上の生物である龍を構成する実在の動物たちの要素（角は鹿、頭は駱駝、眼は鬼〈兎？〉、項は蛇、腹は蜃、背中の鱗は魚、爪は鷹、掌は虎、耳は牛〈南宋、羅願『爾雅翼』〉）は参考にしつつもとらわれることなく、角・

図1　河南南陽陳棚漢代彩絵画像石墓　中後室北過梁南面拓本　王莽時期至東漢初年（周正律「漢代における龍文化の構造と展開」第6章挿図9，出典：蔣宏杰ほか「河南南陽陳棚漢代彩繪畫像石墓」〈『考古學報』2007年第2期〉）

耳・口鼻・鱗・脚と掌・尾・鰭（棘）・肘毛（翼）の八要素に注目した。紙数の関係があるため、本章に関連するものだけを取り上げ、漢代の龍図像の特徴について紹介する。

天翔る龍　漢代

まずは龍の全体的な形に関わる「尾」である。漢代の画像石の龍は尾と体の接続形式から尾と体が一体の「蛇型」と体の後ろに尾が生え、体の下にある脚の形から走る獣に見える「走獣型」に分けられる。蛇型は前漢早期から後漢早期にかけて山東省西南部に存在するが、それ以外の龍は全て走獣型である。また、この時代の龍はほぼすべて横から描かれている。

次に「角」である。漢代の画像石の龍の角は先端が尖って枝角がないものがほとんどである。これについては既に大形徹氏が後ろ向きに伸びた細めの角の先端が湾曲していることから羚羊の角との類似を指摘している（大形　二〇一六）。ちなみに先秦時代の青銅器には龍にキリンのような角を表わしたものがある。だが、これらは漢代には引き継がれていない（大形　二〇一五）。

もう一つ取り上げたい特徴は「肘毛（翼）」である。現代の我々に馴染みの深い龍は前脚の付け根から肘までの間に火焔が表わされている。この部分に翼が表現されているものが後漢から登場する（図1）。周氏は画像石には龍以外の動物にも翼が表現されているものがあることから、翼は人間の世界を逸脱した神秘的な力を表わすために表現され、龍の場合は翼があってもなくても神秘的な存在であるため、後に肘毛へと変更されたのではないかと推測している。

最後に「爪」を取り上げる。漢代の画像石の龍の脚先はそれぞれに表現が異なり、指が表現されていないものもある。だが、同じ墓に虎や鳥などが表わされている場合、龍の脚は明らかにこれらの生物と異なっている。どちらかといえば両生類や爬虫類に近い脚先をしており、後に定番となる鷹のような鉤爪ではない。そして、指が表わされる場合は三本が多い。また、漢代の龍は虎と対で表わされるものも多く、これらのうち虎が四本指（本物の虎は前脚が五本・後脚が四本）、龍が三本指と描き分けているものがあることから、私は龍の三本指には何らか理由付けがあったと推測している。

以上が漢代の龍図像の特色である。本論において注目したいのは明代の飛魚の特徴とされる翼が既に漢代に表現されていたことと、明代の斗牛の角は頭頂部から下に向かって湾曲しているが、漢代では後ろに向かって上に湾曲し先端が上を向いていることだ。このことについても周氏の指摘が参考になる。周氏は漢代の文献に見られる、当時の人々の龍に対する認識に関する主なものとして「水棲」「飛翔できる」「雷・雲・雨に感して通じる」をあげている。先端が上に向かって湾曲した角と前脚の付け根にある翼は、龍が風を切って飛翔するさまを強調する要素であるとはいえるだろう。

進む聖獣化　唐代〜宋・元代

次に唐代の龍をとりあげる。この時代の龍は人形、壺の持ち手、鏡や磁器の文様などさまざまに表わされる。これらすべてに目配りすることはできないため、ここでは漢代の画像石の後継ともいえる、墓室壁画を取り上げる。石を彫る技法（画像石）から絵の具を用いて壁に描かれるようになると、漢代よりも緻密な描写が可能となった。我々日本人に馴染み深い高松塚・キトラ古墳（七世紀末〜八世紀）の青龍（図2）は同時代の中国および朝鮮半島の古墳壁画との類似から、明らかに唐代の龍の姿を継承したものである。これらの龍は尻尾が長い胴から生え、角は上部に向かって湾曲しており、前脚の付根に翼があることから、漢代の特徴を踏襲していることがわかる。一方、脚は三本（右前脚のみ四本）の鉤爪になった。そして、高松塚古墳の青龍には尾の部分だけだが、二〇一九年に山西省太原市で発見された唐時代の墓壁画の青龍の背中にはヒレが描かれており、現代の龍イメージに近づいてきていることがわかる。両生類・爬虫類的な脚先から鳥の鉤爪へと変化したことは、飛翔する龍に地を這うための脚は適さないと感じられるようになったかもしれない。また、本物の鳥の鉤爪は前が三本、後ろが一本であり、これらの古墳壁画に見られる龍の三本（四本）爪は、後ろの一本をわざと描かなかったのか、それとも描き忘れたのかを判断できない。だが、漢代の龍が両生類や爬虫類のような脚でありながら三本爪で表わされているものがあることを考えあわせると、やはり三本爪（右前脚のみ四本爪）であることに何らかの意味があった可能性は高い。

図2　高松塚古墳壁画　青龍（明日香村教育委員会提供）

次に宋代の龍図像である。二〇二四年三月三十一日に京都市立芸術大学で開催された公開研究会「龍の美術史―描き継がれた霊獣のすがた―」において、竹浪遠氏は唐代から宋代の絵画における龍の描き方の変化について報告し、その特徴を以下の三点にまとめた。

・上唇が長い→唇が短く厚くなりへの字になる
・口ひげが目立たない→口ひげが長く伸びる
・たてがみがやわらかい→たてがみが固い、先端が鋭い

本章ではこれらの作例を図版として示すことはしないが、確かに指摘どおりの変化が見られる。一方、竹浪氏は本章が着目する肘毛や角については言及されていない。この点については鎌倉時代の日本の龍の変化だが、笹間良彦氏の指摘を取り上げたい（笹間　二〇〇八）。

・前時代と違って枝角が二本となり、その形が鹿角に似ている（「華厳宗祖師絵伝」巻三〈高山寺所蔵〉に描かれる龍の枝角は三本だが鹿角の特徴である角溝が表現されている）
・前肢の付け根の翼状のものが火焔となる
・前肢の指が鷲の指状となってくる

そして、笹間氏は、このような龍の変化は日本人の創造ばかりではなく、中国の影響があると述べている。確かにこの頃になると中国で制作された龍図が遺されており、日本における龍表現が何を参照したのかが類推できる。南宋の絵師の陳容（?—一二六六）の「九龍図巻」（ボストン美術館所蔵・カラー画像がホームページ上で公開）にはさまざまな姿をした龍が描かれている。これらの龍は蛇型、鳥の鉤爪、前脚の付け根の火焔は共通しているが、ひげ・たてがみ・角についてはバリエーションがある。「九龍図」の名が表わしているように、唐代から宋代に形成された新たな龍図像と、龍の近縁種のようなものたちが混在しており、龍の表現が多様であったことが見て取れる。

また、元代から始まった白磁にコバルト顔料で文様を描いた青花（日本では「染付」と呼ばれる）にも蛇型で三つの枝角をもつ三本爪または四本爪の龍が描かれている破片などがある（江蘇省古陶瓷器研究会編　二〇一三）。以上、非常に大雑把なまとめであることは承知しているが、漢代から宋・元にかけて龍の図像が時代ごとに変化してきたこと

は把握できたかと思う。この変化は総じて言えば絵画や磁器などに文様を描き出す技術の高度化にともなって、龍の図像に部分的に取り入れられている実在の動物たちの特徴（鹿角や鉤爪など）がよりリアルに表わされるようになっていったとはいえるだろう。

「二角五爪龍」の誕生

そして、洗練の極みともいえる絵画や器物が生み出された宋代において、皇帝の龍が登場する。だが今のところ器物等の実物は見いだされておらず、文献資料によってうかがうのみである。にもかかわらず、宋代に皇帝の龍が誕生したことを明らかにしたのが宮崎市定氏である。宮崎氏によれば、民間での龍形の使用に対する禁制は北宋仁宗（一〇二二―六三）の時に初めて発せられた。これまで見てきたとおり、多様な姿をもつ龍を皇帝が独占するのであれば、制限の対象となる龍の図像を決定しなければならない。そこで登場したのが「二角五爪」であった（宮崎　一九六五）。

まず「二角」についてである。宮崎氏は南宋の詩人・陸游（一一二五―一二一〇）の『老学庵筆記』に「双角の龍」が表わされた墨について記されていることと、李孝美の『墨譜』（一〇九五年〈紹聖二年〉序）に掲載された墨の図の左右二本の角がそれぞれ二股に分かれている図に対して「四角」と記していることを引用し、「双角」「四角」「二角」のいずれも二股に分かれた左右一対の角のことだとしている。

そして、金代の制度についてまとめた『大金集礼』巻三十臣庶車服の大定年間（一一六一―九〇）の禁令を紹介した。

また、私家にて純黄の帳幕を用いて陳設《ちんせつ》するを禁ず。若《も》し曾《かつ》て鑾輿《らんよ》、服御《ふくぎょ》の車輿《しゃよ》、日月・雲肩・龍文の黄服、五箇鞘眼《しょうがん》の鞍を宣賜《せんし》するを經しものは、皆須く更改すべし。（謂うは、龍ならば一角を去り、鞍ならば一眼を填するの類なり）。即し服用物上に、獸の龍形に似たる者を造り、及び諸《もろもろ》の用物上に龍文ありて存留することは、並びに禁斷せよ。

宮崎氏はこの文献を根拠に、この頃には皇帝が二角の龍文様を使用していたことと、たとえ御賜のものであっても、龍は一角を去って用いなければならないとされていたことを明らかにした。

本章の図版としては掲載していないが、漢代以降に表わされた龍のなかには犀のように鼻の上に一本の角をもつものもあった。だが、当時の人々にとって角を有する身近な生き物といえば牛であろう。現存する龍図像を見ていくと圧倒的に左右一対の角を描いたものが多い。そして、宮崎氏がひいた金代の禁令では、下賜された龍は角を一つ減らして使用せよと命じている。これがもし左右二本の角を一本に減らすのだとしたら、龍の顔の全体バランスが大きく狂うため、実施されたとは思えない。また、図版では紹介していないが、笹間氏が指摘するように、唐代から宋代にかけて鹿のような二本以上の枝角がある龍も描かれている。この枝角を増やして特別感を出すこともできようが、顔周りには鬣やら鬚やらがあり、煩雑になりすぎる。それよりも減らして枝角を一本としたのは理にかなっている。だからこそ、宮崎氏も「二角（双角、四角）」を左右一対で一本の枝角ありと判断したのであろう。そして、「九龍図」などに顕著だが、龍は体全体としても、爪や鱗などの部分にしても流線形が多用されている。そのなかで直線的に表わされた角は、これまでの龍の角にはない存在感がある。それに加えて枝角を一つに統一することで、枝角が複数ある鹿角とは一線を画した、皇帝の龍としての特別感を醸成することを意図したのではないだろうか。

皇帝の龍

さて、これまでの龍図像の変遷を踏まえて明代の皇帝が身につけた龍図像を見てみよう。皇帝の肖像画も多数あるが、ここでは画巻をとりあげる。皇帝の陵墓への参拝の帰路の行列を二六メートルの巻物にした「入蹕図」（国立故宮博物院所蔵、図3）には、船で移動する万暦帝（異説あり）が描かれている。周囲の官僚たちよりも一回り大きい姿で、真正面を向いており、これは現実の忠実な描写ではなく、皇帝の威信を強調した表現である。この皇帝の常服の胸に表

図３　「入蹕図（部分）」（国立故宮博物院所蔵）

わされた龍は顔を正面に向けている。これまで見てきた横から描かれた龍と違って、横向きで風を切って勢いよく飛翔する姿ではない。当然のことながら、皇帝の胸に表わされるにあたり、服の横幅と首から腰までの範囲に制約されているからだ。その一方、龍の足下に岩と波濤、背景に雲を表わすことによって、空中に浮遊していることを表現している。つまり、それまでの龍とは異なった、皇帝としての権威ある姿にするために正面向きにするなどの工夫を凝らしつつも、「飛翔している」という要件は維持され続けている。これは中国における龍の要件において、「飛翔」が非常に強い要件であることを物語っている。そして、背景も含めて複雑な図像を織りで表現するためには、大変高度な染めと織りの技術が必要であるが、明代はそれまでの染織技術が最高潮に達した時期であり、それが可能だった。

これまで見てきたとおり、漢代から明代にかけて龍の図像はその時代毎に変化を遂げてきた。変化の要因はさまざまある。だが、その時代の人々が龍をいかなる存在としてとらえていたのか、龍図像によって何を表現するのかだけでなく、それを造形化するための技術的進展も重要であったことがうかがえる。そして、清代でも皇帝の龍図像は使い続けられた。同治元年（一八六二）に初めて制定された国旗は黄色地に二角五爪の龍が左上に表わされた太陽を目指して飛翔する姿が描かれていた。現代の中国においても龍といえばこの姿である。一方、冠服に龍型の飛魚と斗牛を表わすことは引き継がれることはなかった。

2　景勝の補子の造形的な特徴

補子とは

次に補子の造形的な特徴からこの問題を考えたい。その前に、明代の冠服において龍に似て龍にあらざるものとして発案された蟒・飛魚・斗牛がどのように用いられたのかを確認しておきたい。

まず一つが本書で扱っている景勝の常服の補子のように胸と背に同じ図案を表わすものである。明代初期に定められた制度は官位に応じて表わされる生物を決定し、服の胸と背に表わされた。そして、序章で解説されているとおり、時代が下がると服地とともに織りだされるものだけでなく、ゼッケンのように別に制作されたものを服に縫い付ける方式のものもできた。このゼッケン状のものが補子である。

もう一つが蟒衣・飛魚服・斗牛服と呼ばれる、上半身は肩から胸と背中と袖に、下半身は裾の少し上を一周するように飛魚などを配置するものである。これらは錦衣衛（皇帝直属部隊）に対して特別に授与される服であった。本論の考察対象は景勝の補子であるため、終始補子を扱うが、補子以外にも蟒・飛魚・斗牛が用いられていたことを断っておく。

さて、補子がいかなるものかを把握するために、明清の補子のコレクターであるデビット・ヒュース氏が指摘した明代補子の特徴を以下にあげる（Hugus　二〇一三）。現在伝存している補子は圧倒的に清代のものが多く、明代のものは大変希少であるという。だが、清代の補子と比較することでその特徴を指摘している。

・枠がない（清代は枠がある）
・大きい（清代は小さくなる）
・分割されていない（清代の服は中央合わせ、明代の服は右側で止めるから）

そして、清代の補子は、下部に海と山、上に雲という三つの要素で世界を表わしていることに加えて、上部に皇帝の象徴である日輪を表わし、さらに七宝モチーフをちりばめているという。

一方、現在知られている明の最古の補子は雲地が織り出された生地に刺繍で獬豸を表わすのみである（図4）。これは常服の胸背に官位を表わすことが定められた際、それを織り出した服を明朝が支給していたときのデザインを彷彿させる。そして、時代が下るにつれて別布の補子として独立していくなかで、雲地を継承しつつ岩山や波などの背景描写が追加されていったものとヒュース氏は推測している。

図4　獬豸補子（Chris Hall 所蔵，David Hugus 著，王敬雅・仇泰格訳『補子』）

またヒュース氏は補子には錦が多いと指摘している。そもそも胸背の文様が織りで表わされていたことを考えれば、錦織が多いことも首肯できる。この他に明代の補子には最古の補子のような刺繍も、景勝の補子と同じく綴織（中国では「緙絲」と表記）の補子も見られる。

綴織の補子

次に景勝の補子に用いられた技法である綴織に注目したい。綴織とは文様を織り出すのではなく織りながら絵を描いていく技法である点が他の織り方と大きく異なる。この非常に手間がかかる技法は唐代には既に

図5　飛魚補子（Chris Hall 所蔵，David Hugus 著，王敬雅・仇泰格訳『補子』）

行われていた。遼・西夏・金の時代には豪華で贅沢な衣装が作られていたが、宋代では書画が重視されていたため、綴織は著名な書画家の作品を複製するために用いられ、その技術は頂点に達したという。このように高度に発達し絵画的な表現に適した綴織が、補子に使用されることは必然であった。錦織などが地の生地と文様を構成する糸が重なるため厚くなるが、綴織は表も裏も同じ絵柄となり、他の織物に比べて薄くて軽い。これも補子には適した技法であったことだろう。

皇帝の身の回りを彩るだけでなく、臣下への下賜品や周辺の王たちへ贈答品ともなる染織技術は当然のことながら明朝の管理下であった。だが、明代後期にはこの高度に発達した技術が広く普及し、民間工房による製造が盛んとなった。官営工房だけでは追いつかない注文数をこなすために、官製工房から民間工房に発注していたという。実際、『中国服飾史図鑑（3）』（黄ほか　二〇一九）とヒュース氏の『補子』（Hugus　二〇二三）に掲載されている図版と、インターネット上で公開されている世界各地の美術館が収蔵する補子の画像などを集めて見ると、図案としても、綴織の技術としても、現存する補子は巧拙にかなりの開きがある。景勝の補子がもたらされた明代後期は、明朝の管理下で制作されたものも、民間工房でつくられたものも、どちらも流通していたことがうかがわれる。そして、冠服が支給ではなくなり、自ら調達することとされた官人たちを相手に、幅広い価格帯の補子が製造・販売されていたのだろう。景勝の補子はそういうものの一つであった。

そして本章を作成するにあたり、綴織の補子の情報を集めたところ、景勝の補子とよく似たものを発見することができた（図5）。四爪・翼・後脚のヒレ、魚尾を有し、右側の角はたてがみで隠れているが、左側は先端が上にむかっている。景勝の補子では紺丹緑紫の四色が配置されていたが、この翼は黄色一色である。斗牛の要件である牛角がなく、翼が一色で表わされており、これこそが飛魚という図柄である。

ほぼ同じ工房で制作されたとみられるこの補子と景勝の補子を比較すると、景勝の補子は翼が肘毛のように見え、角も牛角であり、「斗牛」と結論づけなければならないようにみえる。しかし、果たしてそうだろうか？このことをさらに考察するためには、明代冠服の装飾に用いられた飛魚と斗牛が生成された経緯を見ていく必要がある。

3　龍に似て龍にあらざるものたち

冠服　皇帝権力の可視化

まず明代の服飾全般について『中国服飾史図鑑（3）』（黄ほか　二〇一九）をもとに説明する。明代は、唐・宋代の伝統を継承し、契丹・タングート・女真などの民族の服飾の影響を受け、時代の要求に適合した新たな服飾が生み出されていった。まず、遊牧民の生活の場は草原であり、人同士の距離が遠いため、彼らは服飾においても遠距離でも視認できる鮮やかで明瞭な文様などを好んだ。そして、明代は絹織物の技術が最高のレベルに発展していたため、簡潔で写実的な文様を表わすことが可能となった。文様の写実性と簡潔さを重視し、装飾効果も配慮したことで、明代の服飾は重厚感と華やかさを併せ持つこととなった。

その特徴を伝える絵画がいくつか残っている。隆慶帝や万暦帝に使えた徐顯卿（一五三七—一六〇二）が自らの足跡を描かせた「徐顯卿宦跡図」には皇帝を中心とした文武官と宦官らがずらりと立ち並ぶ場面が複数ある。官人たちが身につける統一されたデザインの服が秩序を、金と鮮やかな色彩をふんだんにもちいて鳥や獣が表わされた補子が人材の豊富さを感じさせる。冠服の統制は皇帝の絶大な権力を視覚的に伝える意図があったことがよくわかる。そこで重要な役割を果たしたのが服飾文様である。なかでも景勝が授与されたものであり、「徐顯卿宦跡図」にも描かれている常服は日常業務の際に身につける、身近なものであるため、人々が高い関心を寄せていたであろうことが想像できる。であるから、明初に官位によって着用できる文様が厳格に定められているにもかかわらず、明代中期にはその秩序が厳守されなくなることも当然の帰結といえよう。官位とそれに対応する文様を厳密に決定したにもかかわらず、官位外のものとして龍にあらざるものたちを定めざるをえなくなったことも同様である。

先にひいた「入蹕図」等を見ていくと皇帝の背後の衝立、椅子の下の敷物、乗る船の装飾にも五爪の龍が表わされており、同じように皇帝の身の回りに侍る人々に龍と見まごう文様を着用させることも、皇帝の権威を視覚的にも高めることにつながったのだと思われる。龍を皇帝のものと定めたことが、逆に龍にあらざるものを生み出す契機となったのである。

蟒→飛魚

そこで最初に誕生したのが蟒であることに異論はないだろう。龍との違いは爪の数だけだ。五本爪をこれまでの四本爪に戻すだけだから容易である。そして、下賜すべき人物が増えてくるとそのなかで序列をつける必要が出てくる。その序列を視覚的にも表わさなければならないため、龍としての権威を保ちつつ、明らかに違いがある図案が必要となる。そこで生み出されたのが飛魚である。

飛魚が宋代には建築装飾として用いられていたことは、拙稿においてすでに述べた（佐藤　二〇二一）。現在も紫禁城の屋根の隅に、龍・鳳凰・斗牛などとともに守護獣として鎮座している。景徳鎮の青花に施された飛魚文について考察した楊君誼氏は明代以前の飛魚文の使用例を紹介した（楊　二〇二二）。これらはいずれも翼のある魚の姿であり、飛魚の説明においてたびたび引用される『山海経』の挿絵と同様である。

一方、宮崎氏によれば、景祐三年（一〇三六）に「飛魚」を龍のように造形することの禁令が出されている（宮崎　一九六五）。

純金の器、若し賜《し》を經《へ》たる者は、之を用るを聽《ゆる》す。凡《あらゆる》命婦《みょうぶ》の金を以て首飾《しゅしょく》と為すは許す、及び小兒《しょうじ》の鈴《きん》鋜《そく》・釵篸《さっさん》・釧纏《せんてん》・珥環《じかん》の屬と為す、仍りて牙魚・飛魚を為し、奇巧飛動する龍形の若き者を得ることなかれ

（『宋史』巻一五三　士庶人服）

以上のことから、「飛魚」はすでに宋代において魚翼型と龍翼型で表わされていたことがわかる。これは漢代の龍に翼が表わされているものがあることからも首肯されよう。また、この記事は女性の金属製のアクセサリーについて述べたものだ。立体造形と服飾装飾。媒体に違いはあるが、それぞれの図像が無関係に発展したとは考えにくく、相互に影響を与え合いながら飛魚の図像は生成されていったのだろう。

二角を避けた飛魚

その過程を物語る資料がある。成化帝の妃である万貴妃（一四二八―八七）の父と弟の墓である万通墓（北京）から見つかった仙盞瓶（図6）である（柳　二〇一三）。線刻で表わされた飛魚は、鳥のような翼をもち、四本爪で、後ろ脚がヒレ、尾の先端が魚尾であり、飛魚の要件を申し分なく備えている。湾曲した器の表面に彫刻刀などで線を刻んで表現されており、筆で描くよりも技術的にはハードルが高い。にもかかわらず、どの線も一切破綻がないことから、明朝の官営工房で制作され、下賜されたもので間違いない。

このような器物に表わされた飛魚と、冠服の飛魚とがまったく無関係に制作されたとは考えにくく、これらは相互に影響を受け合っていたはずだ。そこで、万通墓出土品と、現存する染織品の飛魚（飛魚服を仕立て直した祇園祭黒主

図6　万家家族墓出土飛魚文仙盞瓶（部分，描き起こし，首都博物館所蔵〈陳一萍・鐘蔚・梁文倩「明代賜服飛魚紋溯源及藝術特質探析」〉）

山の前掛、〈Hugus 二〇二三〉掲載の補子、ホームページ上で画像を公開している博物館所蔵の補子など）と比較すると、万通墓出土品は指と後ろヒレが大き過ぎず、精悍な顔つきをしている。何より、蛇のように長い体を小さな補子に納めるために湾曲させているが、それが実に自然である。一方、現存する補子に表わされた飛魚は、景勝のものも含めて、首と体の接続部分をたてがみで隠しながらもスムーズにつながっていない。これは先行して作られた補子に表わされた飛魚の体つきを十分理解せずに写したことが原因である。つまり、万通墓出土品こそが、現存する明代の飛魚図像のなかで、最も古く正確な飛魚に対する理解に基づいて制作されているのである。しかも、この仙盞瓶が下賜された契機は、万貴妃との関係によるものとしか考えられない。したがって、成化帝が即位した成化三年（一四六七）から成化帝と万貴妃が亡くなった同二十三年頃に制作年代を絞り込むことができる。

そして、この仙盞瓶は現存する飛魚補子とは、もう一つ大きな違いがある。それは枝角がないことである。宮崎氏は他の龍とは違う皇帝の龍の要件は「二角五爪」であると指摘したが、現存作例を見ていくと、蟒はともかく、飛魚も斗牛にも枝角が表わされているものが多い。このため、宮崎氏のいう皇帝の龍の要件としての「二角（左右一対枝角有）」は明代には守られていなかったのではないかとこれまで考えていた。しかし、万通墓出土の仙盞瓶には枝角が表わされていないことから、少なくとも十五世紀の飛魚には枝角がないものがあったことがわかる。一方、現存する斗牛補子には枝角があるものとないものがあり、ヒュース氏の分析に従って制作年代順に並べてみると、後につくられたものに枝角がある。したがって斗牛の図像が確立した当初は枝角がなく、十六世紀頃から斗牛も飛魚も枝角を表現するようになったと考えられる。

そして、蟒と飛魚の二つしかなかった龍に似て龍にあらざるものを、新たに一つ生み出す必要が生じた明代前期の十五世紀。そもそもこの頃の蟒と飛魚はどのように区別されていたのだろうか。飛魚という名称から、宋代に既に生成されていた龍翼型の飛魚をベースにしていたことは間違いない。さらに、明代後期には規範としての強制力を失ったが、それがまだ生きていた時代に「二角」を避けるために、角を枝角がない牛角に変えた。それがこの時代の飛魚の姿であり、それを継承しているのが景勝の補子ではないだろうか。なぜなら、景勝の補子に表わされた牛角には、枝角がないからだ。

前述したとおり、唐代以降、鹿角のように二本・三本・四本と増えた枝角を宋代に「二角（左右一対枝角一本）」とすることで皇帝の龍とした。明代に入って、龍に似て龍にあらざるものを生み出すこととなったとき、枝角を減らす方向に行くのは当然である。だから、万通墓出土の仙盞瓶も景勝の補子も枝角はなかった。景勝の補子のもととなった図像は斗牛の誕生前に、枝角を減らす方策の一つとして牛角が使われたものであり、斗牛が生まれる前はそれが飛魚だった。飛魚は枝角のない牛角と翼の二つの特徴を持っていた。そこから、新たな龍にあらざるものを作る必要が生じた時に、飛魚に翼、斗牛に牛角と分かれたのであろう。

三つの根拠

この私の推測を補強する要素が三点ある。まず一つは前稿でも紹介したが、嘉靖十六年（一五三七）に、欽賜された飛魚服を身につけた二品官に対して、嘉靖帝が「何故二品官が蟒衣を着ている？」と怒ったというエピソードである。臣下は欽賜の飛魚服であると進言するが、嘉靖帝は「飛魚何組兩角、其嚴禁之」と述べたというものだ（佐藤二〇二一）。

十五世紀に官営工房で製作された器物や冠服の飛魚に枝角がまったく表わされていなかったとはいいきれないが、少なくとも万通墓出土品がある以上、枝角がないものは存在していた。枝角のない飛魚が流通していなければ、嘉靖帝は「なぜ飛魚が両角（一本の枝角がある左右一対角）なのか？これを厳禁せよ」というはずがない。一方、臣下たちは飛魚に枝角があることを当たり前に受け止めている。現存する明代の冠服の飛魚の図像を見ていくと景勝の補子と、これによく似た飛魚補子以外は全て枝角がある。一方、斗牛は枝角のないものとあるものの二種類がある。前述したとおり、斗牛補子を制作された順に並べてみると、本来牛角にない枝角が、時代が下がるにつれ、付け加えられていくようになったことがわかる。

先に引いたエピソードは、嘉靖帝が服飾図像を厳密に用いることを望んでも、嘉靖帝を支える体制はそれを重要視しなくなったことを表わしている。この頃から龍らしきものたちにはむしろ枝角があることが当たり前となっていた。景勝の補子の元となった図像は龍に似て龍にあらざるものの姿が厳密に管理されていた頃に生み出され、使い続けられてきたものだろう。

私の推測を補強する二つ目の要素は斗牛が飛魚から分離したという推測を裏付けるものである。本章をなすにあたって、先にあげた「入蹕図」や「徐顯卿宦跡図」などの皇帝と官僚の姿を描いた絵画資料に飛魚と斗牛がどのように描かれているのかを確認した。原本調査はできなかったが、コロナ禍を経て、世界中の博物館が収蔵資料のインターネット上での画像公開を進めており、両作品もそれぞれの機関のホームページで閲覧することができた。日本にいながらにして、両作品を閲覧できたことは私の調査に多大なる恩恵をもたらした。しかし、皇帝の周囲の官人たちの補子の図案が視認できるほど公開された画像の解像度は高くなかった。それでも、鶴などの鳥類、獅子などの獣などの特徴的なかたちが表わされている補子は判別がついた。斗牛の上から下に向かって湾曲した角も大きくてとても目立つ。飛魚から斗牛が独立したのは、この視認性の高さも一因としてあったことがうかがえる。角が目立つことによって「入蹕図」や「徐顯卿宦跡図」に斗牛を身につけた人物がいることがわかった。これらを見ていくと、斗牛には尾が飛魚と同じ魚尾で表わされているものが多数あった。そして、現存する斗牛補子と斗牛服が描かれた絵画をおよその制作年代順に並べていくと時代が下がるにつれ、枝角が生じるだけでなく、尾が龍と同様の蛇型になる。この点もまた、斗牛が飛魚から独立していった図案であることの表れだろう。

最後の三つ目は、斗牛の図像が器物には用いられていないということだ。明代における器物といえば、中国最大の古窯である景徳鎮の磁器である。『中國青花瓷紋飾図典　花鳥巻下　走獣・蟲魚』（二〇二三）をひもといて、斗牛文様が表わされた破片などを探したが見つからなかった。一方、飛魚は万通墓出土の仙盞瓶はもちろん景徳鎮の磁器にも使用例が見られる。これだけで、斗牛が器物に表わされなかったといいきることはもちろんできない。そこで、明代の政治家かつ収集家であった厳嵩（一四八一―一五六八）が失脚し、家財を没収されたときの目録である『天水冰山録』をとりあげる。この目録には書画だけでなく、あらゆる家財が掲載されている。飛魚と斗牛がどのように掲載されているのかを確認したところ、飛魚は金属器と冠服や反物があった。一方、斗牛は冠服と反物だけしかなく、斗牛文様の器物は、たとえ制作されていたとしても極稀であると結論づけられる。このことは、斗牛図像が明代冠服のために生み出されたことを如実に物語っている。斗牛文様が清代に引き継がれなかったことも、その傍証となるだろう。一方、飛魚は清代以降も図案として残り続けた。だが、それは龍翼型ではなく、明代以前の魚翼型としてであった。

明朝は冠服によって皇帝の権威と秩序を可視化しようとし、それは繊細かつ豪華な服飾装飾を生み出すことにつながった。だが、上からの統制であったため、明代中期にはその秩序は崩壊し、官営工房が制作したハイクラスの製品から、民間工房が手がけた廉価品までもが混在する状況となった。それもまたこの時代の生産技術が高く、生産者層が幅広く、それらを享受できる層が厚かったことを示している。

4　憧れの飛魚

飛魚は都督にのぼる前触れ

万暦年間（一五七三―一六二〇）に成立した小説『金瓶梅』は、金の力で官位を得た西門慶の欲望にまみれた生活と因果応報が描写されている異色作である。小説の舞台は宋代だが、成立した万暦帝の時代の社会を反映したものだと言われている。主人公である西門慶は五品の武官であり、本来、熊羆の文様を付けるべきところ、獅子の服を着ている。それは主人公だけでなく、他の登場人物たちも同じであり、万暦期の秩序がいかに乱れていたのかがよくわかる（荒木　一九九〇）。ここでは西門慶が都でもらった飛魚補子の服を着用しているところを見た弟分の応伯爵の反応をとりあげたい。

灯の下で見てみると、西門慶は白綾子の上着の上に、五色の飛魚の補子のはいった黒緞子の蟒衣をはおっておりました。その飛魚ときたら、牙を張り爪をふるい、巍然として頭を突き立て、鬚をぴんと張って鬣をなびかせ、金碧の色どりもまぶしくからだの上にわだかまっておりますので、伯爵はびっくりして、「兄貴、その着物はどこで手に入れたんです」、とたずねると、（中略）「そんなにきれいな着物だったら、いくら少なく見つもっても、かなりな値打ちものですぜ。こいつは、兄貴がそのうち都督にまでのぼるという前ぶれだ。蟒衣玉帯はおろか、飛魚のやつを着ちゃってるんだもの。」

（小野　一九六〇）

右にあげた場面の前後にも西門慶が飛魚補子の服を得意げに着用しているようすが描写されている。それらを見ていくと、服の説明に揺らぎがある。「飛魚緑絨氅衣（飛魚緑ベルベット上着）」、「青緞五彩飛魚蟒衣（青繻子織五色飛魚蟒衣）」、「天青飛魚氅衣（青飛魚上着）」（『金瓶梅詞話　梅節重校本』一九九三）。おそらく、「蟒衣」は誤記で、「氅衣」のつもりだったのだろう。そして、西門慶が何太監から服をもらった場面では、遠慮する西門慶に対し、自分は蟒衣をもらって不要になったからと何太監はいう。以上のことから、『金瓶梅』の著者は冠服に対してそれなりの知識を有していることがわかる。そして、飛魚補子の服をもらった西門慶が意気揚々と身につけ、弟分の応伯爵がわざとらしく賞賛の言葉を述べていることから、飛魚が世俗の男たちにとって権威の象徴として捉えられていたことと、「都督」を想起するものであったということはいえるのではないだろうか。

無論、このエピソードだけで景勝の補子が飛魚であり、授けられた官職である「都督同知」にふさわしいと言い切るつもりはない。だが、積極的に退ける理由もないと思われる。上杉景勝に渡す都督同知の箚付と飛魚の補子の組み合わせを準備した使者たちもこのイメージを共有していたと考える方が自然ではないだろうか。

最後に、一〇〇年以上も前の飛魚の図像を使い続けることがありえるだろうか、という疑念に対しては、それこそ風紀が乱れた万暦期において、スペアとして、海を渡る際のお守りとして一昔前の飛魚の補子を携えて日本に来ることは十分ありえることだと回答して本章を閉じることとする。

おわりに

本章の作成にあたり、改めて明代冠服についてインターネット等で調査したところ、近年盛んに放映されている時代劇の影響か、中国では若い世代に漢服への関心が高まっているという報道を目にした。中国の博物館では伝来衣装と復元衣装の展覧会が開催され、関連書籍の刊行や研究論文の発表が相ついでいた。伝統衣装に対する関心が高まることは大変喜ばしい。今後も新たな資料が公開され、盛んに研究が行われることであろう。

今後の研究においてますます注目されることとなる景勝の冠服のうち、本章では補子についてとりあげ、無謀にも龍図像の歴史のなかに位置づけることを試みた。確かに景勝の補子は、今回私が探しあてたさまざまな補子に比べると表現が稚拙だ。生物としての体のつながりや各パーツが何かを制作者は理解してはいない。だが、理解していないから景勝の補子は、ほぼ飛魚の要素から構成されているにもかかわらず牛角が表わされ、それが万暦期の乱れた秩序の所産であるという説明は受け入れられない。

これまで述べてきたとおり、「二角」を避けるために牛角にされた飛魚と斗牛に時代が下るにつれて枝角を生じたことや、斗牛の魚尾が龍尾に変化していったことこそが規範が緩んでいったことの表れである。秩序が乱れるとは、龍にあらざるものとして生み出されたものたちが、龍に近づいていくことに他ならない。

もし、秩序の緩みによって飛魚の角が牛角に変化したのであれば、斗牛を飛魚よりも上位に見て、それを取り込んだという流れであれば納得する。しかし、斗牛の位置づけは飛魚よりも下である。なにより、『金瓶梅』に見られるように当時の欲望に忠実な男たちが憧れていたのは飛魚なのである。

景勝の補子は、龍に似て龍にあらざる図像が生み出される過程で斗牛に先立ってつくられた、空を駆ける翼と二角を避けるための牛角をもつ飛魚である。

第四章　二つの金箱腰帯

――上杉景勝の犀角帯と琉球国王尚家の石御帯――

新　宮　学

はじめに

明朝皇帝が豊臣秀吉を「日本国王」に冊封した歴史的事実を具体的に示すアイテムが、わが国には今も残されている。秀吉に贈られた印章（金印）を除き、辞令書の誥命《こうめい》、冊封経緯を記した勅諭である（村井等編　二〇一五）。日明貿易の始まりとなった足利義満の日本国王冊封は、日本史や世界史の教科書にも大きく取り上げられてよく知られているが、秀吉も明朝から冊封された事実は忘れ去られがちであった。

これらのアイテムのほかにも、平成八年（一九九六）に京都の妙法院伝来の秀吉遺品に含まれる常服や皮弁服《ひべんふく》からなる明朝冠服類が、京都国立博物館によって再発見された。冊封にあたり明朝が冠服を贈った対象は、「国王」としての秀吉にとどまらず、徳川家康をはじめ多くの陪臣たちにも及んだ。そのことを示す貴重な伝世品が、本書で取り上げる上杉神社に所蔵する景勝の兵部箚と明朝冠服類である。これらの伝世品は、秀吉に贈られた冠服類に比べてこれまでそれほど注目されてこなかったものの、きわめて貴重なものである。

というのは、秀吉に贈られた勅諭の末尾に付した頒賜品目録（宮内庁書陵部編　一九五〇）の筆頭に挙げられた「紗帽一頂」と「金箱犀角帯一条」は、残念なことにどちらも現存が確認されていない。しかし景勝に贈られた冠服類の中には、これらに相当する紗帽と犀角帯がともに現存しているからである。しかも、後者はこれまで単に犀角帯と呼ばれてきたが、その帯飾の作りから判断して後述するようにほんらい金箱《きんしょう》犀角帯と呼ぶべきものである。したがって、両者の冠服類は、贈られた対象が国王と陪臣という違いがあるものの、相互に補完する関係にあると言える。

本章では、とくに景勝の金箱犀角帯を取り上げてその稀少価値を明らかにするとともに、景勝の犀角帯に類似する琉球国王尚家の石御帯との比較により得られた知見を明らかにしたい。

1　冠服における腰帯とその帯飾

腰帯とは

中国では官吏の官服を腰のところで束ねる帯は、秦代以降「腰帯《ようたい》」と呼ばれた。日本では「束帯」の語が一般に用いられるが、中国の場合「束帯立朝（帯を束ねて朝政の場に立つ）」のように述語的に使われることが多い。また一説に、胸のあたりにしっかりつけるのを束帯とし、腰にゆるく着けるのを腰帯と区別する説もある（清、陸以湉《りくいてん》『冷廬雑識』巻六、四書逸箋）。

また腰帯は、皮革の革帯と糸帛の大帯に大別できる。『晋書』巻二五、志一五、輿服《よふく》には、

革帯、古の鞶帯なり、これを鞶革と謂う。文武の衆官、牧守・丞令より下は騶（卒）・寺（人）に及ぶまで、皆これを服す。

とある。皮革（なめし革）を本体とする革帯は、古くは「鞶帯《ばんたい》」と称した。奈良の正倉院に所蔵する「紺玉帯　残欠」

〔中倉八八〕の革帯は、ラピスラズリ（青金石）で飾った見事なもので、広範な東西交渉を明示する遺品であるが、鞶帯の姿をいまに伝えてくれるものである（奈良国立博物館　一九九九）。

　これに対し、大帯は祭祀など礼装で用いられることが多い。大帯は、後ろで束ねて前に繞らし、腰の前で結ぶ。そののち、余分な部分は下に垂らす、これを「紳」と呼んだ。現存する中国最古の字典である『説文解字《せつもんかいじ》』糸部には、「紳、大帯なり」とある。この大帯を着ける地位にある人が紳士である。参考までに、万暦『大明会典』巻六一、礼部一九、冠服二、文武官冠服に載せる大帯図と革帯図を掲げる（図1）。

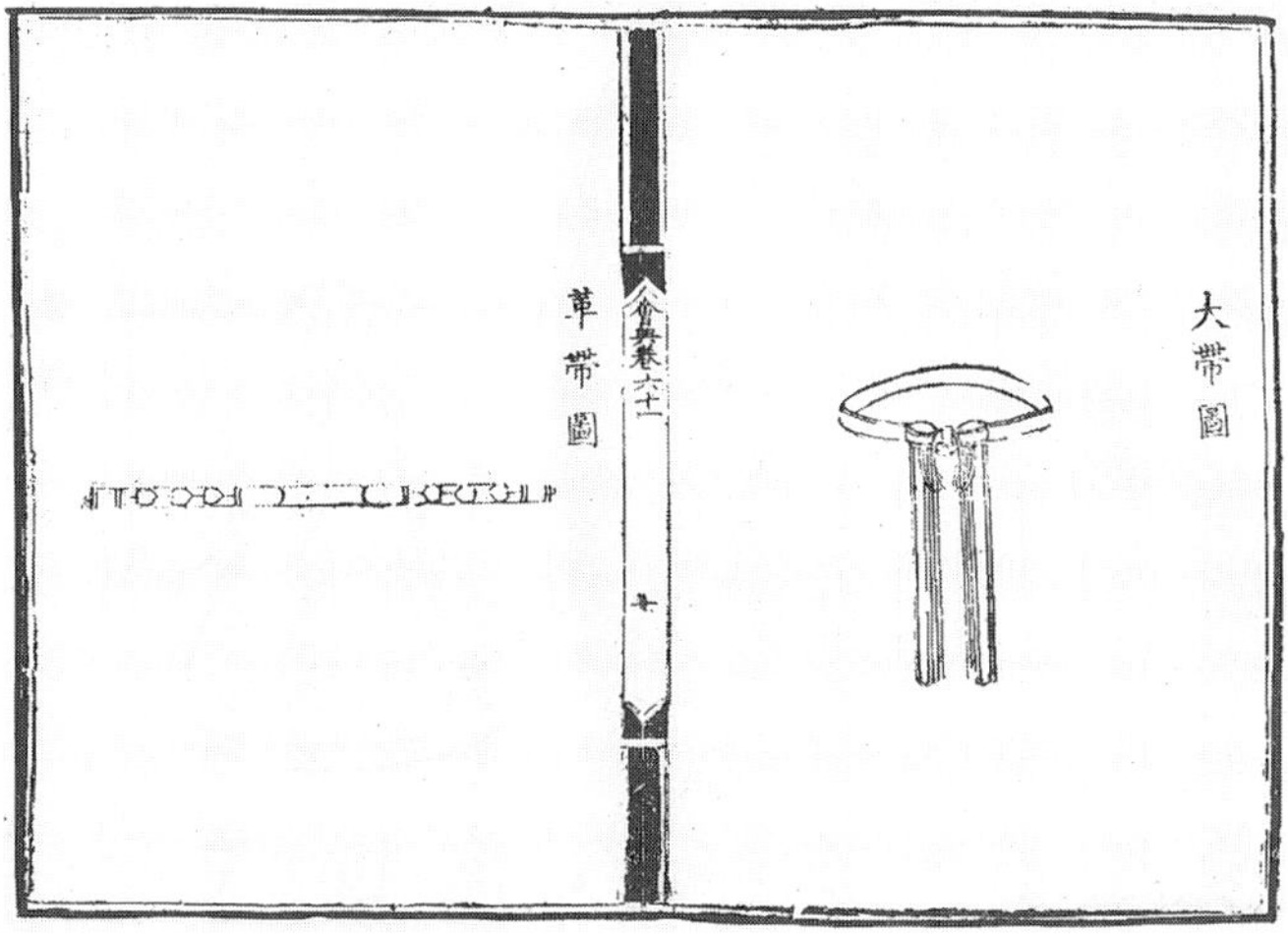

図1　明代の大帯と革帯（万暦『大明会典』）

犀角帯の帯飾

本章で取り上げるのは後者の革帯であるが、その構造は、帯本体の革帯部分とそれに付随する帯飾からなっている。そもそも帯の起源は、衣服と同様に古いと推測される。衣服を腰のあたりで束ね、笏《こつ》をさし挟むなどの実用性に加えて、三国魏以降には次第に皮革を綢絹《ちゅうけん》で包んだり、銙《か》と呼ばれる帯飾が付けられたりして装飾性を増した。

　帯飾のなかでも両端部分の「垂頭」は、唐代以降、文武百官の「順下の義」すなわち朝廷に対する臣服を示すものとなり、「鉈尾《たび》」（鉈《た》尾）と呼ばれた（『新唐書』巻二四、車服志）。後述するように、明代では「魚尾」「獺尾《たつび》」「撻尾《たつび》」などとも呼ばれた。

景勝に贈られた腰帯は、帯の革芯を紺地の緞子で包んでいることから、革帯に分類できる。最初に重要文化財に指定された昭和三十六年（一九六一）の時点では、工芸品の部の服飾類の中に一括指定された。

服飾類（伝上杉謙信・上杉景勝所用）

一、赤地雲文緞子龍文刻糸飾付明服　一具（石帯一条）

とあるように、明服一セットの中で「石帯《せきたい》」と命名されていた（山辺・神谷　一九六九）。

その後平成三十年に歴史資料の部で分割指定された際の指定名称は、

明国箚付　上杉景勝宛　一幅

万暦二十三年二月四日

明冠服類（文禄五年上杉景勝受贈）

一、犀角帯　一条

に改められた（「重要文化財指定書」歴第二〇五号）。日本でも広く用いられる「石帯」は、中国服飾史では玉帯のことを指すため誤解を招きやすい表現であったが、今回の指定でより正確に犀角帯と訂正されたことは意義深い。

前述したように国の重要文化財にあらためて分割指定された上杉神社伝来の景勝受贈の兵部箚と冠服類は、頒賜品の一セットがほぼそのまま残されており貴重である。秀吉の冠服類に続き、この景勝の冠服類についても、近年その本格的な研究がようやく始まっている。

また上杉神社では、分割指定後の令和元年（二〇一九）から二年度にかけて文化庁や山形県・米沢市の指導と支援を受けて、痛みの目立っていた犀角帯・靴・紗帽の三点の修理を行った。修理作業を担当したのは、京都にある株式会社松鶴堂である。翌年七月には、同神社稽照殿で修理を終えた三点および官服類と箚付を公開する特別展示が行われた。この展示に際して刊行された図録『明国箚付上杉景勝宛一幅　明冠服類（文禄五年上杉景勝受贈）一括』（以下では、特別展示図録と略記）は、修理の過程で行われた調査や分析内容を収録公開しており、今後の研究の進展に寄与するものである。

次に、景勝に贈られた犀角帯と帯飾の法量について確認しておこう。昭和四十四年に刊行された『上杉家伝来衣裳』による紹介では、「幅四・九センチ　長一四二・五センチ　重量七〇〇グラム」とのみ報告されていた。以下に、今回の修理前の犀角帯としてその当時撮影された画像を掲げる（図２）。

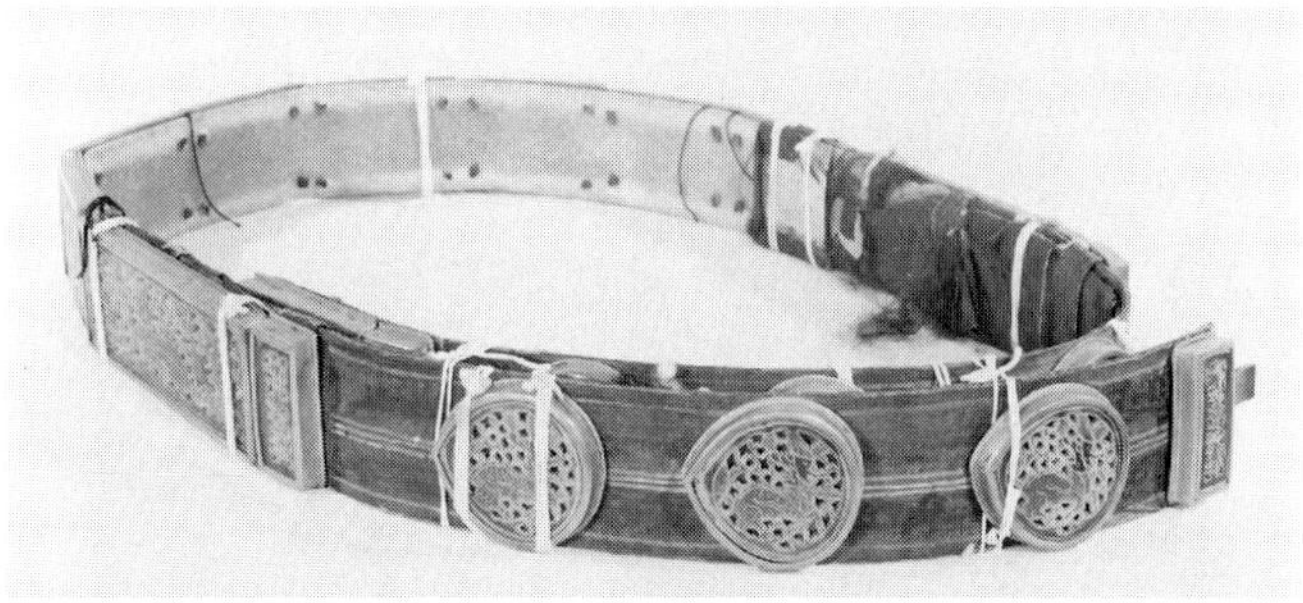

図２　調査当時の犀角帯（上杉神社所蔵，東京文化財研究所提供）

修理後の特別展示図録では、犀角帯の寸法（単位：センチ）として、以下のように詳細なデータと修復後の画像が提示されている（口絵４①）。

長（上縁の銙端から紺地端）一四二・五　長（金具の出）三・二
幅（革・紺地部　二重部外）四・八〜四・九　幅（革・紺地部　二重部内）四・〇〜四・三
ループ幅　大　一・七〜一・八　小一・〇〜一・一
銙　正方形大　縦　四・六　横　一二・二　厚み　〇・八
銙　正方形中　縦　四・六　横　六・五　厚み　〇・八
銙　正方形小　縦　四・六　横　二・二　厚み　〇・八
銙　宝珠形　縦　四・四〜四・六　横　四・七〜四・九　厚み〇・八

銙　正方形中（八個）のうち七個は、明代では後述するように後部に排列することから「排方」と呼ばれるものである。残りの一個は、大きさが同じであるが、正面合わせ口（三台）中央に位置する一個（正方）である。なお、古代日本では「巡方」と呼ぶことが多い。長岡京では、巡方、丸鞆《まるとも》、鉈尾など約五〇点近い帯飾りの出土が報告されている。都が平城京から長岡京に遷った時期に、帯飾が金属製から石製への変化が見られたという（向日市埋蔵文化財センター編　二〇〇六）。

ここで「宝珠形」としている銙は、中国では一般に子孫繁栄を含意して「円桃」の語が呼称や形状を示す用語として用いられる（口絵4⑥）。古代日本では、蒲鉾形の丸鞆が主流であった。

2　景勝に贈られたのは金箱犀角帯

帯飾の材質と官品

上杉景勝に贈られた腰帯には、犀角片の帯飾（銙）が施されていることから、一般に犀角帯と呼ばれる。それぞれの犀角片は、麒麟文などが透かし彫りされているのに加えて、金具の座金《ざがね》に嵌《は》め込んである。そもそも帯飾の銙は、ユーラシアの北方文化圏に起源するものとされ、部首の「かねへん」に示されるように、ほんらい金属製であった（樋口　一九五〇）。ただし『新唐書』巻一四二、柳渾《りゅうこん》伝に示されるように皇帝の帯飾は玉製であり、いわゆる玉帯であった。これに対し、一品・二品官の銙は金製で、三品から六品官が犀角製、九品以上は銀製、庶人は鉄製であったことは、『新唐書』巻二四、車服志に見える。

宋代では、帯飾に玉・金・銀・犀・銅・鉄・角・石・墨玉などさまざまな材料が用いられ、官吏の品級を表すようになった。犀角帯は品官のみが着用を許され、銅・鉄以下は、庶民および胥吏《しょり》や職人が着用した（『宋史』巻一五三、輿服志、諸臣服下）。

元代では、二品官が透かし彫りした花犀帯を着けたほかに、五品から九品まですべて烏犀角帯を用いていた（『大元聖政国朝典章』二九、礼部巻二、礼制二、服色、文武品従服帯）。

明代になると、常服の腰帯の帯飾には公・侯・駙馬《ふば》都尉・伯および文武一品官は玉を用い、二品官は犀角を用い、三品官は金鈒《きんそう》花帯《かたい》、四品官は素金帯、五品官は銀鈒花帯、六品・七品官は素銀帯、八品・九品官および九品官以外の雑色未入流官は烏角帯を用いるとあり、品級ごとに細かに規定されていた（『明太祖実録』巻二〇九、洪武二十四年〈一三九一〉六月己未の条）。朝服や公服の際も、それぞれ同様に二品官の場合は犀角帯を着用すると定められていた。宦官でも内使監の品官は、その常服に犀角帯を着用することができた（『明太祖実録』巻五七、洪武三年十月壬戌の条）。

さて、景勝の腰帯は、前述したように今回の分割指定では「犀角帯」と公式に命名された。犀角帯であれば、明代では上述の規定により二品相当ということになるが、一概にそうとは言いきれないところがある。その帯飾（銙）は座金に犀角片を嵌め込んでいるためか、「犀帯もしくは金帯」（須田　二〇一七）とする見解も出されている。

留金具の金箱

筆者は、景勝の腰帯には留金具の座金にすべて犀角片を嵌め込んでいることから、秀吉の頒賜品目録に見える「金箱犀角帯」と同様の犀角帯と考える（新宮　二〇二三）。

金箱の語は「金廂《きんしょう》」「金鑲《きんしょう》」とも表記される。『明憲宗実録』巻一七七、成化十四年（一四八三）四月丙午の条では、後述するように「金箱」と表記している。「金鑲」の用例は、清、談遷『棗林雑俎《そうりんざつそ》』智集、逸典、「日本関白求封」に見え、「国王に頒賜するに、紗帽一頂、金鑲犀帯一条」とある。

秀吉に頒賜された金箱犀角帯は現存が確認されていないものの、かつて大庭脩氏は「金箱は犀の周囲を金で囲った」ものと推測していた（大庭　一九九六）。河上繁樹氏も「金廂犀帯について、金の縁取りをほどこしたプレート状の犀角を飾った革帯」と詳しく説明している（河上　二〇一三）。これに対し、杉本正年氏は、金箱を「金鉤」と判読したうえで、「金の留金のついた犀角帯」と推定していた（杉本　一九七八）。

じつは、これまであまり注目されてこなかった景勝の犀角帯の帯飾も、座金に犀角片を嵌め込んでいることから、金箱犀角帯と呼ぶべきものと判断した。今回の分割指定では、前述したように石帯から犀角帯と名称を変更しただけであったが、河上氏も近著（河上　二〇二三）の中で同様の意見を示している点は、注目される。

ところで、景勝の犀角帯の犀角片には、一般に公・侯・駙馬都尉・伯の補子意匠（花様）に用いられる麒麟文が透かし彫りされている点がとりわけ重要である。明代では、前述したように犀角帯は文武二品官と定められていた。景勝に与えられた都督同知の官位は従一品であることから、確かに合致していない。

とはいえ景勝は陪臣であることから、朝廷の文武官とは同じではなかったであろう。明確な明朝の規定は見出し得ないものの、朝鮮王朝では、洪武・永楽年間に陪臣は朝臣に二等遞減するという認識が存在していたことが、『明宣宗実録』巻四七、宣徳三年（一四二八）十月乙酉の条に載っている。

朝鮮国の世子に六梁冠一つを賜った。これより先、朝鮮国王李裪《イドウ》（世宗）は、「洪武中に国王に冕服九章を、陪臣には冠服を賜ることを蒙ったが、朝廷に比べて二等を遞降していた。蓋し（要するに）陪臣の一等は朝臣の第三等に比《なら》い、五梁冠服を得た。永楽の初め、先臣芳遠（太宗）が世子禔を遣わし入朝させたところ、五梁冠服を賜わることを蒙った。臣が切《ひそ》かに惟《おも》うに、世子の冠服はすなわち陪臣の一等と同じです。乞うらくは定制と為してください」と上奏した。上さま（宣徳帝）はこれに従い、この命があった。

宣徳帝がこの時朝鮮国の世子に六梁冠を賜ったのは、一般の陪臣とは異なる世子という理由で特別に優遇したのであろう。

琉球国王の場合は、『明史』巻六七、志四三、輿服三に「永楽中、琉球中山王に皮弁・玉圭・麟袍・犀帯を賜うに、二品の秩に視《なぞら》える」とあり、原則は二品の官秩に準ずると定められていた。ただ実際には、明朝の皇帝・皇太子・親王・郡王に限られていた皮弁冠服を琉球王がもらったのは、明朝が郡王クラスに、常服の麟袍は公・侯・伯・駙馬都尉クラスに優遇にしたことになる。

こうした点まで考慮に入れれば、陪臣の景勝に与えられた都督同知の官位に比べても格の高い金箱犀角帯が実際には景勝に贈られていたことになる。決して「格落ち」とは即断できないであろう。

秀吉と琉球王に贈られた金箱犀角帯

残念なことに京都の妙法院には秀吉に贈られたはずの「金箱犀角帯」は現存しておらず、どのような文様の透かし彫りが施されていたか知ることはできない。とはいえ、秀吉と同様の金箱犀角帯が景勝にも贈られた事実は注目に値すると言わざるをえない。

因みに、妙法院史研究会編『妙法院史料』第五巻古記録・古文書一（吉川弘文館、一九八〇年）の「一七三　神龍院豊国社御神物注文」には、「桐唐草之長櫃ニ入注文」に「一、御冠　二ツ但玉冠唐冠」とあり、明朝から秀吉に贈られたと覚しき玉冠（皮弁冠）と唐冠（烏紗帽）の記載がある。これに対し、帯については三ヵ所に「石のおひ〔帯〕」の記載が見えるものの、これらはいわゆる玉帯のことではないだろう。ほかには金箱犀角帯の記載が見えないが、「すすきに桐菊の御もんの長ひつニ入日記」のところにある「一、石のおひ　一ツ　但おほひきんたん〔金緞〕」が、あるいはこれを指しているのかもしれない。いずれにせよ、これらは秀吉の没後、北政所の高台院より豊国社に納められていたが、豊臣氏が滅亡し豊国社が解体されると、元和元年（一六一五）八月天台宗門跡寺院の妙法院に引き渡された時点まではたどれるものの、その後の行方はわかっていない。

ほかに、『明憲宗実録』巻一七七、成化十四年（一四七八）四月丙午の条によれば、金箱犀角帯が成化十四年四月に琉球国の中山王尚真にも賜与された事実があった。

兵科給事中董旻《とうびん》に命じて正使と為し、行人司右司副張祥を副使と為し、詔を齎し琉球国に往き、世子尚真を封じて中山王と為し、賜うに皮弁冠服・金箱犀帯を以てした。并びに紵糸・羅等物を以て、王および其の妃に賜う。

琉球王に金箱犀角帯が賜与されたのは、この時が最初ではなく、洪熙元年（一四二五）二月一日にも第二代の尚巴志の冊封にあたって贈られていたことが『歴代宝案』第一集巻一によって確認できる。ただし、『歴代宝案』では、金箱は「金廂」「金相」と表記されることが多い。このように、金箱犀角帯は、秀吉のみならず琉球国王にも下賜されていることから、外国の国王クラスが常服に着用するものでもあった。「二品相当」のみでは説明がつかない格の高いものであった。

原田禹雄《のぶお》氏は、琉球国王が頒賜される「金でふちどりした犀角をあしらった」金廂犀帯を二品相当とする一方、常服花様の麒麟文は、公・侯・駙馬都尉・伯の諸侯クラスであることにも注意を払っている（原田　二〇〇〇）。豊見山和行氏も、琉球国王が二品の官僚に準ずる位置づけを受けていたとしながらも、皮弁冠服と常服を検討した結果、郡王と同格に位置づけて擬制的祖父孫関係の論理が貫かれていたことを重視している（豊見山　二〇〇四）。

中国の腰帯研究

中国において腰帯の発掘事例を探し求めると、万暦帝の著名な陵墓「定陵」の発掘報告には、腰帯一二条の出土例が報告されている（中国社会科学院　一九九〇）。その内訳は、玉革帯一〇条、大碌《だいりよく》帯一条、宝帯一条からなる。出土時点で、玉革帯の帯飾の玉は完全に残っていたものの、革帯部分の多くはすでに腐朽し切断欠損していた。革帯の上に綴られた帯飾は、二〇個、一三個、一二個とさまざまであった。帯飾の数と扣結方法から三型式に分けたうちのⅠ型一式の五条が、景勝の腰帯と類似しており参考になる。ただ皇帝の腰帯は特別であり、ほかに比較の対象もないことから、研究は進んでいなかった。

ほかに諸王では、山東の魯王朱檀墓から二条の玉帯の出土例がある（山東省博物館　一九七二）。また江西省の寧王朱権墓・寧王朱磐烒墓・益王朱祐檳墓などからも玉帯が出土した（江西省博物館等編　二〇一〇）。

近年、王公貴族や宦官などの明墓から出土した考古資料をもとに中国では玉帯研究が着手され、明朝冠服制度における腰帯の持つ重要性が指摘されている（南京市博物館編　二〇〇〇）。明初に都が置かれた南京では、明朝の王公貴族墓の中から数十条の腰帯の出土が報告されている。出土事例では、腐朽を免れた玉帯の銙がほとんどである。当然のことながら地中では、有機物質の革帯本体（帯鞓）や犀角の象嵌部分は腐朽して残らない。南京大平門外の蔣王廟出土の「金鑲□帯」は、金属製の金框托《きょうた》（座金）が現存するのみで、当初は透かし彫りした犀角片が嵌められていたと推測される（図3）。

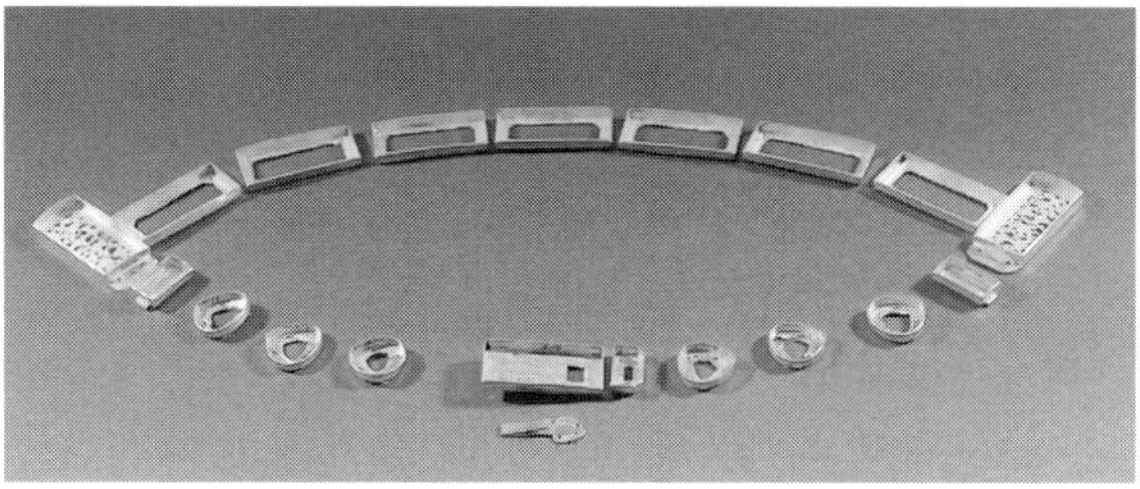

図3　南京太平門外出土の金鑲□帯（南京市博物館所蔵）

なお、韓国忠清南道の牙山《アサン》市にある温陽民俗博物館では、朝鮮王朝の一品官が着用した犀帯（犀角帯）を所蔵している（金・孫　一九八四）。

一方、文献史料では、清初の上海人葉夢珠《しょうぼうしゅ》の『閲世編』巻八に前朝の腰帯の構造と着用方法についての詳しい記述があり、貴重である。

腰帯は革《かわ》を用いて質と為し、外がわは青綾で裹《つつ》み、上には犀玉・花青金銀を綴るなどさまざまである。正面は方片が一両、傍らに小輔二条が有り、左右にまた三つの円片を列ねている、これが帯の前面である。後ろに向かって各《おのおの》挿尾が有って、袖の後ろに見《あらわ》れる。後面には七つの方片を連ね綴ってこれを足している。帯は寛《ゆる》くして円《まる》く、束ねて腰に著《つ》けない。

皮革を材質（芯）とし、外側を青綾で包んだうえに、帯飾には玉や犀角などを綴っていた。帯飾の銙の名称については、明末清初を生き抜いた考証学者の方以智が、『通雅』巻三七、衣服・佩飾に、さらに詳しい説明を残している。

鞶帯とは革帯である。（中略）今時の革帯は前の合わせ口は三台と曰い、左右各《おのおの》三つの円桃を排べている。排方の左右は魚尾と曰い、輔弼の二つの小方がある。後ろは七枚、前は大小十三枚。唐の十三胯は即ちこの（形）式の初式である。

革帯の正面、すなわちバックル部分を三台といい、その左右にそれぞれ三枚の円桃の銙を排べ、さらに輔弼の小方の銙と魚尾、合わせて銙を大小一三枚を排べる。後方にも銙七枚を排べ、全部で二〇枚であった。『康煕字典』のよりどころとなった張字烈の『正字通』戌集上、銙字にも、同様の説明がある。

腰帯の帯飾の排列を図示したのが、董進氏による『大明衣冠図志』に載せる帯銙の排列図である（コラム図3）。景勝の犀角帯の銙もあわせて二〇枚からなる。革帯の正面中央に長方形の犀角片一枚と小犀角二枚からなる三台、その両側左右にはそれぞれ三枚の円桃形の犀角片あわせて六枚、および輔弼の小方二枚と魚尾（撻尾）二枚を排列する。さらに後部の帯板の排方七枚がすべて揃っている。腰帯全体の構造を正確に復元するうえでも、伝世品の景勝が受贈した犀角帯の存在は、きわめて貴重なものと言えよう。

3　非接触方法による実測図の作成

フォトグラメトリーの手法

明代の腰帯の伝世品がきわめて少ないため、その構造を図示したものもほとんどない。管見の限りでは前掲した董進氏による帯飾の排列を示した模式図があるにすぎない。そこで、実測図の作成を上杉神社学芸課長（当時）角屋由美子氏に打診したところ、角屋氏は米沢市教育委員会文化財担当主査の佐藤公保氏と協議し、東北芸術工科大学の北野博司教授に相談された。北野教授からは、フォトグラメトリー（写真測量法）の手法で作成した三次元画像から、ひずみのないオルソ（正射）画像を生成しトレースする方法が提案された。この方法を使えば重要文化財に触れることなく実測図が作成できる。

撮影・図化方法について、以下のような手順が示された。

手順1　上杉神社での作業として、犀角帯全体の写真撮影を行う。撮影は資料に物理的なストレスを与えないよう収納時の円環状態を保持したままとした。外面は犀角表面の微細な彫刻を観察するためマクロレンズで撮影し、フォトグラメトリー用に標準レンズも使用する。撮影は縦・横方向とも八〇%ラップを基本とし、微細な文様がない内面は撮影枚数を減らす。

手順2　大学研究室のPCで画像処理を行う（アギソフト社メタシェイプ）。三次元画像から犀角帯各部のオルソ画像を作成する。

手順3　切出したオルソ画像をトレースする（アドビ社イラストレーター）。

手順4　PC上で図版に編集する。

この方法について上杉神社の大乗寺真二宮司に北野教授から直接説明し、撮影作業が許可された。撮影は温湿度・照明環境が資料に影響を与えないよう、撮影時間もできる限り短くなるよう配慮しながら稽照殿内で行った。

作成を依頼した実測図の内訳は、

① 全体ナンバリング図　一点
② 外面展開図　一点
③ 俯瞰図　正面と背面の二点
④ 帯飾実測図　三台（正方）、輔弼（小片）、円桃、魚尾の四点

これらに加えて「観察所見」を作成していただいたので、本章にコラムとして収載する。

4　琉球国王尚家石御帯との比較

国宝の尚家石御帯との類似

令和四年（二〇二二）五月、東京国立博物館で沖縄復帰五十年記念特別展「琉球」が開催された。その時に展示された国宝の琉球国王尚家関係資料の「石御帯《イシヌミウビ》」は、景勝の犀角帯とその形状と構造がきわめて類似している（図4）。前者の石御帯については、琉球王国第二尚氏の二十二代当主尚裕氏より那覇市への寄贈を契機に文化庁の国庫補助事業支援が始まった平成十年（一九九八）以降、那覇市市民文化部歴史資料室を中心に多くの研究が蓄積されている。以下では、最初にこれらの研究をもとに両者を比較対照して分析を加えることにしたい。

まず所蔵先の那覇市歴史博物館のデジタルミュージアムの「美術工芸・民俗資料」(http://www.rekishi-archive.city.naha.okinawa.jp/archives/item1/1760　二〇二二年八月一日閲覧）には、石帯の概要として、

　儀式用の国王の正装衣裳を着用する際に用いられる帯。石御帯（イシヌミウビ）ともいう。重ね合わせた芯に布が巻かれ、形作られている。帯には四角形や栗形などの玉が、五種類二〇個留められている。玉にはそれぞれ、龍や尾長鳥、牡丹などが彫られ、上から金箔で覆われている。中国明朝皇帝より琉球国王の証として玉冠や衣裳とともに贈られ、その後琉球で修理しながら使用された。

と解説し、石帯の全体画像のほかに五点の部分画像を掲載している。

また今回の特別展図録では、

　石御帯《いしぬみうび》　〔琉球国王尚家関係資料〕　一点

　玉、錦（絹）、石　長九八・八（センチ）　幅四・四（センチ）

第二尚氏時代　十八〜十九世紀

と作品名称・法量・時代を掲げている、同様の説明に加えて、「玉には龍、鳳凰《ほうおう》、牡丹などを線彫りし、金箔を貼る。中央に取り付けた金具で着脱する」「御後絵《おごえ》（国王の肖像画）から尚豊《しょうほう》王までは、唐衣裳に合わせて着用されたことがわかる。『丙寅冠船之時　上様御装束考帳』（一八六五年）では、烏紗帽《うさぼう》との組み合わせで着用されている」などと、同館主任学芸員山田葉子氏が解説を執筆している。

　さらに、那覇市市民文化部資料室編『尚家関係資料総合調査報告』Ⅱ美術工芸編（以下、「尚家報告」と略記）には「石御帯」について、

　国王の正装である唐衣装の帯で、方言音ではイシヌミウビと称する。琉球国王は明から二品の待遇として、常服用として「金箱犀角帯」が与えられた。国王の肖像画の御後絵によると、八代尚豊王までは石御帯が玉冠と円領の唐衣装の組み合わせで着装されている（鎌倉一九八二）。石の形を観察すると、胸高に石帯を着装した尚円王、尚真王、尚豊王の石帯は、ハートの形をした猪目形の石が連なる。そ

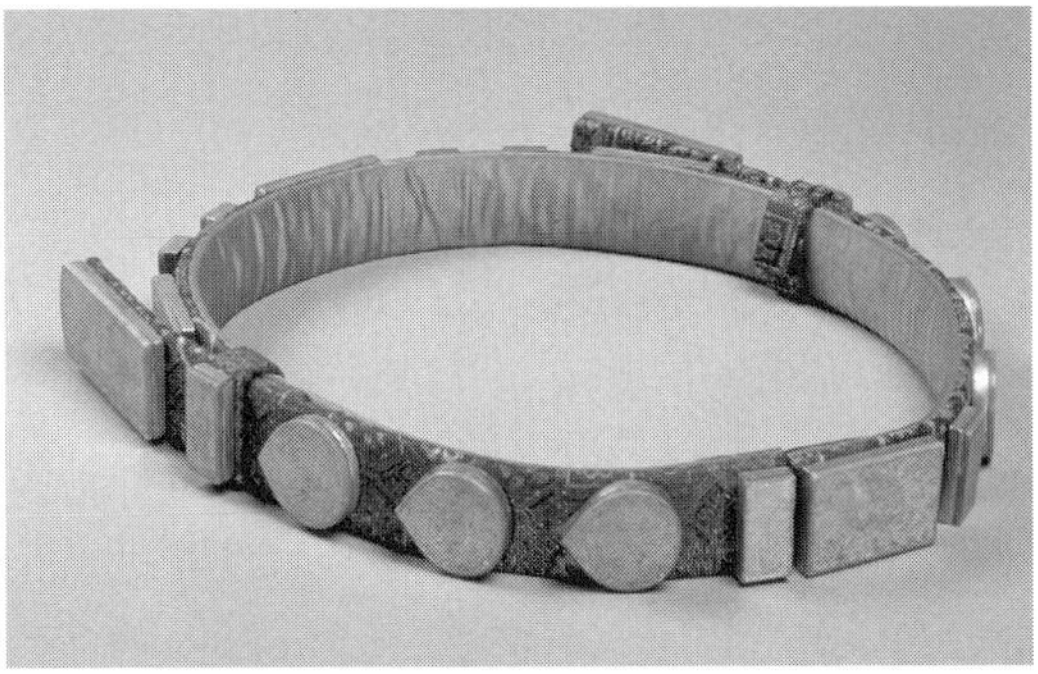
図４①　石御帯（那覇市歴史博物館所蔵）

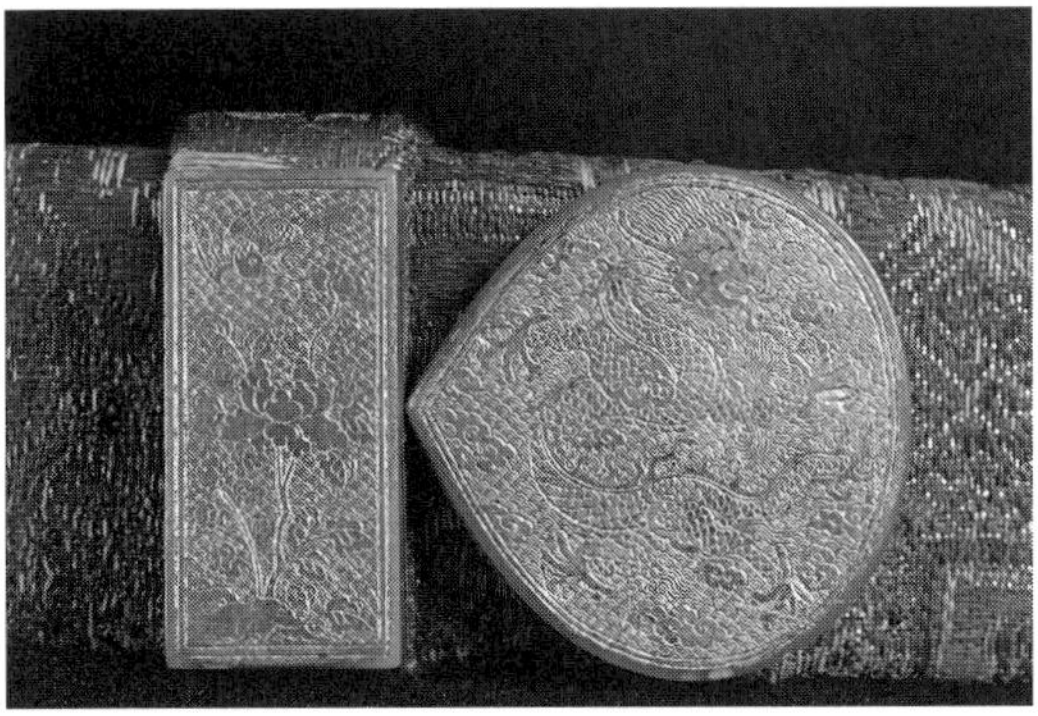
図４②　石御帯部分（那覇市歴史博物館所蔵）

して、十一代尚貞王以降は石御帯の着装は確認できない。また、石帯図が鎌倉書二三一頁の「江戸立之時仰渡并応答之条々之写」で確認できるが、遺品は本品だけである。

とあり、より詳しい説明が主任学芸員宮里正子氏（調査当時）によってなされている。前述した金箱犀角帯が明朝から琉球国王に賜与されたことにも言及したうえで、国王の肖像画の御後絵から、八代尚豊王までは石御帯が唐衣装と組み合わせて着装されたとしている。また、現存する石御帯はこれのみという指摘も重要である。

さて、琉球国王尚氏には、前述したように明朝からの冊封にあたり常服の金箱犀角帯が下賜されたが、のちに常服に加えて皮弁服も下賜されるようになった。『歴代宝案』第一集巻一に収められた成化七年（一四七一）七月八日の勅諭には、中山王に冊封された尚円への頒賜品の目録を掲げている。これによれば、「皮弁冠服一副」と「常服一套」が賜与され、そのうち腰帯については皮弁冠服では「紅白素大帯一条」が、常服では「金相犀帯一条」と記されている。後者が、秀吉の勅諭の頒賜目録に見える「金箱犀角帯」と同種のものと考えられる。

豊見山和行氏がすでに指摘しているように、万暦二十三年（一五九四）の秀吉への頒賜品は、万暦三十一年に中山王に冊封された尚寧王のそれと品目・数量とも完全に一致している。しかし、これは先行する秀吉に準じて尚寧王へ頒賜されたのではなく、逆に秀吉への冊封が朝鮮や琉球の事例に準じたのであった（豊見山　二〇〇四）。『明神宗実録』巻二七九、万暦二十二年十一月己卯の条には、兵部尚書石星が「其の朝見・册封・遣使等の儀は倶に朝鮮・琉球の事例に照らす」ことを提案し、万暦帝から「擬に依れ」と裁可されたことが記されている。したがって、所在が判らない秀吉の金箱犀角帯が尚家伝世品の石御帯に類似していたと考えられる。

また上杉景勝の犀角帯と尚家に伝世する石御帯とは、形状と構造上の類似に加えて、帯飾の銙の数がどちらも二〇枚と一致している。その排列も、正面中央の三台、その左右には円桃形三枚、さらに輔弼一枚と長方形一枚が続き、後ろ面の排方七枚の両端に繋がる構造が一致している。

金箔部分の座金に銙を嵌め込んだ造りも、またほぼ同様である。尚家の石御帯の場合は、那覇市市民文化部歴史資料室により蛍光X線分析がすでに実施され、繋ぎ目の金属（座金）からは銅と亜鉛が検出され、真鍮《しんちゆう》と報告されている（早川等　二〇〇三）。景勝の犀角帯の場合も、特別展示図録二二頁の画像から透かし彫りした犀角の周囲を飾る座金は真鍮製と推測できるであろう。

以上のことから、尚家の石御帯と景勝の犀角帯が類似していることが確認されたが、先に紹介した尚家の石御帯についての解説の記述には、幾つかの疑問が浮かび上がる。

二つの疑問点

まず第一に、石御帯は明朝皇帝より「琉球国王の証として玉冠や衣裳とともに贈られ、その後琉球で修理しながら使用された」とあるが、これまでたびたび触れて来たように明朝から琉球王に贈られたのは金箱犀角帯であり、玉帯ではなかった点である。

第二に、石御帯の帯飾の玉に彫られた文様を「龍」としている点である。龍文は明朝では皇帝を象徴することから、明朝より琉球国王に贈られた文様としては適切ではないからである。

第一の疑問点についてさらに詳しく検討すると、尚家の石御帯は玉帯の一種ということになるが、金箔を貼っているため外観からはその材質が確認できない。ただ、景勝の犀角帯の重量が七〇〇グラムに対し、石御帯は九四五グラムと重いのは、帯飾の材質が玉であることを裏付けるであろう。

明代を通じて琉球に頒賜されたのは、『歴代宝案』に見えるように金箱（相）犀角帯であったことから、玉帯とすれば、明朝皇帝から冊封に際して贈られたものではないことになるであろう。しかも秀吉に贈られた金箱犀角帯よりも、尚家の石御帯は材質の点では格の高いものであるということになる。

図5　琉球国王着用犀角白玉石帯（鎌倉芳太郎撮影，沖縄県立芸術大学附属図書・芸術資料館所蔵）

ところで、前述の蛍光X線分析による材質調査によれば、石御帯の帯飾の玉部分からは、微量の金（Au）および玉由来の元素としてストロンチウム（Sr）だけが検出されて、金箔と玉の構成元素が確認されたことから、玉帯であることが確実となった（早川等二〇〇三）。しかし、明代を通じて金箱犀角帯が賜与されていたにも関わらず、犀角ではなく玉が用いられている点は、石御帯が明朝から頒賜された金箱犀角帯の帯飾を何らかの理由で玉に変えたか、あるいは、玉帯が冊封とは別の経緯で琉球にもたらされたと考えざるをえない。

これに関連して問題となるのは、金箔が貼られた帯飾二〇点の中に、玉のほかに犀角片が含まれていないかどうかという点である。というのは、鎌倉芳太郎『沖縄文化の遺宝』には、国王冠服の石御帯の画像（図5）を収録しているが、「国王着用犀角白玉石帯」とキャプションを付けて、白玉のみならず犀角をも含むとも判断できるからである。ただ、これはおそらく鎌倉氏自身の分析というよりは、清、徐葆光《じょほうこう》『中山伝信録』巻五、冠服に、「国王（中略）、帯は犀角白玉を用いる、皆前明の賜衣の制の如し」とあるのに依拠した可能性も考えられる。

また伝世の石御帯が明朝から賜与された金箱犀角帯を琉球で修理したものとなれば、金箱の座金に新たに玉片を嵌め込んだうえに、その玉ほんらいの美しさを示すのではなくわざわざ金箔を貼った理由を明らかにする必要があろう。しかしこれらの点について、これまでの研究では、十分な説明がなされていなかった。

さらに、尚家報告ではすでに指摘されていることであるが、正面中央の三台と長方形の魚尾には、「福」「寿」の二文字を陽刻している点が注目される（図6①）。常服として賜与される腰帯の帯飾の通例とは異なっており、冊封とは別の経緯によるものという推測の妥当性を高めるものである。

第二の疑問点については、尚家報告には「五爪龍」とあるが、文化庁文化財部美術学芸課がまとめた『琉球国王尚家関係資料目録』（二〇〇六年）では、「玉の表面には、四爪の双龍・鳳凰・牡丹・雲龍を毛彫りし上から金箔を貼る」という解説がなされている。四爪ということであれば、厳密に言えば龍ではなく「蟒龍《もうりゅう》」であり、本書序章の景勝に贈られた常服緋袍の補子の例にあるように、皇帝以外の臣下や外国の国王に贈られるケースが存在した。実際、琉球国王尚家の「赤地龍瑞雲嶮山文様繻珍唐衣裳」や「紺地龍丸文様緞子唐衣裳」は、どちらも五爪の龍文である。しかし、石御帯の帯飾が五爪か四爪かという点に関しては、これまで考察が十分には深められていなかった。

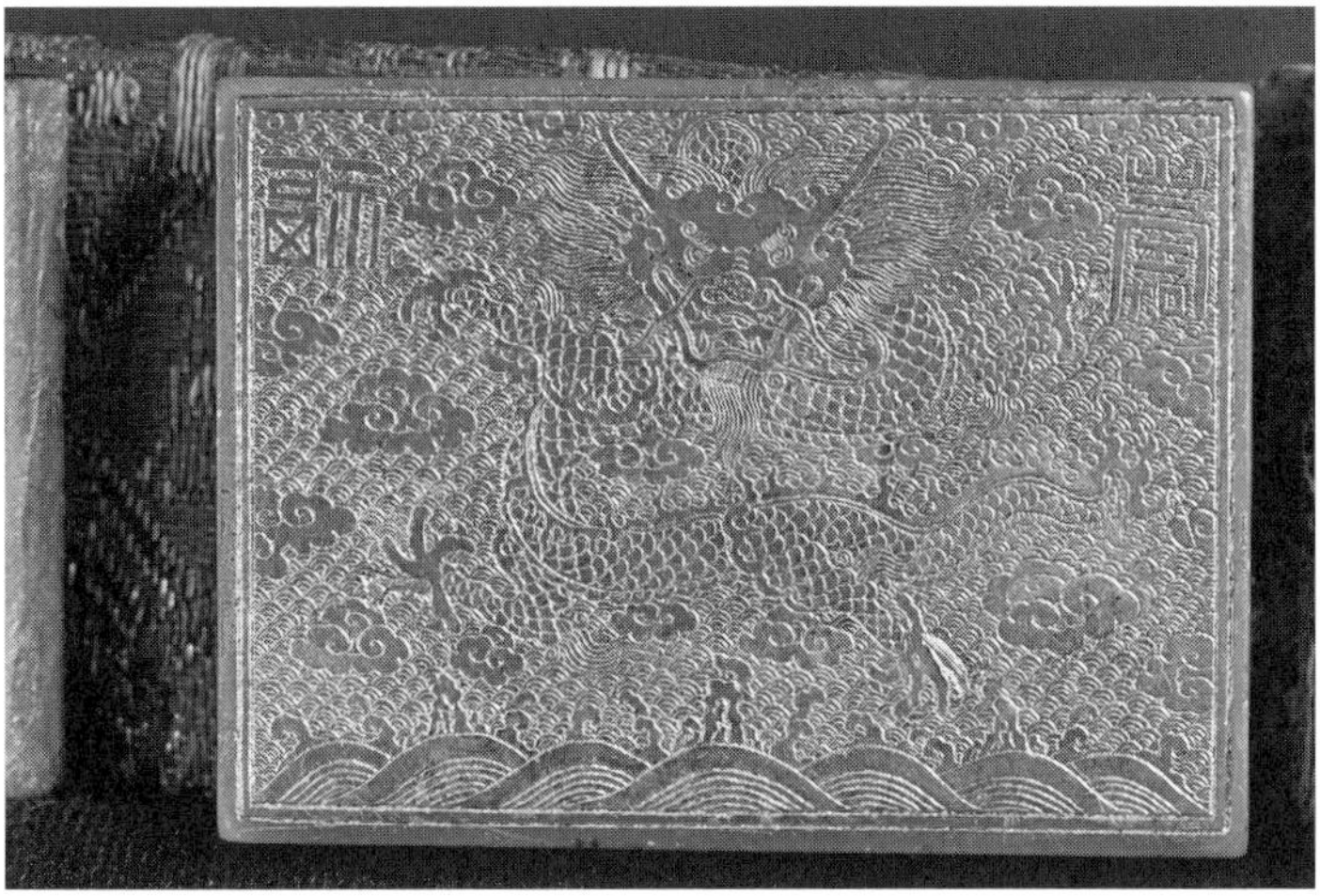

図6①　石御帯の三台正方（那覇市歴史博物館所蔵）

那覇市歴史博物館での熟覧調査で得られた知見

令和五年十二月、私たち明服・箚付研究会では那覇市歴史博物館が所蔵する国宝尚家宝物の玉冠以下八点を熟覧調査する機会が得られた。山田主任学芸員をはじめとする多くの学芸研究員の協力によるものであった。調査には琉球大学名誉教授豊見山和行氏も同席された。

この共同調査によって、石御帯の帯飾銙の玉部分に線刻された龍文は、ほんらい五爪であったものが一本の爪を剔《えぐ》り取って四爪となっていることを新たに確認することができた。石御帯の玉に彫られた「龍」の文様については、これまで前述したように五爪か四爪かで一定していなかった。

調査当日に大野晃嗣氏が撮影した石御帯の三台と魚尾の画像により、三台正面中央の正方と左右の魚尾、そして円桃、それぞれ一本の爪が同様に剔り取られていることが確認でき、意図的な改変が施されていることが明らかとなった（図6①②）。龍はほんらい五爪であり、その着用に対する制限が存在した時代に、一本の爪をそれぞれ剔り取って四爪としたものと推定される。

図6②　石御帯の魚尾（那覇市歴史博物館所蔵）

私たちの科研では、令和元年七月に京都国立博物館で妙法院所蔵の豊臣秀吉受贈の明官服類を熟覧調査した。その折り、同館工芸室長（当時）山川曉氏より館蔵の「雲に龍丸文様繻珍官服裂（I甲二三八）」を提示され、所見を求められた（国立文化財機構所蔵品統合検索システム URL：https://colbase.nich.go.jp/collection_items/kyohaku/I甲238）。緋色の明朝官服に用いる反物の一部で、加賀藩前田家由来のものとのことであった。二裂のうち一裂の龍丸文様には五本の指と爪が織り込まれているものの、十二章と一緒に織られた一裂の龍では一爪のみ欠けて四爪に織り上がっていた。十二章とは、第七章で触れるように天子の美徳を象徴する文様である。一爪を欠いて四爪に改変した点は、石御帯の帯飾の龍を四爪に改変したのと共通する。わざわざ四爪に改変したのは、龍文に関する着用制限が存在したことを窺わせる。

こうした着用制限は、明代ではある程度維持されていたものの、清代ではその制限が緩んだ。宮崎市定氏は、満洲族出身という特異な環境から皇族の勢力が強く、五爪龍文を用いうる範囲は、皇帝のみならず広く郡王まで及んだと指摘している（宮崎　一九六五）。したがって、帯飾の玉片はまさしく明代に由来するものであろう。

また、帯飾の三台正面中央の正方と左右の魚尾にはそれぞれ「福」「寿」の文字が左右の上辺に彫り込まれていることもあらためて確認できた。常服の腰帯には、通常こうした文字はなく、明朝による琉球王冊封の機会に賜与されたものではない可能性が窺える。

以上のことから新たな知見として、尚家の石御帯に用いられた玉の帯飾は明代に製作され、その当時に琉球にもたらされたものであること。また、中国国内あるいは琉球にもたらされてから琉球国王が着用するにあたり、五爪のうち一つの爪をそれぞれ剔り取ったこと。さらに、玉ほんらいの美しさをわざわざ隠して玉に金箔を貼ったのは、無残に剔り取られた痕跡を目立たなくするためであったと推測される。この点も、伝存する石御帯が明王朝から冊封にあたり正式に賜与されたものでなかった可能性を推測させるであろう。

日本国内で伝存が確認できる明朝冠服の腰帯は、管見の限りでは上杉景勝の犀角帯と琉球国王尚家の石御帯の二件のみである。両者の共通点と差違を比較対照した結果、以下の二点が指摘できるであろう。

第一に、どちらも「金箱」の腰帯であること。景勝の腰帯は単なる犀角帯ではなく金箱犀角帯と呼ぶべきもので、犀角に麒麟文が透かし彫りされている点も含めて、秀吉のそれと同様に格の高いものであると考えられること。

第二に、尚家の石御帯は、景勝の犀角帯と形状や構造上の類似、および銙の数と排列の一致から、明朝における常服の腰帯の原型をかなり留めていると推定されること。ただし、ここで原型を留めると述べたのは、琉球王朝のもとでかなり改変が施された国王の玉冠の金筋数や皮弁服との比較においてである。清朝になると、皮弁服や常服は頒賜されず、別に賜与された緞子を用いて琉球側で仕立てるようになるからである（池宮　一九九四）。

おわりに

以上の考察により、豊臣秀吉の日本国王冊封に際して陪臣にあたる上杉景勝にも贈られた冠服類の腰帯は、単なる犀角帯ではなく秀吉に賜与された金箱犀角帯と同様に格の高いものであったことを明らかにした。これは、林羅山の『豊臣秀吉譜』下巻、慶長元年（一五九六）九月二日の条にあるように、景勝に贈られた常服の大紅円領の補子と同様に、冊封使節の故衣（替え着）で急遽数を合わせたことによるものであろう（新宮　二〇〇〇）。つまり、冊封使節の故衣であったために、かえって秀吉の陪臣たる景勝に与えられた都督同知の官位に比べて格の高い金箱犀角帯が贈られることになったと考える。

尹志紅氏も指摘するように、明朝の官服は、通常は統一的に朝廷より配給されるものではなく、官員が各自用意するものであった（尹　二〇二一　一三二頁）。この犀角帯も、冊封使節の一官員が自ら用意したものであったと考えられる。本章コラムの北野教授の観察所見で指摘された、景勝の犀角帯には、犀角の表面に細かな擦痕のあるものがいくつも確認できるという点や帯の内側に残る紺地裂の剥がれと繕いの痕跡は、冊封使節がこの犀角帯を実際に着用していた可能性を示すものであろう。

また秀吉に頒賜された金箱犀角帯の現存が確認されていない中で、同じく金箱犀角帯が頒賜されることになっていた琉球国王尚氏のもとに伝世した石御帯は、琉球王朝により修理の手が加えられたとはいえ、明朝の常服の腰帯の原型を伝えてくれるものである。さらに、景勝に贈られた金箱犀角帯の伝世品の存在は、尚家石御帯との比較研究により琉球王朝が行った修理内容の解明についても手がかりを得ることができる貴重なものである。

コラム

上杉景勝受贈犀角帯の構造と意匠

北野博司

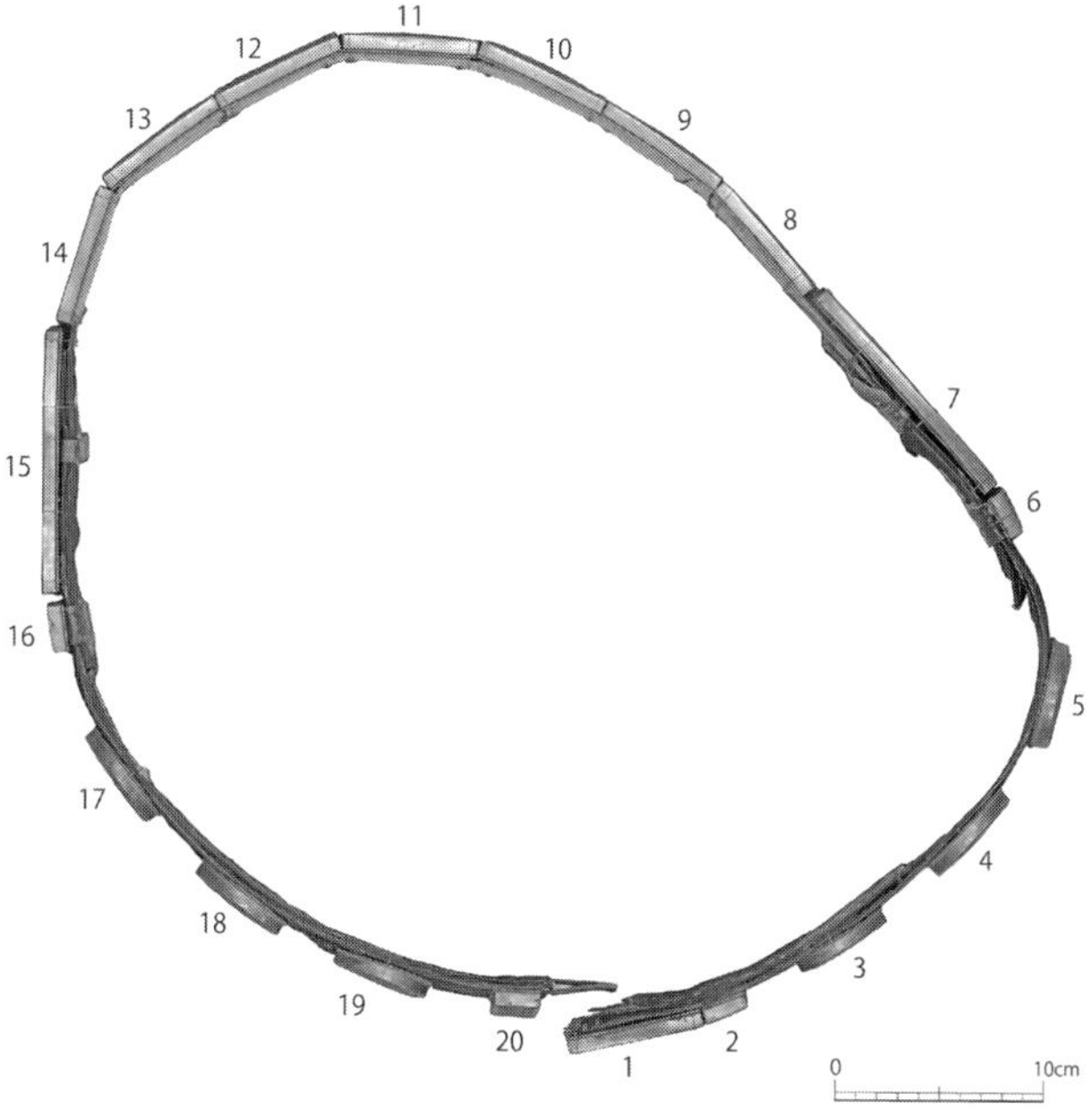

図1　犀角帯上面のオルソ画像と銙番号

はじめに

重要文化財「明冠服類（文禄五年上杉景勝受贈）」一括のうち「犀角帯」について写真撮影を行い、フォトグラメトリーによる実測図を作成する機会を得たので、観察所見について報告したい。

犀角帯は令和元（二〇一九）〜二年度に株式会社松鶴堂によって修理され、修理報告書の概要が上杉神社稽照殿で開催された特別展の図録『明国劄付上杉景勝宛一幅　明冠服類一括』（以下、展示図録）に掲載されている。

腰帯は一般に「革帯」とこれに装着された「銙」、「留金具」の三つからなる。革帯の銙が付く側を外面、衣服に接する側を内面、留金具のある方を

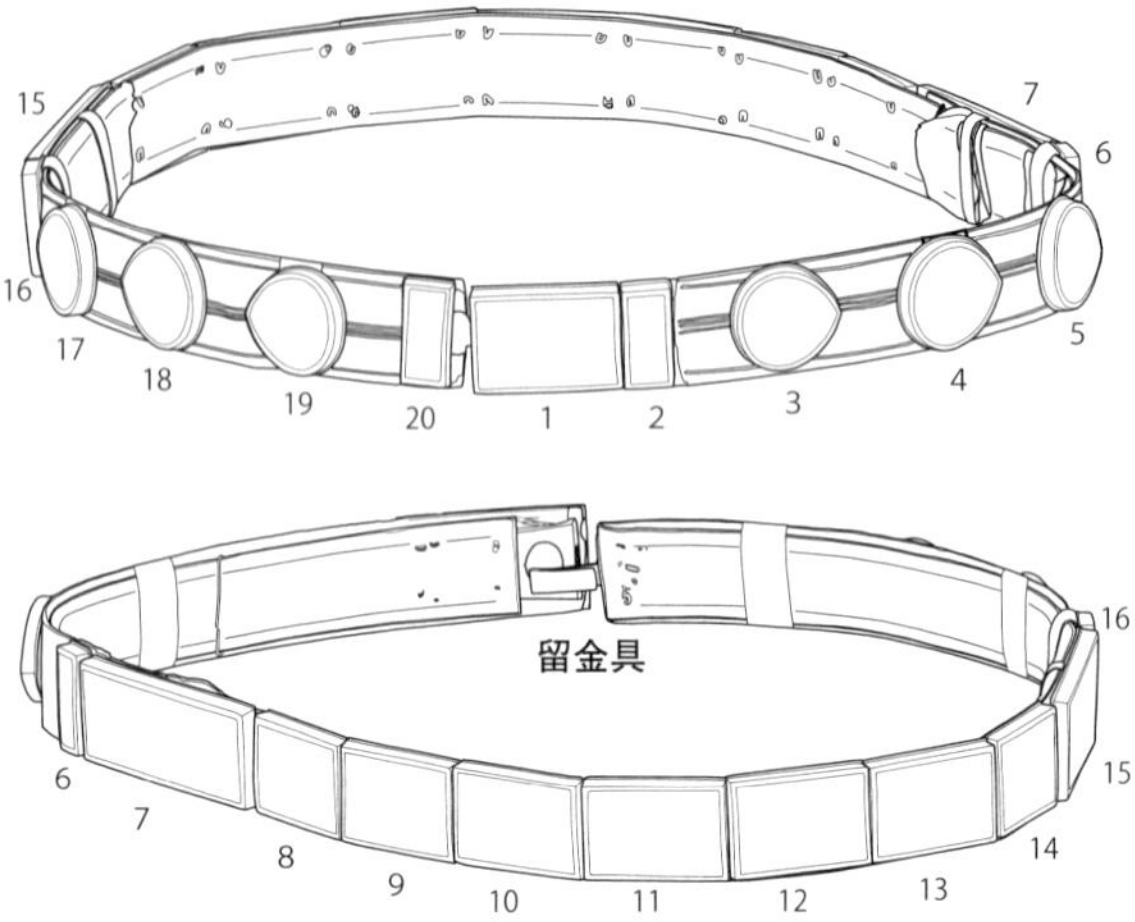

図2　犀角帯の俯瞰図

正面、反対側を背面と呼ぶ。革帯の位置は銙に付した通し番号で表記する（図1）。各部の寸法は展示図録によった。

なお、写真は修理後の収納箱に据えられた形状のまま撮影しており、設置面側は薄葉紙を敷いた関係で一部写らない箇所があった。

1　革　帯

全長一四二・五チセン、幅四・八〜四・九チセンで、帯は正面側が二重になっている。内側の帯（内帯）は皮革内部に板状の芯材が埋め込まれ厚みがある。幅は四・〇〜四・三チセンで外側の帯（外帯）に比べてやや狭い。内帯は銙1〜20まで一周する。銙16と17の間で二本の帯を針金でつないでいる。外帯は銙1〜7、銙15〜20の正面側のみにあり、銙8〜14の背面側にはない。左右二本の外帯は銙1・20の裏側は短い針金で固定するのに対し、銙6・7と銙15・16の位置ではそれぞれ二本の細帯を輪状（ループ）に巻いてルーズな留め方とする。このループ帯は銙6と16の裏は幅一・七〜一・八チセンと太く、銙7と15の裏は一・〇〜一・一チセンと細い。展示図録の図9写真をみるとループ帯は銙7の裏で端部を針金で留めている。外帯の端は革帯の左右に一個ずつ付く大型の銙7・15の位置までとし左右対称となっている。

革帯は皮革の表面を紺地緞子で包む。外帯の表面が露出する銙3〜5と銙17〜19の位置には中央に三本、上下に各一本の金線が引かれている。中央の金線は銙の下にはない（展示図録の図5）。しかし、各所で座金と重なりがあり、銙の装着前に施されていたことがわかる。銙1・3・5の透かし穴から紺地裂の表面に引かれた縦の朱線が見える。銙20では下部に横の朱線が見える。銙の装着にかかる目印の可能性があるが詳細は不明である。

内帯の紺地裂は銙7と15の位置までで背面側には存在しない。端口はともに破れたような状態で、背面側の皮革表面には糊付けの跡がある。銙8〜14の裏に各四個の銙留めの針金が露出しているのは不自然で、本来はここにも紺地裂があったはずである。剥がれた裂は銙6・7裏の二本のループ帯に折って畳み込んである。この繕いが上杉家受贈以前か、以後かは、冊封使節の故衣かどうかにかかわる問題であり興味深い。なお、銙3・4の間と銙7の裏側には内帯にのみ巻き付いた針金があるが、用途は不明である。

2　銙

長方形で透かし彫りのある犀角板とその座金からなる。いわゆる「金箱犀角」と呼ばれるものである。銙は形とサイズから長方形大・中・小、突起のある円形の四種に分けられる。長方形大（縦四・六センチ×横一二・二センチ）は二点あり、腰帯を装着した際の側面（銙7・15）にくる。長方形中（縦四・六センチ×横六・五センチ）は八点で、一つが正面中央に、残り七点は背面に連続して並ぶ。長方形小（縦四・六センチ×横二・二センチ）は四点で、銙1を挟む正面に二点（銙2・20）、長方形大に隣接する銙6・16に二点が取り付けられている。突起のある円形（縦四・四センチ〜四・六センチ、横四・七〜四・九センチ）は六点あり、正面の左右に三点ずつ並ぶ。突起の向きは銙3〜5が右側に、17〜19が左側となっている。四種の銙の厚さはいずれも〇・八センチである。

「新宮　二〇二三」によれば、明清代の銙の名称は長方形大が「魚尾」あるいは「撻尾」、「插尾」、長方形中が「方片」、長方形小が「輔弼」、突出のある円形が「円桃」となっており、前に大小一三枚、後ろに方片七枚（排方）の計二〇枚からなる。正面の銙1（正方）と左右の銙2・20（小方）を「三台」と呼ぶ。魚尾は清代の記録では「袖

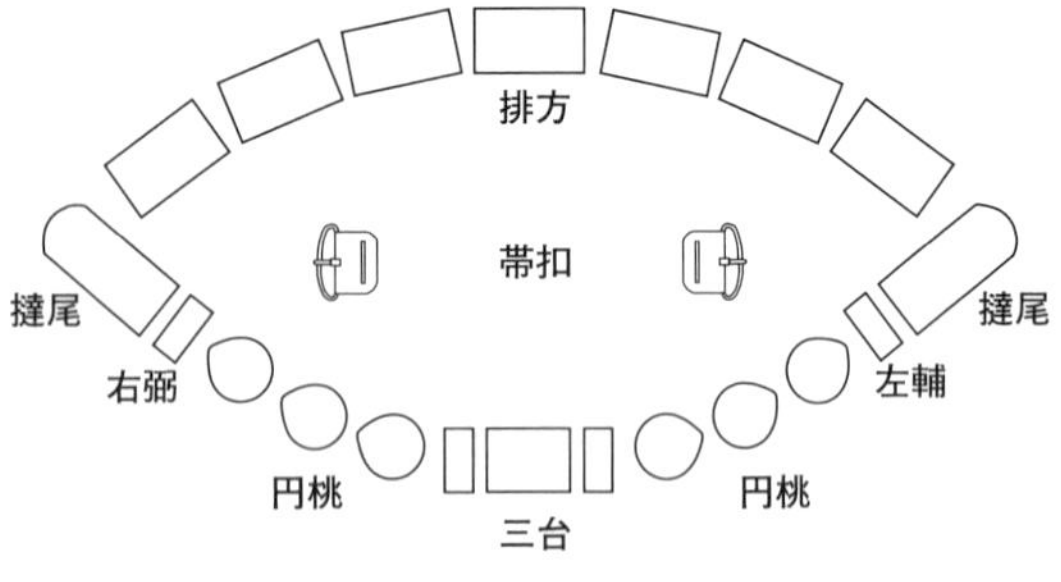

図3　『大明衣冠図志』にみる帯鎊の配列と名称

の後ろに見る」とあり、『大明衣冠図志』の配列図（図3）では七枚の排方と連続せず外に跳ねるような表現となっている。琉球尚家に伝来した「石御帯」（那覇市市民文化部歴史資料室　二〇〇三）では魚尾は正面側の革帯の左右両端に取り付けられ、背面側の革帯とこの位置で重ねてループ帯で連結している。同図もこのような構造を表現しているとみられる。

本犀角帯の魚尾（長方形大）は正面側外帯の両端に付く点は共通するが、排方の取り付く内帯とループ帯で固定されており、現状では外に跳ねるような構造になっていない。修理時に魚尾が革帯から外れないように糸で各四ヵ所固定しているため、鎊が連続的に一周しているように見える。また、本例では背面側の内帯が正面三台まで一周しており、正面から側面にのみある外帯と重なる範囲が大きいのも特徴と言える。

しかし、修理時に鎊を固定した糸がなければ、両魚尾は外に跳ねるような形となり、これが本来の姿だったとみられる（内外二本の帯を重ねて一本の腰帯とする構造は、一部の鎊を外す必要はあるものの腰帯の長さを調整するには合理的な構造と思われる）。取り外された魚尾7の裏面で座金の先端が二センチほど袋状になっていること（展示図録の図8）や、後述する魚尾の座金縁の装飾が輔弼側になく排方側のみに付いているのはその証左となろう。

なお、本犀角帯に装着されていた鎊は修理の際に一部付け替えが行われている。展示図録によれば、魚尾二点と円桃三点は革帯から外れており（テグスで固定）、「正方形（本コラムでいう長方形）大二個は入れ替えた」とある。留め釘（針金）の痕跡等から本来の位置に付け直されたのであろう。

犀角板の意匠　四種の銙から各一点を任意に選択し、オルソ画像をトレースして実測図を作成した（図4）。図化したのは銙1（正方）、銙2（輔弼）、銙3（円桃）、銙15（魚尾）の四点である。

銙1（正方）は麒麟の頭部を左に向ける。一部に文様の簡略化がみられるが、主要なモチーフ、構図は魚尾に準ずる。方片八点は文様構成や透かし数（七四個）が共通し、同じ「型（型紙）」から彫り出されたとみられる。

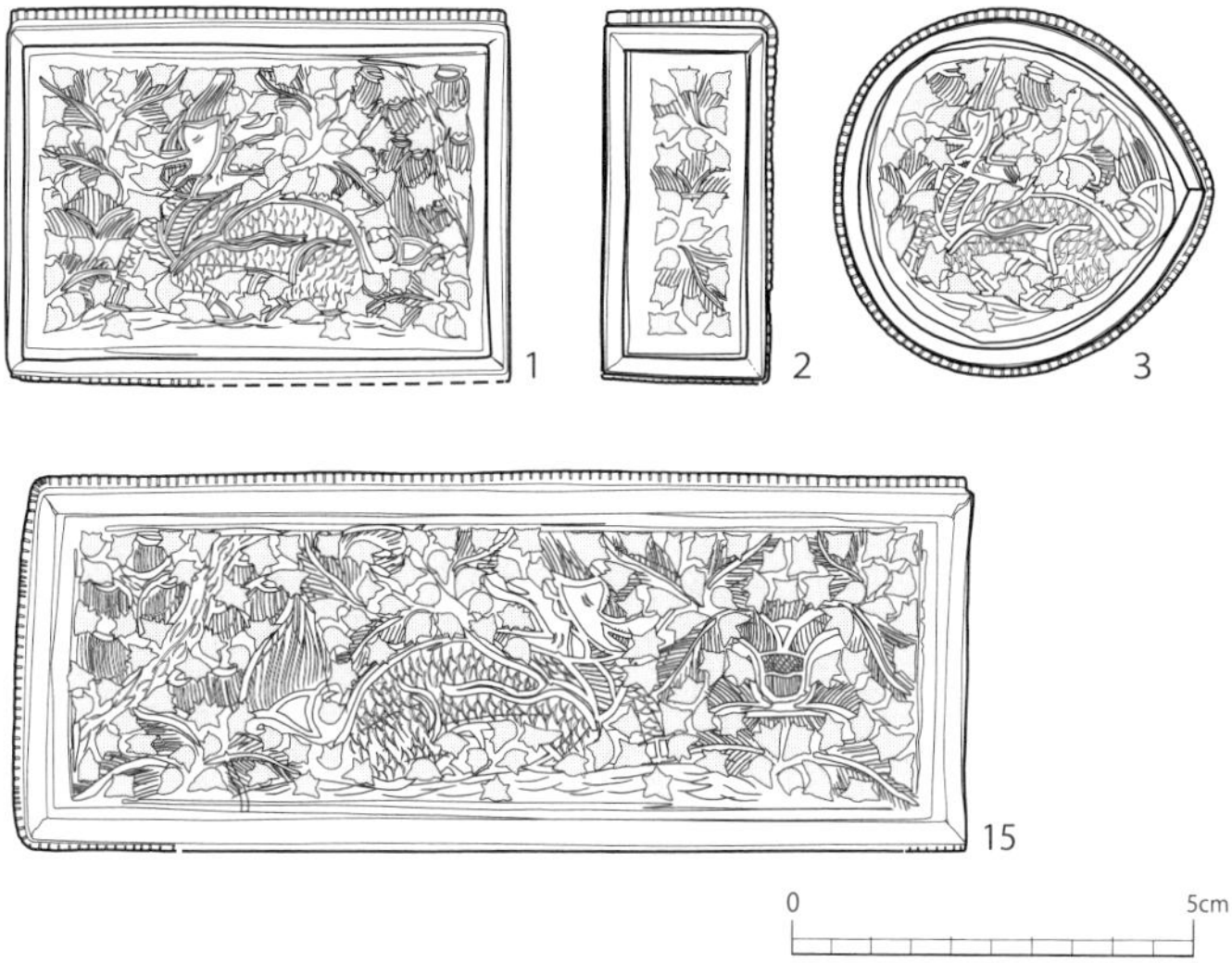

図4　犀角帯に用いられた4種の銙

銙2（輔弼）は植物文様のみからなる。四点は透かしの形状に微妙な違いがあるものの、文様構成や透かし数（一九個）は共通しており、同じ型により彫られたものとみられる。

銙3（円桃）の犀角板は座金の形にあわせて成形している。麒麟は頭部を円形側、尾部を突出側に向ける。麒麟の意匠は彫刻面が円形で魚尾・方片より狭いためやや詰まった印象を受けるが、基本的には同じである。銙17〜19の文様は銙3〜5を反転したもので、意匠や透かし穴の数（三二個）も共通する。

銙15（魚尾）は中央に頭部を右に向ける麒麟を配し、周囲を植物文様で飾る。麒麟の頭部や尾部にある細線の束は獅子のたてがみや牛の尻尾を表現したものとみられる。胴体と前肢・後肢には龍の鱗を表現し、足先には馬の蹄が見

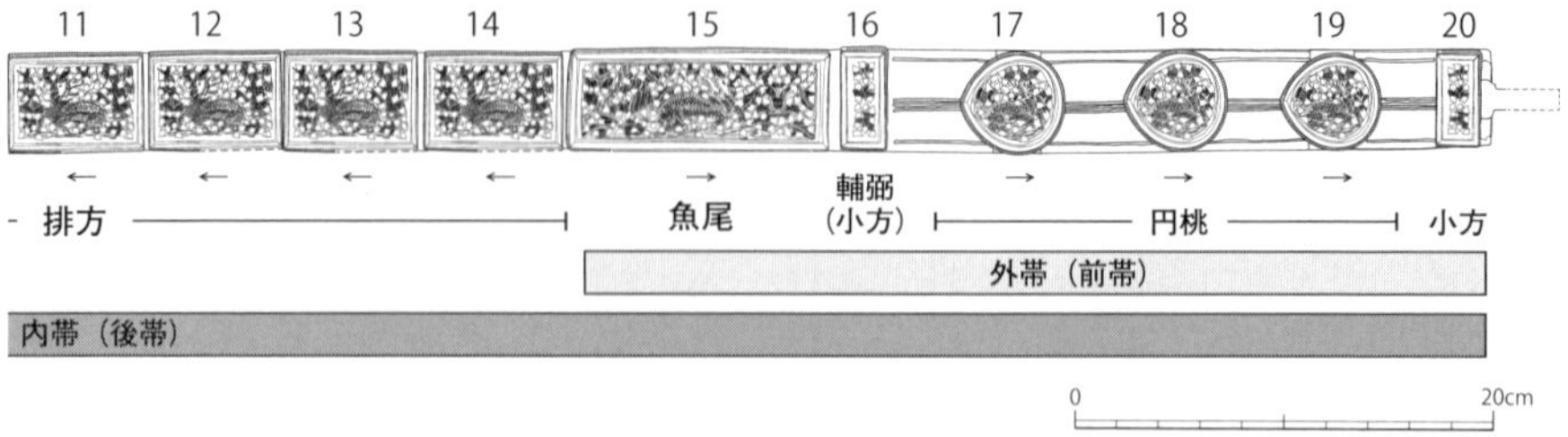

て取れる。植物文様は宝相華紋がモチーフとみられる。透かしは一二八個あり、主文様が浮き立つように全体にバランスよく配置されている。円形に鋸歯状の突出が複数あり宝相華紋の葉や花をイメージさせる。銙7（魚尾）は麒麟の頭部を左に向け、図像全体を反転させている。

四種の犀角板はそれぞれ共通の型により彫刻され、透かしの配置もそれを踏襲するが、細部の意匠までは縛られていなかったようである。

犀角板の加工　犀角板の表面はよく研磨され、茶褐色半透明の質感がある。周縁の座金に嵌め込まれる部分は薄く削り込んでいる。犀角の表面に彫刻された文様はいくつかに分類できる。

麒麟など主文様の輪郭となる「太線」は、中心が鋭く線状に彫られ、その両側に幅広の浅い線を伴う。魚尾や方片の文様の外周にも幅広の浅い線がみられることがある。ついで植物文様や麒麟各部の空間を埋める白い「細線」がある。弧状となる鱗は外側に浅い三日月状の線を伴う。線刻以外では植物文様の中に「円形の削り込み」が不規則に点在する。表面が荒れており白っぽく見える。これと重なるように多数の「透かし」が存在する。この四種の文様はその重なりから、この順に施文・切削されたことがわかる。なお、透かしの鋸歯状部には削り残しが多数あり、仕上げはやや雑な印象を受ける。

四種の痕跡はそれぞれ異なる刃先により生じたものとみられるが、具体的な道具の復元にまでは至らない。平刃、丸刃、剣先、鶴首など細工に合わせて多様な刃先を使い分ける象牙加工の彫刻刀「左刃」が参考になる（牙彫作家・小針樹生「左刃／伝統工芸 細工

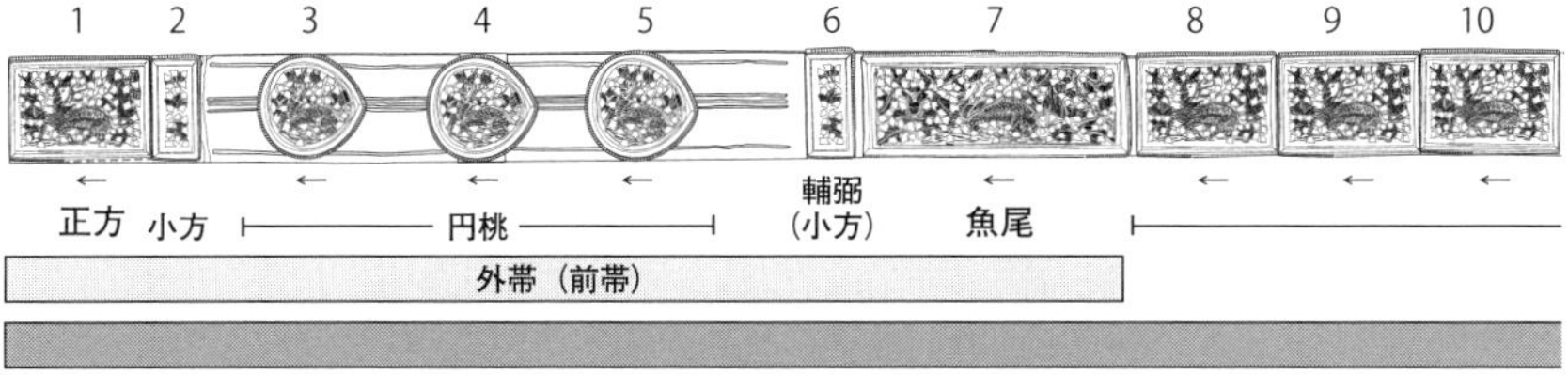

図5　犀角帯外面の展開模式図

道具」https://www.youtube.com/watch?v=GIXBAdcEHvw）。

犀角板の表面には製作後に付いた擦痕が確認できる場合がある。彫刻面が広く露出する魚尾15などに顕著である。この「使用痕」が生じた時期が景勝受贈以前か、以後（近現代の伝世期間も含む）かは特定できない。

座　金　琉球王家に伝わる「石御帯」の座金は蛍光エックス線分析により真鍮製とされており（那覇市市民文化部歴史資料室　二〇〇三）、本例も同様であろう。長方形の座金の四隅には斜めに入る小さな切目がみえる。切込みの深いものが両端の接合部で、他は折り目であろう。円桃は突出部に一箇所の切目があり、接合部とみられる。犀角板と接する周縁には幅約二・五ミリの平坦面を作り出し、内傾させることによって犀角板が外れないようにしている。展示図録の図8・11では、座金の裏側に魚尾（銙7）、円桃（銙19）とも犀角板を留める小さな「ツメ」が存在する。前者は長辺に二ヵ所、後者は三ヵ所確認できる。また、銙1の裏面では短辺に二つの「ツメ」が確認できるので、方片にも同様の裏留めがあるものと思われる。

座金の周囲には断面円形で細かい刻み目のある縁飾りがある。長方形の銙帯では上辺、下辺には必ずあるが、左右はいずれか一辺を欠くもの、両辺を欠くものがある。左右両辺を欠くものは銙1、8〜14の方片、片方を欠くものは魚尾二点と輔弼四点である。縁飾りがない辺は隣に別の銙が接する場所であり、逆に隣に銙がなく革帯上に銙端が露出する所では装飾が付いている。縁飾りがないのは魚尾7の左辺（輔弼6の右辺と接する）、魚尾15の右辺（輔弼16の左辺と接する）、輔弼2の左辺、輔弼6の右辺、輔弼16の左辺、輔弼20の右辺である。この縁飾りは隅部で弧を描いており、装飾性を高めている。

3　留金具

三台の裏側に留金具が存在する。座金と同じ金属製（真鍮か）で、銙1の裏側に丸窓のある箱状の金具と銙20の裏側に細板を折り曲げた引っ掛け金具（フック）からなる。フックの出は三・二センチを測る。ともに外帯に装着される。箱状の金具は側面に長方形の穴が開いており、フックをここから挿入して留め外ししたものとみられる。フックは銙と外帯の間にのびており、修理前には付け根に緑青が付着していた（展示図録の図3）。革帯への固定方法は不明である。

おわりに

本コラムでは犀角帯の写真撮影と図化作業を通して得られた知見について述べてきた。成果の一つはその構造を明らかにし、外面展開模式図（図5）として示したことである。革帯は正面にあたる三台から左右にのびる二本の外帯と、背面から三台の裏側まで一周する内帯からなっていた。本コラムでは重なりを考慮して外帯、内帯と呼称したが、本来の構造からすると前帯（銙1〜7、15〜20）と後帯（銙8〜14）と呼称すべきかと思う（図5）。保存上、魚尾7と15は二本の帯に糸で固定されているが、元は外帯にのみ固定され、内帯からは浮いた状態だったと考えた。犀角板の意匠について、モチーフはすべて共通のものであり、種類ごとに同じ型（一部反転）を用いて彫り出された量産品と解釈した。

上杉神社に伝来した景勝受贈の犀角帯は明代の腰帯の姿を留める貴重なものである（新宮　二〇二三）。本資料の構造や意匠、製作技術の特徴を知るためには国内で類例を辿ることが難しいため、今後、中国での出土品や史料を含めた総合的な検討が必要となろう。

謝辞：本コラム執筆あたり、上杉神社宮司大乗寺真二氏、新宮学氏、角屋由美子氏、佐藤公保氏からご指導、ご教示を賜りました。記して感謝申し上げます。

第五章　胸背から補子へ

——身分標識としての意匠の出現——

渡辺健哉

はじめに

本書の口絵6は、上杉景勝が拝領した明朝の常服である。この常服の正面と背面には動物が描かれている。口絵6④を仔細に観察すると、多くの色糸を使って織り上げられた方形の裂《きれ》の一部が破損しており、その下に常服の生地が確認できる。すなわち、この方形の意匠＝デザインは、生地にもともと織り込まれていたものではなく、また服の完成後に刺繡されたものでもない。ゼッケンのような方形の裂が常服に縫い付けられているのである。なお、ここに描かれる動物が何を指すかについては議論があり、この点は本書第三章に詳しい。

こうしたゼッケン状の裂は、「補子」「補」と呼ばれ、明清時代を通じて身分標識——いわゆる、ランクバッジ——として利用された。明代では服の色（緋色・青色・緑色の三色）と、補子の種類（文官＝鳥類、武官＝獣類の図案）との組み合わせにより身分が識別されたのである。明代の補子や補服に関しては、本書序章の「3　景勝の常服補子をめぐる研究の展開」を参照されたい。

社会には職能に応じた身分がある。そうした身分を視覚的に表徴する装飾品として、身近な例でいえば、警察や軍隊組織で使用される徽章を挙げることができる。このような装飾品によって身分を視覚化する目的は、階級にもとづく社会の秩序維持にほかならない。たとえば、自分の正面から歩いてくる人の身分の上下が一瞬で認識できれば、その後の所作や行動がおのずから規定されるであろう。つまり、身分の視覚化とはプリミティブな意味での「礼」の規範の可視化であり、本章で扱う補子は、清代以前の伝統的中華世界における、そうした可視化の最終形態ともいえよう。

これまでの研究で明らかにされてきたように、身分標識としての補子が出現するのは明代である。本章では、補子のような方形の裂を縫い付けるデザインの起源を尋ね、それがモンゴル時代に始まるのではないかという視点から、これまでの議論を整理してみたい。なお本章では、説明の都合上、胸と背中の文様を広く胸背とし、胸部と背中につけた階級を示す方形の裂を補子とする。

1　先行研究の整理

モンゴル時代の服飾に関する研究

本論に入る前に、近年のモンゴル時代の服飾に関する研究と、胸背に関する研究を整理しておきたい。

近年になって、モンゴル時代の服飾（服と装飾品）に関する研究が急速に進展してきた。まずは、カラー写真を数多く使用した大部な通史がある（小笠原ほか　二〇一五、韓　二〇一六、黄ほか　二〇一九など）。元代については、元代の服飾を研究するにあたって基本史料となる『元史』巻七八〜八〇、輿服志《よふくし》を豊富な図版とともに解説した研究（曹　二〇一七）、文様や刺繍に関する研究（劉　二〇一八）、東アジア、モンゴル高原、西アジアの画像資料を利用したモンゴル帝国全体の衣装に関する研究（Shea 二〇二〇）、元代の染色について論じた研究（芽 二〇二一）、元代の服飾が明代に及ぼした影響について論じた研究（羅 二〇二三）などがある。日本では、宮紀子氏がさまざまな言語の史料と図像をもとにして、モンゴル時代のファッション・織物・衣装について触れ、その一部が明代に継承されたことを指摘している（宮 二〇二一—二三）。

胸背に関する研究

胸背についての専論としては、染色の歴史に関する研究の第一人者である趙豊氏の研究がある（趙 二〇〇五）。この論文では、史料上で「胸背」という用語が元代で初めて確認できることを指摘したうえで、出土資料や絵画資料の分析を通じて以下の結論を得る。①元代の胸背は錦のような織物に施された文様が主流であり、②官服のみならず、様々な衣装に胸背が出現し、③その図案は雲龍、花卉、動物など多様であることなどを指摘した。さらに、『金史』輿服志の記述にもとづいてその起源を金代に求め、この意匠がモンゴル帝国で流行し、のちに西アジアにも広がっていたとする。先駆的な研究であり、この文章をきっかけとして「胸背」の研究が始まったといってもよい。本章で紹介する漢文史料の多くも、この論文ですでに取り上げられていることをあらかじめお断りしておく。この後、カドイ氏は、補子の起源をウイグルに求め、後述する『王書』に描かれる胸部の方形の文様は、フレグ＝ウルスで方形のバッジ（Badge）を描く慣習を画家たちが意識していたか、『王書』が制作された地域で方形のバッジが流行していたことを示すと述べる（Kadoi 二〇〇九、二〇二一—二〇三頁）。

近年のモンゴル帝国期の服飾研究に関する集大成ともいえるシエア氏の著書でも胸背について触れる箇所があり（Shea 二〇二〇、五一—五三頁、一〇二一—一〇六頁）、モンゴル時代の胸背を明清時代の補子の前身と位置づけ、胸部と背部に方形または円で囲まれた意匠が配置され、動物と植物のモチーフが描かれた。この意匠は階級を示すものではなく、素材によって社会的地位が示されたと指摘する。本章は基本的にこの視角に従いつつ、これまでの画像資料を再検討することで、さらに議論を掘り下げてみたい。

以上、これまでの論点を整理すれば、「胸背」という用語は金代から確認できるが、胸部と背中に方形の意匠を配置する慣習はモンゴル時代に始まり、この時代の方形の意匠はランクを示すものではなかったとまとめることができる。

2　漢文史料の整理

服飾に関する規定

以下では、「胸背」に関する文献史料を整理していくが、はじめに議論の前提として、元代における官僚の服飾に関する規定を整理しておく。

至元六年（一二六九）十月、元朝政府は朝廷儀礼における服色を決定した（『元史』巻六、至元六年十月己卯の条）。規定の整理は翌年から始まり、至元七年閏十一月に、織物に日・月・龍・虎の文様を入れること、および龍犀で馬鞍を飾り立てることが禁じられ（同巻七、閏十一月戊辰の条）、十二月に僧侶の服色も定められた（同十二月辛酉の条）。こうした動きを経て、至元八年十一月に以下のような上奏があった。

劉秉忠及び王磐・徒単公履ら言う「元正・朝会・聖節・詔赦及び百官の宣敕、公服を具し迎拜行礼す」と。之に従う。

元朝初期の政権内で様々な制度を策定した劉秉忠《りゅうへいちゅう》を中心として、儀礼の場や詔勅の受け取りに際して、「公服」の着用が定められた。つまり、この時点までにその「公服」の規定も定められていたとみられる。これら一連の動きは、舩田善之氏が指摘するように（舩田　二〇〇五、三九—四〇頁）、金朝の制度を下敷きにした儀礼制度の検討から、完成への階梯と理解される。

こうした制度改変の背景には、次のような事情があった。以下に引用するのは、至元五年から至元八年にかけて監察御史として御史台《ぎょしだい》で任に当たっていた王惲《おううん》の手になる文章である。時期の特定は難しいが、この服飾の規定が定められた時期の前後の社会状況を伝えているとみてよい。『秋澗先生大全文集』巻八五、「請禁制異様服色事状」には以下のようにある。

切かに惟うに、衣服の制、本は貴賤を別ち尊卑を定むるを以て、故に歴代相沿り各の定制有り。今民間侈靡相高きを以て、工商皂隷と雖も、皆金繡の龍鳳の衣物を衣被するを得て、以て貴賤混淆するを致し、以て差別無し。今国家倹徳を以て下を化す。服服として衷《あ》わざれば、返りて妖災を為す。今後合に一切の金繡の異様の衣物の服用を得しむるを除くの外を将《もっ》て、自余は即ち鞍轡等の事と一体に厳しく禁制を行うべきならずや。亦た上下を弁じ民志を定むるの一端なり。

表1　至元二十四年の服色の規定（『元史』巻七八、輿服志一、百官公服にもとづく）

品級	色	文様	寸法
一品官	紫羅服	大独斜（科？）花	直径五寸
二品官	紫羅服	小独斜（科？）花	直径三寸
三品官	紫羅服	散答花	直径二寸　枝葉なし
四品・五品官	紫羅服	小雑花	直径一寸五分
六品・七品官	緋羅服	小雑花	直径一寸
八品・九品官	緑羅服	文様なし	

まず、衣服が秩序維持の重要なツールであったことを述べたうえで、そうした秩序が混乱していることを王惲は懸念している。そのためにも、特別なものを除いて、民間での華美な文様の利用を禁止している。服飾に関する規定の制定には、社会秩序の維持という側面があったことを鋭く指摘している。

服色の詳細な規定について、その後もしばしば改変を経るものの、ここでは至元二十四年の規定を整理して掲げておく（表1）。

右に明らかなように、品級にもとづいて色と文様が定められている。羅（＝うすぎぬ）で作る公服は紫・緋・緑の三色、文様は大きさと有・無を含めて六種類に及ぶ。これは金代の制度をほぼ踏襲しており（『金史』巻四三、輿服志上）、身分の指標が色と文様で弁別されるのは、金代以来の制度にもとづくということになる。

史料に見える「胸背」

服に文様が入るといった場合、それはどのように製作されたのであろうか。まずは、仕立てた服に金糸で刺繍を入れるということが考えられる。しかし、以下の複数の史料から判断すると、そうとは考えにくい。以下では、史料上に出現する「胸背」について同時代の史料から確認していく。

まず、『旧本老乞大《きゅうほんろうきつだい》』巻下を引用する。『老乞大』は高麗王朝から朝鮮王朝で利用された漢語の教科書であり、高麗の商人が漢人を伴って元朝の都である大都（現在の北京）へ商売に出かけていくという設定で、二人の旅先での会話を記録した体裁になっている。会話の教科書として作られたが、商取引の様子が窺えることから商業指南書でもあり、大都と朝鮮半島の旅程を記した旅行記としても読むことができる。この文章は書き下し文では理解が難しいため、現代日本語訳を掲げる（金文京ほか　二〇〇二、二三九―二四一頁）。

主：これらの反物は、もうみんなご覧になりました。それでいったいどれをお買いになるつもりで？

漢：ほかのものは要らぬのだ。暗い青色の金の胸背に模様のある布と、この和織、和素をくれ。ありていに言うが、おれが自分で着るんじゃない、よその土地に持って行き、売ってもうけるつもりさ。だから掛け値なしの値段を言ってくれ。

主：この金の胸背の模様のある布は三定、和織は九十両、和素は五十両です。

漢：おまえはそんなでたらめをふっかけるんじゃない。それじゃ商売あがったりだぞ。おれは素人じゃない、反物の相場はみんな知っている。この金の胸背に模様のある布は、品質の落ちる金で、江南から来たものはだ。それを三定も寄こせというのならば、この本物の金糸の布はいくらで売るんだ？

主：あれこれ言うことはありません。相場をご存知なら、いくらお出しになるつもりで？

漢：この金の胸背の布は二定、和織は七十両、和素は四十両。これで真っ当な値段だ。それでいいなら買うし、いやならよそへ聞きに行く。

「金胸背」＝「金の胸背に模様のある布」とあることから理解すれば、衣装に仕立てた際に、胸部と背部に金糸で描かれた文様が配置される絹織物が大都で販売されていたと理解できよう。

次に、宮崎市定氏が紹介したことで知られる（宮崎　一九六五）、龍の文様の使用禁止に関する規定を紹介する。以下は、『大元聖政国朝典章《だいげんせいせいこくちょうてんしょう》』（以下、『元典章《げんてんしょう》』）巻五八、工部一、造作一、段疋、「禁織龍鳳段疋（①）」および「禁織大龍段子（②）」である。『元典章』は、元代における詔令、条格などの法令や、主に江南における裁判の判例を集め、官吏のマニュアルとして民間の書肆《しょし》で編纂・出版されたものである。元代社会の実像を映し出す重要な史料としてこれまでも数多くの研究で利用されてきた。この史料も独特の文体で書かれているため、以下では現代日本語の翻訳を掲げる。

①至元七年、尚書刑部が承奉した尚書省の劄付に「議論を経て、各地方の官営工場で製造される段疋を除き、都市内の諸色人等が日・月・龍・鳳の段疋を織ってはならない。もしもすでに段疋を製造・販売したものがあれば、各地の地方官庁でチェックをさせたうえで、販売を許可する。もしも違犯するものがいれば、当該の官庁で調べたうえで適宜処置せよ」とあった。

②大徳元年（一二九七）三月十一日、不花帖木児が「街中で販売している織物には陛下が着用する大龍のようでありつつも、爪を一つ欠いた四つ爪の龍を織りこんで売っている人がいます」と上奏した。このように上奏し

たところ、暗都剌右丞と道興尚書が欽んで奉じた聖旨によれば「胸背に龍の文様のある織物を織るのは、さしつかえなければ、許可する。我らが着る服のように身を纏う龍の文様を織ることは、完澤に告げて、各地に文書を遍く送付して禁止し、織らせるな」と。

禁令が通達されていることから、都市内で日・月・龍・鳳の文様の入った織物を販売している人がいた事実を伝える。まず①については、前述した『元史』の規定通りに、日・月・龍・鳳の文様入りの織物の民間での製造を禁じている。②は、序章でも「胸背」の用例として紹介されている。胸部と背部に龍の文様を織り込むのは不問にするものの、身体全体を龍が巻き付くかのような文様がついている織物の使用は禁止するという命令である。

身に巻き付くような龍の意匠は禁じるものの、「胸背」に龍紋を入れるのは許可されている。また、「日・月・龍・鳳」は上掲の服飾の規定には見られないため、ここではあくまでも意匠の一つとして使用されたとみられる。こうした意匠はこれまでの諸王朝でも見られ、たとえば、クリーブランド美術館所蔵の遼代の長袍《ちょうほう》には、中央に円形の鳳凰の文様が施されたものがある（Shea 二〇二〇、plate 16)。

江南で製造された織物

こうした「胸背」が施された織物のうち江南で製造されたものについては、元代の地方志に確認できる。左に掲出したのは、仁宗《じんそう》期（一三一一―一三二〇）に編纂された『延祐四明志《えんゆうしめいし》』巻一二、賦役考、織染周歳額辨を整理したものである（表2)。

「段＝端（約一〇メートル）」は織物の単位を指す。まず絹織物は「紵絲《ちょし》」と「絲紬《ししゅう》」の二種類に分かれる。「紵絲」は糸を染めた絹糸の織物で、地色と同系統の色糸で模様を入れるのが「暗花」、無地が「素」である。これに対して「絲紬」に、「胸背」と「斜紋」の二種類のデザインがあったことからすれば、前者は胸背部分に意匠が配置された織物、

表2　『延祐四明志』巻12，賦役考，織染周歳額辨（単位は段）

	文様／色	枯竹褐	捍草褐	駞褐	藍青	棗紅	鴉青	明緑	橡子竹褐	計
紵絲	暗花　862	484	189	252	128	224	224	225	／	1726
	素　864									
絲紬	胸背　313	117	160	615	／	／	396	118	159	1565
	斜紋　1252									

表3　『至順鎮江志』巻6，造作辨（単位は段）

		／色	枯竹褐	捍草褐	駞褐	鴉青	明緑	橡子竹褐	計
絲紬	胸背花	織染局	159	15	30	66	31	30	331
	斜　紋	織染局	636	63	120	664	123	120	1726
		生帛局	477	351	185	422	211	185	1831
		丹徒県	125	100	65	80	75	65	510

後者は組織点が斜めに連続するように配置された織物と考えられる。それも文様は金糸で織り込まれたのであろう。「枯竹褐《こちくかつ》」「捍草褐《かんそうかつ》」「駞褐《だかつ》」「藍青《らんせい》」「棗紅《そうこう》」「鴉青《がせい》」「明緑《めいりょく》」は布の色を指し、褐色が主流であったことがわかる。

また、文宗《ぶんそう》期（一三二九―一三三二）に編纂された『至順鎮江志《しじゅんちんこうし》』巻六、造作辨にも記録があるが（表3）、内容は若干異なる。『至順鎮江志』には、「胸背花」「斜紋」とあり、また製造場所がそれぞれ記されている。「胸背花」は織染局《しょくせんきょく》でしか製造されなかったのに対し、「斜紋」は織染局・生帛局・丹徒県で作られたというから、「胸背花」が官営工場でのみ製造された特別なものであったことを示唆しており、特殊な技術を要したということなのであろう。

なお、モンゴル帝国期の金糸の製造は、おおよそ以下のように説明されている。金糸には紙を芯として金箔を貼ったのちに糸状に裁断したもの、動物の皮や腸膜を芯としたもの、糸を芯として金箔を巻き付けたもの、揃えた絹糸に金箔や銀泥を貼付したもの等があったとされる（白石　二〇二二、二〇八頁）。こうした金糸で模様を刺繍した反物が、いわゆる「ナシジ（「納石矢」「納矢矢」）」である。

3　絵画資料・出土資料よりわかること

遼代の意匠

それでは、「胸背」はどのようなものであったのか。以下、画像資料にもとづきつつ確認していく。

これまで述べてきたような、胸部と背部に図案を配置する意匠はすでに遼金時代に確認できる。二〇〇三年、内モンゴル自治区通遼《つうりょう》市《し》ホルチン左翼後旗トルキ山の遼代墳墓から彩色木棺が発見された。この木棺は棺と棺台で構成されており、全面にレリーフや彩色による装飾が施されている。棺の前面に扉があり、あたかも入口を護衛しているかのように、剣を手にした門衛が扉の両側に描かれている。この門衛は長袍を着ており、両肩、両肘、腰の両側、両膝にそれぞれ一つ、そして胸部と太腿の正面に一つ、金色の団花が描かれている（九州国立博物館　二〇一一、五八―六〇頁）。また、一九九〇年、内モンゴル赤峰《せきほう》市《し》巴林《ばりん》左旗《さき》の遼《りょう》上京《じょうけい》遺跡の南約二〇キロの山中から発見された遼代の墓室の内部に描かれた壁画には、食べ物を入れた大盤を持ち運ぶ人物の背中に団花が描かれている（唐　二〇〇五、一六八頁）。前者が貴人の墓であることからすれば、描かれている門衛は一定程度の身分を有する人間であったのに対して、大盤を運ぶ後者は明らかに身分の低い人間となるであろう。そのため、こうした文様は階級を示すものではなく、意匠として描かれたと考えられる。

金代の意匠

金代のものとしては、大阪市立美術館に収蔵されている、金代の画家である宮《きゅう》素然《そぜん》によって描かれた「明妃《めいき》出塞《しゅっさい》図《ず》」を挙げておく（八田　二〇二四）。広く知られた「王昭君悲話《おうしょうくんひわ》」をモチーフとした絵物語であるが、左から二人

図1　劉貫道「元世祖出猟図軸」の部分（台湾国立故宮博物院所蔵）

目に背を向けた騎乗の人物が描かれている。この人物の髪型が女真族特有の髠髪《こんぱつ》（頭髪を少しだけ残して、前頭部を剃り落とす髪型）であることから、モチーフ自体は漢代のエピソードにもとづくものの、人物の造形は金代の女真人をモデルに描いているとみられている。この背を向けている人物の背中には団花が描かれている。このように遼金時代のレリーフ・壁画・絵画に記される図案が、これまで述べてきたような織物として作成された胸背なのか、それとも円形の裂を後から貼り付けたのか、即断はできない。ただし、こうした意匠が画像資料から確認できることを指摘しておきたい。

モンゴル時代の意匠

次にモンゴル時代の意匠を確認してみよう。まず、前述した規定に沿っているのではないか、と考えられるのが、『歴史集成』（いわゆる『集史』）のパリ写本である（杉山　一九九七、一九九—二一八頁）。杉山正明氏は、トイ（モンゴル式の宴会）の場面を紹介し、そこでジスン服を着る人々の様子を指摘する。ここに描かれる人々の着ている服の中には、胸部や背部に金糸の文様の入ったものがある。

一方で、金糸で描かれたデザインとみられるものもある。代表的な意匠としては、台湾国立故宮博物院に収められる、劉貫道《りゅうかんどう》「元世祖《げんせいそ》出猟《しゅつりょう》図《ず》軸《じく》」に描かれる人物画が注目される（図1）。黒馬にまたがり、黒い縁取りのある白い毛皮の外套を着ているのが元の世祖クビライで、外套の下に右衽《うじん》で交領の真紅の袍に龍の図案が確認できる。前述した『元典章』の規定に従えば、皇帝のみが着ることのできる、龍が身をまとう意匠がまさにこれを指すのであろう。この絵画でもう一つ注目されるのは、右上の人物の胸背の意匠である。真紅の長袍には、金糸で動物を襲う猛禽類が描かれている。こうしたモチーフは金元時代に多く作られ、とりわけ海東青《かいとうせい》（＝ハヤブサ）が兎を急襲する「鷹兎《おうと》胸《きょう》背紋《はいもん》」が知られている。

他にも多くの事例はあるが、元代の胸背とは、金糸で文様が織り込まれた衣服に、胸部と背部にその文様が配置されたものを指すと整理することができよう。

4　モンゴル時代の画像資料などに見える方形の胸背

以上述べてきたとおり、モンゴル時代に限って言えば、階級を示す胸背とは、花卉などの図案によって識別されたものであり、それ以外はデザインであった。それでは、これがどのような過程を経てゼッケン状の方形の裂を胸部と背中に縫い付けるようになるのか。

まず、冒頭で触れたように、趙豊氏はその起源を金代に求めているが、論拠としている『金史』巻二四、輿服志からは、胸部と背部に文様があったことは認められるが、方形の裂を縫い付けたとは言いきれない。そこで、以下に紹介する事例を踏まえたうえで、そうした意匠は十四世紀以降になって出現するのではないか、という仮説を述べていきたい。

『事林広記』の挿絵より

まず取り上げるのは、『新編纂《しんぺんさん》図《と》増類《ぞうるい》群書類要《ぐんしょるいよう》事林広記《じりんこうき》』（至順刊本、椿荘書院本、以下『事林広記』）続集巻六、文藝類、双陸の挿絵である（図２）。『事林広記』は元代を代表する日用類書で、これまでに数多くの版本が確認されている。『事林広記』の元刊本のうち、現存する最古のものが、至順年間（一三三〇―三三）に刊行された西園精舎本《せいえんせいしゃぼん》（国立公文書館）と椿荘書院本《ちんそうしょいんぼん》（台湾国立故宮博物院）である。ここに紹介する当該の挿絵は後者にしか収録されていない。

図の左側の人物の背中にゼッケン状の意匠が確認できる。これがこれまで述べてきた胸背なのか、それとも明清時代の補子のように、裂を貼付したものなのか、これだけで判断することはできない。ただ、一見した印象として、裂を貼付したようには見える。加えて、右の人物は右衽《うじん》（右前）で交領の袍を着て、その胸部に方形の意匠は確認できない。本書には人物が描かれた挿絵が他に二十九点ほど確認できるが、そのうちの一点だけ、腹部に配置された方形の意匠が確認できる（図３）。そもそも交領の場合、襟《えり》が胸前で斜めに交差するため、方形の意匠を胸部に入れるのは難しく、方形の意匠を配置するとなれば、必然的に腹部に配置せざるを得ない。胸部に方形の意匠を配置するためには、交領ではなく、円領（丸襟）や方領でなければならなくなるため、次に見る胸部に方形の意匠が配置された円領ないしは方領の衣服が想定される。

図２　『新編纂図増類群書類要事林広記』続集巻６，文藝類，双陸の挿絵（『続修四庫全書本』1218冊から）

図3　新編纂図増類群書類要事林広記』続集巻11，儀礼類，拝見新礼の挿絵（『続修四庫全書本』1218冊から）

『シャー・ナーメ』の挿絵より

二つ目として挙げるのは、ペルシアの絵画資料である。こうした類例はいくつか確認することができ、最も知られているのは「大モンゴル『シャー・ナーメ』」の挿図である。『シャー・ナーメ』すなわち『王書』は、十一世紀頃に作られたペルシア語で書かれたイランの王統記を描いた長編叙事詩であり、数多くの挿図入りの写本が製作された。「大モンゴル『シャー・ナーメ』」はフレグ＝ウルスで一三三〇―四〇年頃に製作されたものとされ、この中には金糸で作られたと思しき方形の意匠が胸部に配置された交領の衣装を身にまとった人物が確認できる（図4）。この挿図を見る限りでは、生地に方形の文様が織り込まれているとは考えにくく、金糸で織ったゼッケン状の裂を後から縫い付けたように見える。

元代の祭祀遺跡から出土した彫像

三つ目は、内モンゴル自治区正藍旗《せいらんき》羊群廟《ようぐんびょう》元代祭祀遺跡から出土した漢白玉石彫像《かんはくぎょくせきちょうぞう》である。この遺跡からは四ヵ所の祭祀遺跡が発見されており、その一号・二号・三号からは、いずれも首の欠けた状態でそれぞれ三体の漢白玉石彫像が発掘されている。そのうち、一号と三号の石像は、両肩にたなびくような龍の図柄の長袍を身にまとい、

図4　"The Nobles and Mubids Advise Khusrau Parviz about Shirin", Folio from the First Small Shahnama（メトロポリタン美術館所蔵）

いずれも右手で杯を握っている。

注目すべきは、一号と三号とは異なるデザインの衣服を着用している、二号祭祀遺跡から出土した石像である。首の欠けた残存部の高さは一・三五メートル、横幅は〇・七九メートルで、右衽半袖の長袍を身にまとい、椅子に座って長方形の高脚杯を右手で握っている。両方の肩口には三角形の雲紋の図案が描かれ、その頂部には円形の花が描かれている。そして胸部と背部には方形の中に九つの花卉の図案が描かれている（図5）。この方形の意匠が縫い付けられたものなのか、もともとの織物に配置されたものなのかの判断はできないが、少なくとも、方形の意匠を胸部と背部に配置した事実が確認できよう。

この三体については、注目すべき記述が「ルブルクの旅行記」にある。

> 貴族が埋葬されるその場所の近くには常に、墓地の番をする者たちの集落がある。死者とともに財宝を隠すことは、私は聞かなかった。コマン人は故人の上に大きな土盛を作り、顔を東に向け臍の前で杯を手にした像を建てる（高田　二〇一九、一九一頁）。

ここに記されているように、発見された三体の石像のいずれも右

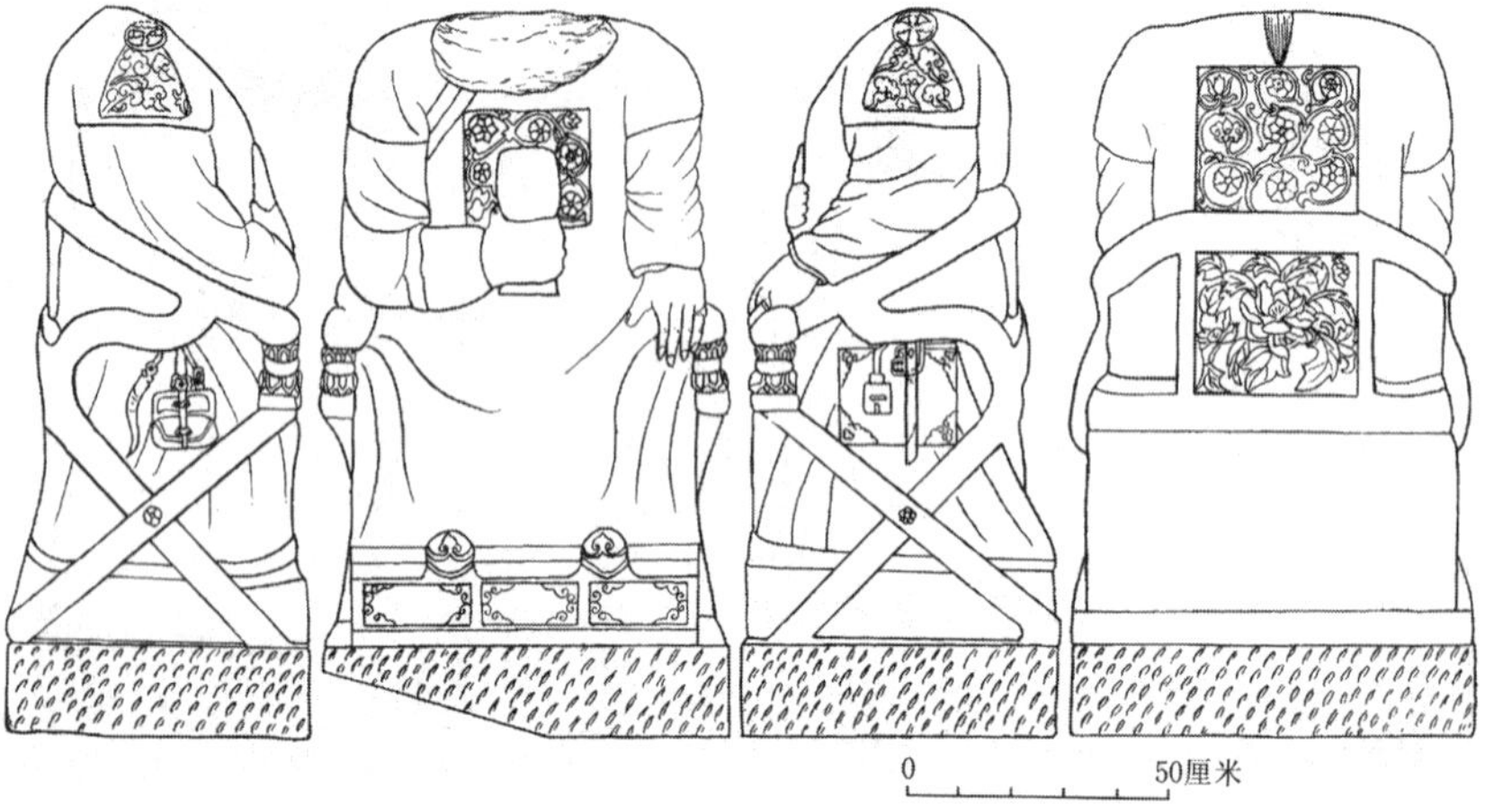

図5　正藍旗羊群廟元代祭祀遺跡出土漢白玉石彫像（魏　2008（上），697頁）

手に杯を握っている。つまり、この羊群廟が元代皇族に関わる祭祀施設であることが推測でき、魏堅氏はこの遺構が元代後半期の権臣エル・テムルの祖先の宗廟と本人の生祠であったとする（魏　二〇一一）。高い身分の人の祭祀施設であることから、この石像も官僚層の人間をモデルとしている可能性があるだろう。さらに魏堅氏の説に依拠すれば、この像は十四世紀になってから製作されたということになる。

『集史』の挿絵より

最後は、ラシード・アッディーンの『集史』の写本の挿絵に描かれる服装である。桝屋友子氏は、『集史』写本で一三一四―一五年の年記をもつ、ロンドンのナーセル・D・ハリーリーコレクション本MSS727の挿絵を分析し、中国人君主の「胸の真ん中で縦に二枚の布を接《は》いだ跡」があり、「この接いだ部分を覆うように、水平に数列の金雲のような刺繍が見える」とし、これが補子ではなく、文様の域を出ない表現とする（桝屋　二〇一四、一八二頁）。等級に応じた補子ということは、この時代では考えにくいので、桝屋氏の指摘は正しい。ただし、桝屋氏も述べるように、刺繍ということであれ、生地を縫い付けたものであれ、方形の意匠であったことは疑いなく、生地を剥いだような跡まで見えることからすれば、そこに裂が貼ってあった可能性がある。
カドイ氏は、中国で方形の意匠の確認例が少ないため、その起源をウイグルに求めている。だからこそ、フレグ＝ウルスで方形の裂を胸に描く慣習を画家たちが意識していたか、あるいは西アジアで方形の裂を胸に縫い付ける風習が流行していたのではないか、と推測している（Kadoi　二〇〇九、二〇三頁）。反対に趙豊氏はこのデザインは東から西に向かったと述べる。

東と西にどちらに起源があるのか、現在の筆者には両者の説の当否の判断はつかない。しかしながら、注意をしておきたいのは、ここで確認した四つの事例がいずれも十四世紀に入ってからの資料に出現することである。シエア氏も十四世紀にフレグ＝ウルスでそうした装飾が流行していたであろうと推測している（Shea　二〇二〇、一〇二頁）。明代以降の身分標識を示す補子とは明らかに異なるが、方形の裂を背部や胸部に縫い付ける、ないしは方形の意匠を背部や胸部に配置することが、少なくとも、十四世紀前半にはユーラシアで広がっていたのではなかろうか。ただし、円形・楕円形・方形の裂を胸部・背部に縫い付けること自体は難しい技術を要するとは考えにくい。より古い時代の考古資料や絵画資料などから、こうした類例が発見される可能性は高いのではないかと考えられるが、方形の意匠に関しては、ひとまず以上のように結論付けておきたい。

こうして広く受容されるようになった方形の意匠が、元明交替を経て、明朝で身分標識ともいえる補子として利用されたのではないかという仮説を最後に提示しておく。

おわりに

本章では、明清時代に身分標識として利用された補子の起源がモンゴル時代にあるという、これまでの通説を改めて確認し、その前身としての胸背の文様の採用と流通について文献史料にもとづいて整理した。そのうえで画像資料にみえるように、十四世紀になると、胸部と背部に方形のデザインを配置するか、ないしは胸部と背部に方形の裂を縫い付けることが広く流行し、それが補子につながったのではないかという仮説を提示してみた。

本章を閉じるにあたって、これまで述べた論点を歴史学的に位置づけてみたい。

まず、胸背から補子へと至る変化の意味である。これまで説明してきたように、前近代中国では、身分標識としての服は、服の色→服の色と胸背の文様→補子を縫い付けた補服へと変化していく。他にも帯などの装飾品がその役割を果たした。服についていえば、最終的に着脱が可能な補子へと変化するのは、身分標識の合理的な運用とみなすことができよう。

そして、本章の検討を通じて改めて考えてみたいのは、いわゆる中国近世史の視点に立った上での、「金―元」と「元―明」の時代の変化である。すでにこうした点は何度も指摘されているが、これまでの伝統中国の秩序を受けて、次代の明代につないでいくという点で、カギがモンゴル時代＝元代にあるのは疑いない（渡辺　二〇二二）。本章で検討したように、服飾の意匠の変化一つとってもささやかな変化が確認できるという点で、モンゴル帝国史のなかの「元代史」ではなく、中国史のなかの「元代史」の位置づけは改めて意識する必要がある。

「胸背から補子へ」という視角を出発点に検討を行い、そこから見えてきた歴史的課題も提示してみた。とりわけ、元代史を中国史上に位置づけることは、今後こうした中国服飾史の展開を考える上でも、念頭に置いておくべき論点と考えられる。

第六章　明朝の賜与と辺疆の拝領
——官服授受にみる懐柔と支配の実態——

水盛涼一

はじめに——中国の文物伝世

明朝に製作された文物で現在まで伝世しえたものは必ずしも多くはない。それは当時にあって重要な身分指標であった官服とて例外ではない。その点で本書の特集する上杉景勝の冠服帯靴そして箚付は特筆すべき逸品なのである。そもそも私有財産が残るには長期に継続する資力が必要であるが、少なくとも私家について多くの文化圏が世代を越える財産維持の困難をつたえる。いわく「売り家と唐様で書く三代目」、いわく*"From clogs to clogs is only three generations"*（木靴の生活から富裕になっても木靴の生活に戻るまで三世代）、いわく「富は三代を過ぎず、窮も五服を過ぎず」、ここでは日英中それぞれが三世代を守成の限界とする不思議の一致をみせている。なかでも中国では古い時期から均分相続へと移行したうえ、公務員試験〝科挙〟が盛行、しかも近世には東アジア世界でも特異な人口増加が起こり、結果として熾烈な競争を招来した。これでは当然ながら家産は簡単に分割消尽してしまうだろう。

このうち書籍の伝存について井上進は、長沢伴雄の「我死ナハ、ウリテ黄金ニカヘナナム、オヤノ物トテ虫尓《に》ハマスナ」、大槻磐渓の「得其人伝、不必子孫」（しかるべき人に伝わるのであれば、子孫でなくともかまわない）、それに対して万言の「吾存寧可食吾肉、吾亡寧可発吾槨、子々孫々永勿鬻、熟此自可供饘粥」（私が生きている間なら、私の肉を食らってもよい。私が死んでからなら、私のひつぎをあばいてもよい。ただ子々孫々、永久に売却してはならぬ。これに習熟すれば、おのずと食いぶちくらいは得られる）、王昶の「如不材、敢棄置、是非人、犬豕類、屏出族、加鞭箠」（もし馬鹿者が現れて、敢えて売り払ったりするなら、それは人ではなく、犬やブタの仲間である。一族から追い出し、ムチをくれてやれ）という対照的な文言の蔵書印を例に、「本人が死ねば散佚するのが常である中国、たとえ「虫尓ハマ」すがままでまったく読まずとも、「オヤノ物」なるが故に、家に伝えられることも珍しくない日本、この違いが一方の淡泊、一方の執着を生むのではないか」と指摘している（井上　一九九四）。

伝世する服飾

しかも中国では、あたかも一定の周期があるかのように大規模な内戦が発生し、前朝が倒壊するほどの打撃を与えることがある。近年に限っても明清交替や太平天国、北伐統一や国共内戦によって社会は流動化し支配層も大きく変化した。平時にあってすら家産の存続継承が困難であるのに、このような大規模な体制崩壊を伴うとあっては文物の散逸——換金性そして携行性の高い文具書籍や金属製品ならばともあれ、保管収蔵の困難な家具や衣類であればなおさら——は免れまい。とはいえ、そのような過酷な条件下にあってなお明代の服飾は少量ながら実物が現在に伝世し、複製利用を含め整理研究が進んでいる。

さて、その伝世の系統は大きく二種類となる。第一には社会変化の影響を受けない埋蔵文物である。中国ではおよそ土葬が基調であり、古来祖先崇敬の強いこともあって副葬品は豪華であるが、多くは湿潤な墓所での経年劣化を受け、概して保存状態は良好ではない（李　二〇二一など）。

そして第二には、王朝を越えて世襲できた一族の所蔵物である。もとより各王朝には建国功臣をはじめとする世襲貴族が存在し勢威を誇った。しかし彼らは近世以降に王朝への寄生性を高め、王朝の倒壊とともに身分を消失し家産ごと燼滅してしまう。ただし、たとえば春秋時代に生きた孔子の子孫は歴代王朝より尊崇を受け、北宋至和二年（一〇五五）には「文宣王（孔子）四十七代孫孔宗愿」が衍聖公へと封じられ、以降その地位を世襲し続けた。彼らは山東省曲阜に衍聖府（孔府）を構え、祭殿の至聖廟（孔廟）や墓域の至聖林（孔林）とともに儒学の一方の中心を形成し、歴代王朝を文教面から支えたのである。明清交替の時期に限ってみても、孔府は明の首都北京を陥落させた起義軍李自成による順の建国を寿ぎ、ほどなく到来した清へも恭順の意を示し、各王朝もその権威を認めた。孔府の基盤は必ずしも時の王朝にのみ依存せず、それが故に各種の文物を伝承し得たのである。これらの中には文献や図像資料はもとより、朝廷より拝領した服飾が含まれる（李　二〇二二など）。衍聖公は二品ながら一品の待遇を許されていたが（『明英宗実録』巻二六〇、景泰六年十一月壬午条）、上杉景勝と同じ万暦年間に生きた衍聖公孔胤植もまた仙鶴の補子を附す一品文官常服を着た肖像画を残す（図1）。なお仙鶴の官服はもとより、龍のような麒麟や鳳凰が描かれる吉服も伝世した（図2・図3）。

図1　孔府旧蔵の「六十五代衍聖公孔胤植常服衣冠像」（孔子博物館　2021）

もちろん衍聖公は特殊な例に過ぎず、王朝域内にあって貴族を含む多くの一族がさきに紹介した熾烈な競争に巻き込まれた。ただし時の王朝の権威に拠らずして世襲できた一族は衍聖公だけに留まらない。それが王朝による直接統治の域外にあった自立勢力である。王朝は彼らに対して各種の懐柔を行い、安

図２　孔府旧蔵の一品文官常服「大紅色暗花紗綴繍雲鶴方補圓領袍」（孔子博物館　2021）

図３　孔府旧蔵の命婦吉服「大紅色綢繡過肩麒麟鸞鳳紋女袍」（孔子博物館　2021）

全保障につとめてきた。そして彼ら自立勢力は往々にしてその地域で王朝の権威なしに権力を世襲したのである。本書の上杉景勝もまさにその一例であった。こうした自立勢力に着目した研究は実に豊富ながら、こと官服賜与に関する研究は必ずしも多いとは言えない。ここに近年の資料状況の改善も手伝えば、新たな視点も提供できよう（水盛二〇二五）。そこで本章では、主に西南部に展開した自立勢力を対象に、明朝中央による官服賜与そして自立勢力による官服拝領の意義をさぐり、明朝における対外政策の一斑を明らかにする。

１　明朝からみた官服の賜与の意義

羨望される蟒の服

往時の自立勢力にとって官服がどれほど重要なものであったのか、その空気感を如実に示す逸話がある。

景東土知府〔従四品の文官〕陶金、戦功を以て詔して白金と紵絲一襲とを賜ふ。千戸〔正五品の武官〕陳禎、沐府旗牌を以て往く。文雅にして書を善くせば、金、厚く之と款《まじ》はる。偶《たま》たま同《とも》に操を閲《けみ》するに、金、新たなる蟒衣を服せば、禎、心、平らかならず。酔ひしの後に扁を書くに、筆に墨を淋《ひた》し、金に向け一たび揮《ふる》へば、其の衣を汚したり。金、恚《いか》り恨み、毒するに蒙肚花を以てすれば、帰るに病発《おこ》りて卒せり。

この事件は隆慶元年（一五六七）のことであったという。逸話を自著『滇事紀略』に収録した諸葛元声は明朝後期の人物で、逸話の舞台となる雲南省には執筆の時点ですでに三十五年もの滞在歴があった。さて、この逸話には少々の補足が必要となる。まず冒頭の土知府とは中国の辺疆で世襲を認められた府知事を指す。なお現地で世襲する官僚を土官といい、対応概念となる中央派遣の官僚を流官という。明朝の公式系譜記録『土官底簿』によれば、雲南省景東府（現在の普洱市景東彝族自治県）の府知事世襲は洪武十五年（一三八二）に遡る。ここで俄陶なる人物が明朝へと帰順したというが、父を阿只魯、弟を阿你、子を陶幹といい、以降は陶を姓としたというから、おそらく漢族ではない。以降の二百年弱にわたり陶氏一族は景東府で知事を世襲しており、記事の陶金は九世にあたる。なおこの一族は明朝の滅亡を乗り越え、次代の清朝まで世襲を続けた。

さて、明朝では洪武十四年から征南将軍の傅友徳が右副将軍の沐英――その子孫は沐府の黔国公として雲南の統治に参画した――らとともに雲南省のモンゴル帝国残存勢力を攻略しており、当地の勢力が続々と明朝へ帰服していた。俄陶もまたその一人であり、以降は明朝側に立って戦ったことから、洪武年間にすでに「誠心報国」の牌を下賜され、後には「土司の中、最も恭順と称《たた》へらる」（『明史』巻三一三）のであった。そして府知事を継承していた陶金もまた先祖の俄陶と同様に、同輩格の土官らによる反乱に対して明朝側に立って参戦し褒賞を受けた。この褒賞が銀であり、また蟒衣――本書の第三章で詳述される、〝龍に似て龍にあらざる〟蟒をあしらった官服――なのであった。

自立勢力への官位承認と官服賜与

なおここで土官の基本に立ち返ろう。さきに紹介した『土官底簿』では俄陶に続く系譜をしるし、その記事を次のように終える（傍点筆者、以下同）。

陶洪。成化八年〔すなわち一四七二年〕八月、聖旨を奉じたるに「是なり。陶洪は既に〔雲南の都布按三司が〕会勘し明白なり。他《かれ》の職を襲《つ》ぐを准《ゆる》せよ」と。此を欽めりとあり。故《し》せり。嘉靖九年〔すなわち一五三〇年〕十二月、親孫の陶炳、奉じて欽みて依りて冠帯せしめ彼《か》に就きて任に到り事を管《つかさど》るを准《ゆる》す。

府知事は従四品の文官であるから、通常勤務の官服には雲雁の補子を付す緋色の常服を着用する。ここで彼らは代替わりの度ごとに景東府の府知事として中央から承認を受け、身分に相当する冠――すなわち烏紗帽――および服の着用を許可されたのである。冠や服は京師に来貢した使者へ直接下賜されることもあれば、現地へ送致されることもあった。そしてそれは、謂わば中央による辺疆自立勢力への〝所領安堵〟の象徴であり、また自立勢力にとって明朝権威への服従意思の表明でもあった。

ただし、先に紹介した逸話で陶金は戦功によって拝領した蟒衣を着用して閲兵に臨んでいる。この蟒衣が蟒の補子を付す常服であったものか、あるいは肩口から腹部にかけて蟒がわだかまる吉服――吉礼節日に着用する官服――であったものか定かではないが、それが往事の官界において得難く貴重なものであったことに疑いはない。たとえば弘治年間（一四八八―一五〇六）に都督僉事（正二品）を勤めた張安の墓誌銘は――故人顕彰のための傾斜を割り引く必要はあろうが――、「蟒衣、当時に在りては甚だ重《たふと》くして、大臣に非ずんば易《やす》からざるも、公、是れより凡そ三たび賜を受くるを得たり」と記している。

なお賜与された蟒衣は現在の勲章と同じく有功個人のみを対象としており、親族といえども皇帝の勅許がなければ着用はできなかった。嘉靖十五年（一五三六）の例を挙げよう。平西侯の蒋傅（祖先は靖難功臣蒋貴）は霊璧侯の湯佑賢（祖先は開国功臣湯和）とともに宮中で近衛する紅盔将軍たちの管理者となった。すでに湯佑賢は蟒衣を得ており、服飾で見劣りのする——有爵者は補子に麒麟白澤を付す——蒋傅は祖父の蒋驥が賜わった蟒衣の陣頭着用を願い出た。それに対し、礼科都給事中の李充濁らは彼を「寸功無聞」「妄自希求」「如此蝿営」と罵り、礼部尚書の夏言も僭越を戒め、皇帝の同意を得ている（夏言『桂洲奏議』巻二〇「参劾定西公蒋傅奏討蟒衣疏」）。当然ながら上杉景勝に下された官服も対象者本人の着用を前提としており、建前では親族といえども他者の着用は許されない。

さて、もちろん論功としての殊遇は景東府の陶金のみに留まるものではなかった。西南には他にも自立勢力が蟠踞していたが、このうち麗江府（現在の雲南省麗江市）の世襲府知事（従四品）が歴代の恩典を記した『皇明恩綸録』に崇禎十二年（一六三九）の下賜目録が残る（図4、隆武二年〈一六四六〉蘇州刻本からの鈔写が伝わる）。

皇帝、雲南麗江軍民府土官知府木懿に勅諭す。爾《なんぢ》輸《おく》り助けて公に急《かた》くし、捍《まも》り圉《ふせ》ぐに績《いさを》を着《あらは》し、世《よ》よ忠順を効《あらは》し朝廷へ尊び事へたり。茲に人を遣はし馬疋と方物とを以て来たりて貢げば、忱《まこと》に悃《まこと》に嘉《よみ》すべし。使の回りたるに、特に爾《なんぢ》及び妻に綵幣表裡を賜ひ、用て勤誠に荅《むく》ゆ。爾《なんぢ》宜《よろ》しく益ます臣節（を堅く）し、国恩に報いんことを図るべくんば、永《とこしへ》に太平の福を享くるに庶《ちか》からん。故に諭す。

回賜。雲南麗江軍民府土官知府木懿

紵絲暗骨朶雲大紅壹疋

紵絲暗骨朶雲鸞哥緑壹疋

紵絲暗骨朶雲翠藍壹疋

紵絲暗骨朶雲大紅壹疋

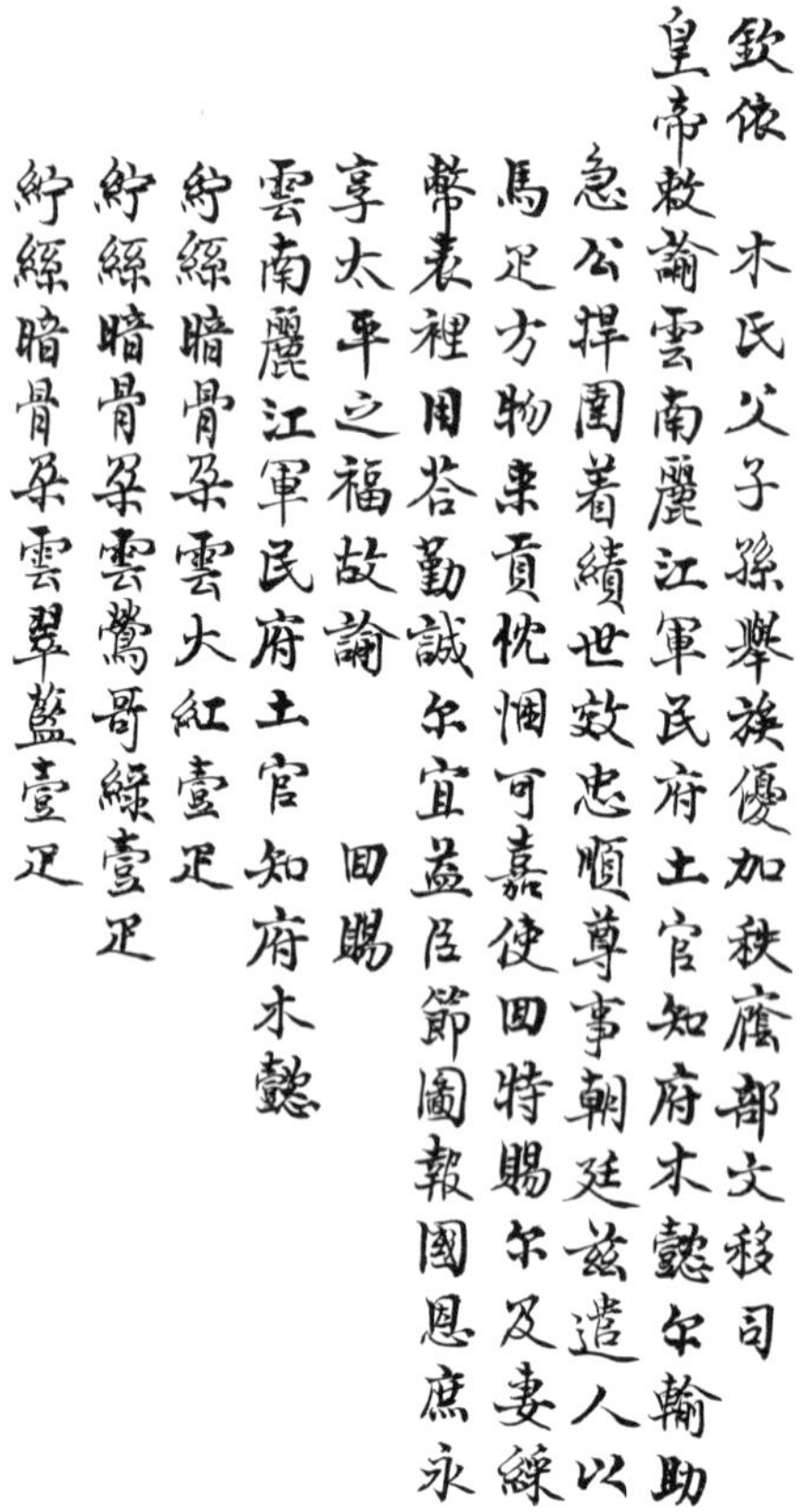

欽依　木氏父子孫舉族優加秩廕部文移司
皇帝敕諭雲南麗江軍民府土官知府木懿尓輸助
急公捍圍着績世效忠順尊事朝廷茲遣人以
馬疋方物來貢忱悃可嘉使回特賜尓及妻綵
幣表裡用荅勤誠尓宜益臣節圖報國恩庶永
享太平之福故諭　回賜
雲南麗江軍民府土官知府木懿
紵絲暗骨朶雲大紅壹疋
紵絲暗骨朶雲鶯哥綠壹疋
紵絲暗骨朶雲翠藍壹疋

図４　崇禎12年の勅諭と回賜目録（麗江市地方志編纂辦公室　2023）

銀絲紗暗骨朶雲青壹疋
銀絲紗暗骨朶雲鶯哥緑壹疋
青素線羅壹疋　官緑素線羅壹疋
潤生絹肆疋
木懿妻禄氏瑞
紵絲暗陸厠肆季花大紅壹疋
紵絲暗陸厠肆季花鶯哥緑壹疋
青素線羅壹疋　官緑素線羅壹疋

崇禎十二年正月二十六日給（「広運之宝」印の書写）

ここでは当主木懿の功績を一口に「捍り圉ぐに績を著し」と表現しているが、木氏代々の事績を記した『木氏宦譜』によれば、これは崇禎九年の麗江北辺での必哩討伐、崇禎十年の蒗蕖州（現在の雲南省麗江市寧蒗彝族自治県）知事就任を狙った阿永年の討伐への論功であった。しかも、少なくとも蒗蕖州は「両院」（総督朱燮元と巡撫王世徳を指すか）の要請を受けたもので、平定後には勅命により蒗蕖州を麗江府に吸収し、また中憲大夫（文散階正四品）雲南布政使司右参政（従三品）を加えられ、「益篤忠貞」（益々に忠貞を篤くせよ）の四字を賜わり牌坊を建設したという。

他にも『木氏宦譜』には嘉靖四十年に木高へ麗江北辺での孤蒲討伐や国家財政への貢献により「茲に特に爾の官を陞して三品とし、位もて九卿に列せしむ」、万暦四十六年（一六一八）に木増へ「遼陽大いに警《いまし》むれば、餉銀一万もて京に解《おく》る」により「欽みて三品の服色を加ふ」、天啓二年（一六二二）に「四川奢酋〔永寧宣撫使を望んだ奢崇明〕叛を作したれば餉を解れり」により「欽みて三品服色衣一襲、銀三十両、綾緞二表裏を錫はる」、弘光元年（一六四五）に「欽みて差はされ滇の兵を調募」および「餉を解りし事」により「官を差はして金花蟒緞を賚《たま》」わったことなどが歴々と記載されている。なお、そこには代々の当主が官服を着用した図像を配して祖先を追憶顕彰している（図5）。

図5　麗江府世襲知事十八世木青の肖像画
（雲南省博物館　2001）

彼ら自立勢力が功績を挙げれば、明朝は褒賞せねばなるまい。とはいえ、いわば知行制ではなく俸禄制を基本としていた格好の明朝とすれば、大規模な所領の加増で報いることもできない。そこで明朝が取り得たのは、金品の授与から始まり、職位の昇進、官品の上昇に伴う身分指標としての官服賜与、さらには蟒服など指標を越える特別待遇なのであった。

他勢力からの官服賜与

ここで目を転じて自立勢力からみた周辺の状況を確認しよう。明朝にあって国内各地を旅行した徐宏祖（号を霞客）は、広西の田州（現在の百色市田陽区）を訪ねたおり、旅行記『徐霞客游記』に「是れ諸土司が只だ莫彝有るを知るのみにして中国有るを知り為《おも》わざれり」、「彝人過《よぎ》れば輒《すなわ》ち厚く之と款《まじ》わるも、中国を視《み》れば漠如たる也」と記した。この崇禎十年時点にあって莫彝とは当時ベトナム北部の高平《カオバン》省に勢力を保っていた莫朝を指す。また彼が崇禎十二年に雲南を旅した際には、麓川（現在の徳宏傣族景頗族自治州隴川県）の多氏について備忘録に「緬《ミャンマー》に附して天朝に叛せり」と回顧する。彼らは域内での生存競争そして勢力拡張さらには権力奪取のため、周辺の諸勢力を利用する。その諸勢力のうちの一つが明朝であり、時にはベトナムであり、あるいはミャンマーであった。さきに紹介した『滇事紀略』（巻一三、隆慶二年条）には、土官の職位継承に際したタウングー朝ミャンマーからの干渉が記される。

莽瑞體《ダビンシユウエティー》、地を拓くこと浸《ます》ます広くして、漸《やうや》く中国と抗衡せり。土司の応《まさ》に襲《つ》ぐべき者、主吏或ひは其に賕《まひなひ》を索《もと》め、年を累《かさ》ぬるも結を為《つく》らず、或ひは其の世を終はれば、以ての故に土司は頗る憾《うら》み、益ます緬を喜ばす。緬、故《ゆゑ》に其の贄《にへ》を薄くし、反て厚く之に報《むく》いれば、此を以て結びて諸夷を歓ばす。木邦罕蓋四世孫は罕烈たり。罕烈死し、庶長の罕抜、使を遣はして職を襲《つ》ぐを告ぐるや、金騰兵備、将《まさ》に例に循ひて官を遣はし冠帯を賫《おく》りて往きて給はんとするも、賂《まひなひ》を索《もと》めて未だ遂げざる者有りて以て兵備に遅疑もて対《こた》ふれば、執《おさ》へて許さずして罕朝光に授けんと欲す。夷使帰りて報《まを》さば、抜怒り、弟の罕章と兵を集めて漢人の商旅を弋《と》りて年を経たり。抜、塩に乏しければ、瑞體に求む。瑞體、塩五千簦を饋《おく》れり。抜は益ます緬を感《おも》ひ、金宝象馬を携え往きて謝を致せり。瑞體、拔に約して父子と為し、金銀絲枲烏帽各おの一を製《つく》り、金帯・金緬鐸・白象・闕錦・珍宝・香薬は貲《はか》られず、且つ之に謂ひて曰く「汝、天朝の一冠帯を求めて得べからず。予に即きたれば紗縠に過ぎざるのみ。我れ汝に授くるに金銀の冠を以てす。汝に於ては奚若《いかん》」と。拔、遂て莽《かく》に服せり。雲南にて「官府只だ一張の紙を愛すのみなれど、地方二千里を打失せり」と謡うは此を謂うなり。

ここで登場する罕抜は木邦軍民宣慰使司（現在のミャンマー連邦共和国シャン州ラシオ地区）の継承を望むが果たせない。そこでミャンマー王ダビンシュウェティーは明朝が賜与を渋る冠帯に替えて金銀に輝く冠帯を授与したのである。諸事に中華王朝と類似した制度を採用するベトナムでも、紹平四年（一四三七）に「嘉興鎮毎州」（現在の山羅省《ソンラ》 順 州《トウアンチヤウ》県）の「土酋」を「本州同知州と為し、冠帯衣服を賜」い、太和六年（一四四八）に「占城《チヤムパ》の旧主〔摩訶《マハー》〕賁該《ヴイジヤヤ》に冠帯衣服を賜」い、徳隆三年（一六三一）に阮氏広南国から帰順した武真を「奉天府尹と為し、冠帯朝服を賜ふ」のであった（『大越史記全書』巻一一・続編巻一八）。すなわち、彼らベトナムやミャンマーもまた各々の中央による辺疆自立勢力への〝所領安堵〟の象徴として官服の賜与をおこなっていたことになる。

2　明朝の影響力拡大――「漢化」の進展

自立勢力にとっての明朝

ただし、極辺の自立勢力なればこそ両端を持す行動もできようが、明朝の影響力が強い地域であれば明朝を主とするほかあるまい。彼らは世襲を認められてはいたものの、『土官底簿』には「故絶」（当主が死亡し直系子孫が断絶）による「改除流官」（土官を改易し流官を配置する）といった記事が散見する。その中には弘治六年（一四九三）の「蒙自県〔現在の雲南省紅河哈尼族彝族自治州蒙自市〕に流官の知県を添《くわ》え設《もう》けて印を掌らしめ、土官の知県は専ら一《もつぱ》ら夷民を管束し、盗賊を巡捕せしめん」のように、土官統治に流官が割り入った例もみられる（結局蒙自県の土官は嘉靖二年（一五二三）に継嗣不在を理由として廃止された）。漢族人口が膨張し、明朝権威が弥増すなか、土官は明朝へ迎合的な行動を取らざるをえないだろう。かえって忠勤の態度によっては処遇を有利に誘導することも有り得た。万暦二十六年（一五九八）には貴州宣慰使司（俗称を水西土司という。現在の貴州省貴陽市）の宣慰使安疆臣が封地で無法を働くも要路に金品を送り「我れ大木数十根を進め、再た銀数万両を進めり。以て〔対抗者の安定を〕斬り殺すも自《みずか》らに由るべし。〔巡〕撫も〔巡〕按も其れ我を如何せん」と放言したという（江東之『瑞陽阿集』巻三「塞邪徑疏」）。

　また、先の『滇事紀略』では万暦二十二年の記事に繫けて土司相互の関係性に関する興味深い逸話を伝える。永寧府（現在の雲南省麗江市寧蒗彝族自治県）の世襲府知事阿氏は近隣の麗江府の世襲府知事木氏と通婚していたが、阿英・阿雄および木高・木旺の世代で関係が悪化し、木氏が阿氏を連年攻撃し所領を蚕食する事態となる。そして木旺は勢い余って阿雄を捕虜とした。

　兵を率いて雄を擒とし、将に之を殺さんとす。或るひと曰く、彼も亦た一知府なれば殺すべからず、之を殺さば、天朝は以て討を為《おも》はん、と。乃ち雄を仗《たた》きて放ち回せり。

おそらく純粋に軍事力だけでいえば、木氏麗江府は阿氏永寧府の併呑が可能であったのだろう。しかし木氏は知府の殺害が明朝の大規模な軍事介入を招くと考え、殺害を思いとどまり解放したのであった。

　とはいえ以降も木氏による蚕食は続き、阿氏の後継者であった阿承忠は次官の同知を派遣して「院道に白《まを》し、官を委《つか》はし疆界を定め、略ぼ侵す所を帰《かへ》さしめ、兼ねて城を築き学を興すを議さんとするも、多く未だ能く就かざれり」という。ここでの院道とは雲南巡撫や瀾滄兵備道（按察副使、正四品）を指す。さきには麗江府木氏が明朝のため、たびたび軍兵を派遣し財政に貢献したことを紹介した。それだからであろう、永寧府阿氏の訴えは有耶無耶に置かれてしまった。明朝もまた公平無私なる裁定者とは成りえないのである。

自立勢力の「漢化」

なお、ここでは永寧府阿氏が学校建設を検討していた。すでに元朝の時代には雲南の中心都市の公設学校へ「爨《さん》」「僰《ぼく》」などの少数民族が進学していた（景泰『雲南図経志書』巻八「建中慶路学講堂記」）。往時の学校は科挙に直結するもので、結果として当地の文教政策とも密接に関係していく。ここで阿氏が学校建設を希望したのも対明関係の親密化を図ったためであろう。また広西省太平府（現在の崇左市江州区）で流官として府知事を勤めた漢族官僚の甘汝来は、管下の土官たちを愚物とみて「承襲せし者は、率《おほ》むね年の十五に至るを以て例に合ふと為す。彼れ弱冠の時にして居民の上に即きたれば、苟《も》し書を読まずんば一木偶に異なる無き」存在であって、漢族の奸人に惑わされぬよう「幼きより必ず師を延《ひきい》れ読むを課《わりあ》つべし」といい、また「土民は族類殊なると雖も、究《きは》むればまた此れと心理を同じうせば……官族及び土民の中の秀《ひい》でし者を率《みちび》き学に入らせ書を読ましめん」として、細則を設けて漢化を通した土官管理と安全保障の強化を図っている（『甘荘恪公全集』巻八「条陳土司利弊議」）。土官の「漢化」については菊池秀明氏が詳述しており（菊池　二〇〇八）、興味深い事例を紹介していこう。たとえば、湖南省桂陽直隷州藍山県（現在の永州市藍山県）では、伝統の衣装で受験する少数民族の存在を伝えている。

> 猺人の試場に入るに、青布を以て首を蒙《おほ》ふも、衣冠せざるなり。同治〔一八六二年より一八七四年〕、某学使問ひて曰く「何ぞ以て衣冠せざるや」と。答へて曰く「狗頭王の後に係れば衣冠せず。学に入りし後に及ばば則ち衣冠して諸生と同じく試さん」と。（民国『藍山県図志』巻十五）

とはいえ、大きくみて「漢化」は進行していく。湖南省宝慶府新寧県（現在の邵陽市新寧県）では科挙の基本段階となる学校試に少数民族特別枠が存在した。

> 書を読み文理に通ずる者あらば、試を歳と科とに応へ、進を取ること二名、名づけて「猺生」とす。雍正十年〔すなわち、一七三二年〕、更めて名づけて「新生」とす。……声教は日び開き、学額は近く三名を増したり。試

に応ふる者は百人に幾《ちか》く、向《さき》の目して猺と為す者は羣《おほ》く其の号を耻《は》づ。人情風俗、悉く県と同じき。所謂「民猺」是れなり。（道光『重輯新寧県志』巻十五）

これらは清代の事例であるが、明朝にあっても広西省思恩府（現在の南寧市馬山県）では正統十一年（一四四六）に巡按御史の万節が布政使や按察使とともに皇帝へ上奏のうえ府学を設置している（汪森『粤西文載』巻二七「思恩府学記」）。設置は世襲府知事の岑瑛の発案であり、彼は軍功を重ねて思恩州を思恩府へと昇格させ、また自身の職位も州知事（従五品）・府知事（正四品）から広西布政使司右参政（従三品）、都指揮同知（従二品）、都指揮使（正二品）と昇進した人物であった。万節は岑瑛の「王事に勤労し師儒を崇尚す」る姿勢を寿ぎ、学校設立の周囲への波及を願い、将来に「番服の人材、科貢より出でて天朝に効用するもまた俟より始まれり」と称揚している。後に触れる四川酉陽では当主の冉《ぜん》興邦が永楽三年に子の冉瑄を入朝させ宣撫司学の建設を願い出て許可された。また広西省忻城県（現在の来賓市忻城県）で世襲県知事（正七品）を勤めた莫氏の『族譜』は次のような逸話を掲載する。

六世祖廷臣公〔恪章公莫廷臣、弘治十二年（一四九九）生、嘉靖十四年（一五三五）卒〕……祖宗の弓を操り矢を挾むも絶へて文事を少くを念《おも》ひ、日び鄙《ひな》の塞《さかい》を以て愧《はぢ》と為したれば、名士を延《ひきい》れ子姪を教へ、詩書の声は漸く蛮郷より出でたり。……祖妣覃氏〔弘治十三年生、万暦二十三年（一五九五）卒〕……子姪の書を読むを聞き、之に訓《をしへ》て曰く「汝輩須らく勤苦を加ふべし。多《さら》に幾箇字を識らば、自ら能く多に道理を認め得ん。古より官為《た》るは、尽く書を読みし人を用ふ。自ら誤むること勿かるべし」と。

こうした漢化の努力は時に漢族との交流も生む。永順宣慰使司（現在の湖南省湘西土家族苗族自治州永順県）で宣慰使（従三品）を世襲していた彭氏は祖先を顕彰する『永順宣慰司歴代稽訓録』を残しているが、この『稽訓録』によれば二十代彭顕英は軍功により成化十三年（一四七七）に「守臣、朝に奏請したれば、公に勅して加陞し階を懐遠将軍〔武散階従三品〕に進められ、白金・文綺の賜を荷《かうむ》れり」という。軍功とその褒賞だけであれば他の土官と変わりは無かろうが、彼は成化二十二年に家督を子に譲ると「猛洞河に別墅を営治し、優《のびや》かに林下に遊び、日び文人と詩士と歳月を倡和せり」と、実に文人趣味あふれる引退生活を送ったのであった。

しかも、出征中には漢族の官僚と行動を共にするため、彼らと交遊を持つこともあった。同じく『稽訓録』によれば、十九代彭世雄は正統十四年（一四四九）に総督軍務・兵部尚書（正二品）であった王驥に従い湖広沅州清浪衛（現在の貴州省黔東南苗族侗族自治州鎮遠県）に出兵、王驥は彭世雄を「毎に重《ふか》く之を愛し、凡そ師を出だすや、踏訪に選びて行かしめれば、常に称《とな》へるに彭老将軍と為し、実に名を呼ばざれり」といい、土官麾下の強兵を威力偵察に差し向けるなか、土官へ大いに敬意を表した——その交流はおそらく漢語白話によるものであったろう——のであった。

3　軍功と昇位賜服

官軍に従い転戦して昇進

さて、永順彭氏は以降も軍功を建て、大木や軍資を納めて数々の褒賞を得た。『稽訓録』にはその輝かしい栄誉が歴々と記される。二十一代彭世麒は正徳元年（一五〇六）に広西思恩府（現在の南寧市馬山県）の府知事岑濬を討伐した論功により「敕して公を昭毅将軍〔武散階正三品〕に陞して飛魚服を賜」わり、また正徳十三年に「合式の大木七百余根」の貢献により「公を湖広都司都指揮使〔正二品〕に陞して大紅蟒衣三襲を賜」い、さらに「龍虎将軍〔武散階正二品〕・上護軍〔武勲階正二品〕を授け誥命と正一品の服色を賜」わった。二十三代彭宗舜は嘉靖二十二年（一五四三）に「大木二十根」および鎮筸（現在の湖南省湘西土家族苗族自治州鳳凰県）の「叛苗」討伐により「原職の上において級に服色一階を加へ、昭勇将軍〔武散階正三品〕を授けらる」といい、二十四代彭翼南は万暦四十三年（一六一五）に「湖南都司都指揮使に陞して大紅蟒衣三襲を賜はり」「公を雲南右布政使〔従二品〕に陞し大紅飛魚服三襲を賜」わった。そして二十六代彭元錦は万暦十九年に発生した播州宣慰使司（現在の貴州省遵義市）の宣慰使楊応龍討伐に功を挙げ、さらに大木を貢納したため「飛魚服色一襲を加へられ、陞りて湖広都司都指揮使を授けられ、階を驃騎将軍〔武散階正二品〕に進められ、特に蟒衣一襲を賜」わり、万暦四十八年には「都督〔正一品〕に陞し、階を栄禄大夫〔武散階従一品〕に進めら」れたのであった。なお彼らは北京が陥落した後も明朝亡命政権のため忠勤に励み、二十八代彭洪澍は弘光元年（一六四五）に辰州（現在の湖南省懐化市沅陵県）防衛により「総兵官・都督同知〔従一品〕に陞」せられ、永暦元年（一六四七）には「勅を奉じて階を光禄大夫〔文散階従一品〕・上柱国〔文勲階正一品〕に進められ、蟒衣を賜はり、総兵官・左軍都督右都督〔正一品〕とせらる」のであった。

これらはみな本拠地湖南永順の近隣での活動となる。ただし嘉靖三十四年正月に彭翼南は「湖川貴馮督臣」すなわち総督湖広川貴軍務・兵部右侍郎〔正三品〕の馮岳の要請に応じて倭寇討伐のため兵三千名および家丁二千を率いて江南の平望（江蘇省蘇州市呉江区）、王江涇（浙江省嘉興市秀洲区）・羞墓亭（嘉興市南湖区）・胥口（蘇州市呉中区）・陸涇壩（蘇州市姑蘇区）・塘棲（浙江省杭州市臨平区）を転戦、また翌三十五年にも「撫臣」（湖広巡撫汪大受であろうか）の要請を受けて兵一万で江南に進出したという。これらの地域はみな倭寇との激戦があった地域として伝えられており、「題して聖旨を奉じたるに、彭翼南もて雲南布政使司右参政〔従三品〕に陞し、更に銀五十両・紵絲四表裏を賜ひ、以て茂功を旌《ほ》む」との嘉賞を受けたのであった。往時に倭寇対策へ参画していた鄭若曽も「湖広の土兵、永順もて上と為し（彭翼南なり）、保靖もて之に次す（彭藎臣なり）。其の兵は天下に焉《これ》より強きは莫し。近く嘗て三千人を調し、後に調して六千たり。此れ官に在りしの数なり。実に私に一倍を加え、共ずるに一万二千人なり」（『江南計略』巻八「調湖兵議」）と、その質と量とを称賛している。明朝にとり土官の軍兵とは忠誠の確認を兼ねて周辺の威圧に起用するものであったが、必要に迫られて広大な中国全土を転戦させることになったのである。

累積する勲功の果てに

本来、職階の品級や官服は定位不動のものであり、褒賞は金品を主体としていたろう。実際、軍功を重ねる土司に対し、弘治七年（一四九四）の時点で皇帝は「縁《おも》んみるに土官の銜門品級は定むるところ有り、自来職を陞すの例なし。但だ爾《なんぢ》の勤労嘉《よみ》すべきを念《おも》へば、茲に特に爾《なんぢ》の階を明威将軍〔武散階正四品〕に進ましめん」と述べる（同治『増修酉陽直隷州総志』巻首「上諭」）。あくまでも特別というその褒賞の対象は四川の酉陽宣撫使司（現在の重慶市酉陽土家族苗族自治県）の宣撫使（従四品）冉《ぜん》舜臣である。しかし明朝の内憂外患に応じて土司も軍功を立て続け、この特別待遇も拡大していくのであった。

雲南麗江木氏や湖南永順彭氏は歴代に得た褒賞を記録していたが、この四川酉陽冉氏も例外ではない。しかも冉氏は詔勅のほか自らが官僚として発給した文書を残しており（上海図書館所蔵『冉氏族譜総譜』第四「皇帝誥符」）、興味深い文言を見て取ることができる。たとえば万暦十八年（一五九〇）の冉維屏布告では、冒頭を「賜繍獅服色・懐遠将軍・亜中大夫・酉陽宣撫司宣撫使の冉、賢良を遴選し以て宗政を匡さんが事の為《ため》にす」と始める。このうち賜繍獅服色とは一品や二品の武官に許された補子「繍獅子」を附す常服であろうし、懐遠将軍は武散階従三品、亜中大夫は文散階従三品であり、先にみた弘治七年時点の武散階正四品明威将軍よりも上位である。それが万暦三十八年の冉躍龍布告では「欽賜飛魚服色・懐遠将軍・亜中大夫」となり、繍獅を越える飛魚の官服勅許を得た事を明示する。

なお明朝は天啓元年（一六二一）に新生の後金国（のちの清朝）が占領した瀋陽中衛城（現在の遼寧省瀋陽市）の奪還を目指して渾河で激突、双方ともに甚大な被害を出した。酉陽冉氏もこの渾河の役に出兵して奮戦し、宣撫使から宣慰使（従三品）へと昇格している。そしてそれ以降も忠勤に励んだことにより、隆武二年（一六四六）の冉奇鑣布告では欽賜蟒龍服色・昭勇将軍（武散階正三品）・嘉議大夫（文散階正三品）・酉陽等処軍民宣慰使司宣慰使と名乗り、また永暦元年（一六四七）の布告ではさらに欽差提督通省学政・兼理荊州等処四川按察司僉事を添えて土官ながら学

図6　秦良玉の「黄綢平金繡龍鳳衫」（重慶中国三峡博物館など　2005）

図7　秦良玉の「藍緞平金繡龍袍」（重慶中国三峡博物館など　2005）

校試の主催を宣言している。

渾河の役で奮戦したのは酉陽冉氏だけではない。時の兵部尚書張鶴鳴は「渾河に血戦し奴《ヌルハチ》の数千を殺すは皆な石砫と酉陽の二司の土兵の力なり」と述べる（『明熹宗実録』巻一三、天啓元年八月乙酉条）。四川の石砫宣撫使司（現在の重慶市石砫土家族自治県）宣撫使もこの軍功により宣慰使へと昇格している。当時の宣撫使は前代馬千乗の寡婦秦良玉であった。彼女は忠州守禦千戸所——石砫宣撫使司に隣接する——所属の漢族であったらしい秦葵の家にうまれ

（張 二〇二三）、夫馬千乗とともに万暦二十七年には貴州省播州（現在の遵義市）の土官楊応龍の討伐に従軍する。万暦四十一年に夫が逝去すると宣撫使を引き継ぎ、天啓元年には遼寧で渾河の役を戦い、天啓三年には貴州省の土官奢崇明・安邦彦の討伐へ向かい、崇禎三年（一六三〇）には後金の北京進攻に対する迎撃に参加し、崇禎七年には張献忠ひきいる農民反乱軍が迫ったため四川へ帰還して防備を固め、永暦二年（順治五、一六四八）に逝去するまで明朝側に立って孤塁を守った。

この〝勤王〟の戦いの途上、秦良玉は数々の褒賞を受けている。彼女の「墓額刻石」（衛 一九四四）によれば、渾河の役を経た天啓元年十二月には皇帝が「爾《なんぢ》土官にして三品服俸を授けたる秦良玉」に宛てて「二品服色を加え夫人に封」じ、また子の馬祥麟を都指揮使（正二品）に任じている。また北京防衛戦を経た崇禎四年二月には皇帝が「入衛四川総兵官秦良玉」に宛てて「遠来の忠勤、嘉《よみ》すべし」と賞して紅蟒衣一襲、玉帯一条、銀四十両、紵絲四表裏を賜与し都督同知（従一品）へ昇進させている。なお何時の賜与か定かではないものの、重慶中国三峡博物館には秦良玉の遺物として賜服二件および官印一顆が所蔵されている（重慶中国三峡博物館など 二〇〇五）。このうち一件は黄綢平金繡龍鳳衫——孔府の大紅色綢繡過肩麒麟鸞鳳紋女袍（図3）と装飾の配置が似る——、またもう一件は藍緞平金繡龍袍である（図6・図7）。文物名は博物館の図録によるが、四本爪であるから龍ではない。また官印は「太子太保総鎮関防」の印文を持ち、背面には「礼部造　隆武二年八月　日」、左側面には「天字七十三号」と彫られている。隆武二年とは一六四六年、総鎮とは総兵官を指し、太子太保は重臣格に与えられる従一品の名誉職である。

秦良玉はこうして多大な軍功とともに昇進を続けたが、忠勤を励んだ王朝は権威を大きく後退させていった。東北部に興隆した後金あらため清は、順治元年（崇禎十七、一六四四）に李自成建国の順を駆逐して北京を、同二年（弘光元、一六四五）には明の亡命政権が拠る南京を陥落させ、着々と支配地を広げていく。同三年（隆武二、一六四六）には福州や広州が陥落、広東省肇慶府に立った永暦帝朱由榔も広西さらには雲南に逃れ、同十六年（永暦十三、一六五九）には域外のミャンマーへと失落した。雲南麗江木氏や湖南永順彭氏、四川酉陽冉氏や石砫馬氏は崇禎以降にみな職位や品級を大きく上昇させたが、これも内憂外患の極まった末期ゆえの現象であったろう。

しかし次代の王朝にとって前代文物の所有者は旧主に恋々とする反乱予備軍であり、公文書を〝偽造〟しうる過去の官印は没収対象となりえた。すでに崇徳二年（一六三七、明の崇禎十年）には皇帝ホンタイジが朝鮮国王へ「明朝の与ふる所の誥命冊印を将《もっ》て献納し請罪せよ」と命じている（『朝鮮仁祖実録』巻三四、仁祖十五年正月戊辰条）。つづく順治年間には「繳印劄来帰」（明代の官印と劄付を納めて帰順）、「繳印敕投誠」（官印と勅諭を納めて帰順）といった記述が散見するほか（たとえば『清世祖実録』巻一二八、順治十六年九月乙亥条、同巻一二九、順治十六年十月丁酉条）、チベット闡化王の王舒克によると騙る偽使に対して「其れ故明の与ふる所の敕誥印信につきては、若し来たりて進送せば、朕は即ちに改めて授けん」といい（『清世祖実録』巻三九、順治五年七月辛卯条）、琉球国王尚質に対して「今まで故明の敕と印とは未だ繳《をさ》められず」と指摘し、献納を確認して新印を賜与している（『清世祖実録』巻六〇、順治八年九月壬午条、同巻七六、順治十年閏六月戊子条、同巻八二、順治十一年三月丁酉条）。永順を含む土司たちにも「各おの輿図版冊および元明両朝の印式を献げて来帰」したため原官と所領を安堵し新印を下賜したのであった（『清世祖実録』巻五五、順治八年三月乙酉条）。こうして明朝治下で得た褒賞はおよそ烏有に帰したのであった。

おわりに——明朝による周辺懐柔策の変化

正統四年（一四三九）、明朝はモンゴルのトクトアブカ・カーンらへ織金四爪蟒龍膝襴や金相犀角〔帯〕麒麟繋腰といった実に多様な賜与をおこない（『明英宗実録』巻五〇、正統四年正月癸卯条）、後に王世貞が「北虜の賞、正統の時に過ぐる無し」と指摘するほどであった（『弇山堂別集』巻一四「異典述九」「北虜之賞」）。また嘉靖年間に西方の土《ト》魯番天方《ルファンメッカ》と称する一団の使者が到着すると、特別に永楽年間製造にかかる織金蟒龍の美品を賜与したという（夏言『桂洲奏議』巻一二「議処降答各夷勅書称謂疏」嘉靖十二年四月十三日題）。隆慶五年（一五七一）にはモンゴルのアルタン・カーンの〝帰順〟を受けて順義王に封じたが、その儀式は礼制から逸脱する異様なものであった（王士琦『三雲籌俎考』巻二「封貢」「俺答初受順義王封立下規矩条約」、岩井　二〇二〇）。建文四年（応永九、一四〇二）の足利義満封王の典礼も同様である（石田・橋本　二〇一〇）。彼らは明朝に依らずとも異文化のなかで自立している。明朝としてその地位を承認したとて感謝の念は期待できまい。いきおい物品の賜与に傾くこととなる。場合によっては細かい式次第への不備も問わず、大義名分としての勅書と官服を与える。おそらくその延長線上に豊臣諸臣への賜与もある。

ただし、明朝辺疆の土司たちはモンゴルほど強大ではなく、明朝が関与できないほど遠方に在るわけでもない。彼らにとり、帰順にともなう世襲官位の承認がそもそも恩典であった。明朝側に立って反乱を討伐したとて、明初の軍功には金品が褒賞となった。その後、酉陽の冉舜臣に見られるように、弘治年間には散官に少々の昇進が検討されるようになる。そして正徳年間に入ると規範は弛緩しはじめ、実官に比べ一品高い散官、二品高い服色が振る舞われた。さて、土官たちは明朝による世襲認可の継続や勢力拡大の公認を願って官軍による周辺の諸反乱の討伐へ参戦したわけだが、嘉靖年間に入ると総督や巡撫の要請により東南沿海の倭寇討伐など本拠地を大きく離れて活動するようにもなった。おそらく封地には漢族の人口が増加しており、外征では漢族の官僚とも交流する。漢族に引けを取らない高位を世襲し、殊勲をたてて褒賞も戴いたのだ、このような自負心が必要となったのであろう。内政や交隣において身分指標がいよいよ重要となり、物品の分量よりも位階の上昇こそが目指された。そこで土官たちは、積極的に討伐へ協力し、金品を貢納し、学校を建設して漢化に努めていく。しかし、いやそれだからこそ、明朝は必ずしも公平無私なる裁定者とはなりえない。より忠誠の度合いが強い者を贔屓するのも当然であろう。時には他勢力を頼って明朝に反旗を翻すものもいたが、大きくいって域内は明朝の権威のもとに置かれるようになった。明朝にとって、反乱者には討伐の大軍を差し向け、帰順者には過大な官位と冠服を与える。セオリーが定まったのはこの頃であろう。

　なお、万暦末から天啓、崇禎に入ると、遼寧の満洲後金や内地の農民起義など、いよいよ広範囲かつ大規模な軍事活動へと駆り出されるようになる。このころには土官の軍功も累積し、蟒衣さらには飛魚服といった官服がつぎつぎに賜与されていく。そして一六四四年に北京が陥落し、明朝亡命政権が南京や福州、広州や肇慶に成立すると、土官たちは都督同知や都督、光禄大夫や上柱国さらには太子太保など、異様な上昇を果たした。しかしそれも束の間の夢と終わる。石砫にすら農民起義軍が迫ったとき、秦良玉はこう述べて号泣したという。「吾が兄弟三人は皆な王事に死せり。我れ一婦人なれど国の恩を受くること二十年、官は一品に至るも、いま不幸にして国家は喪亡す。豈に賊に事《つか》ふべけんや」と（彭孫貽『平寇志』巻一一）。なんとか彼らを凌いだものの、ほどなく清朝の支配がおよぶことになる。清朝では土官を改易し流官が統治する「改土帰流」が盛行し、多くの土官が消滅していった。石砫馬氏や麗江木氏は実権のない世襲通判に降格されながらもどうにか民国を迎えたが、景東陶氏や酉陽冉氏は世襲の権利を消失してしまう。それでもなお彼らは少ないながらも明朝の記憶を現在に伝えた。夢はすでに敗れたが、子孫は衰亡する己が素姓を振り返るよすがとして夢の名残りを大切に守っていったのである。

第七章　なぜ秀吉に大量の冠服がもたらされたのか
——琉球王国への賜与事例から読み解く——

山川　曉

1　壬辰戦争講和時の冠服賜与——「日本国王」豊臣秀吉の場合

皮弁服と常服——秀吉に与えられた明朝の宮廷装束

文禄五年（一五九六、万暦二十三年）に行われた壬辰戦争の講和交渉において、約五〇組もの明の冠服が頒賜された。そのうち豊臣秀吉本人に賜与された冠服の詳細は、宮内庁書陵部が所蔵する「万暦帝勅諭」の頒賜品目録により判明する（大庭　一九七一）。以下に冠服が記載された部分を見てみよう。

紗帽一頂展角全
金箱犀角帯一条
常服羅一套
　大紅織金胸背麒麟円領一件
　青褡褳一件　緑貼裏一件

皮弁冠一副
七旒皂縐紗皮弁冠一頂旒珠金事件全　玉圭一枝袋全
五章絹地紗皮弁服一套
大紅素皮弁服一件　素白中単一件〈図1〉　纁色素前後裳一件〈図2〉
纁色素蔽膝一件玉鉤全　纁色粧花錦綬一件金鉤玉玎璫全
紅白素大帯一条　大紅素紵糸舄一双襪全
丹礬紅平羅銷金夾包袱四条

（異体字は当用漢字に改めた）

前半の「紗帽」から「緑貼裏」までの記載は通常の出廷に着用する常服を構成する品々であり、後半の「皮弁冠」から「大紅素紵子舄」までの記載は準礼装となる皮弁服を構成する品々である。このうち傍線を付した品および記載に漏れた付属品（常服の靴と襪、皮弁服の玉佩）、さらには目録には記載されない常服類などが京都の妙法院に伝来し、重要文化財に指定されている（河上　一九九八・二〇一三）。

冠服からみる秀吉の官位

秀吉に与えられた常服を『大明会典』にまとめられた明の服制から考察すると、「金箱犀角帯」は二品の官位のものが身に着ける帯である。「麒麟円領」は公侯駙馬伯の爵位を示すので、本来であれば一品官が用いる玉帯を合わせるはずだが、二品官の犀角帯となっている。つまり常服の中にふたつの官位の標識が混ざっているわけだが、これは明側が蕃王たる日本国王・豊臣秀吉を、敢えて一品官と二品官の間のあいまいな位置に格付けしていたことを示している。また皮弁服は、皇帝・親王・郡王といった明の宗室が着用するものとされたが、中華の天子が周辺国と擬制的な血縁関係を結んで宗室内に取り込み、周辺国をも含む一帯を支配するという華夷一家の理想のもとに、蕃王を宗室に準ずる存在とみなして頒賜されたと考えられている。与えられたのは「五章絹地紗皮弁服」で、郡王（皇帝の孫）格の皮弁服であった。五章の「章」とは天子の美徳を象徴する十二種の文様で、明朝の礼装である冕服では、皇帝は十二、皇太子と親王は九、親王の世子は七、郡王には五つの章を飾ることが規定されていた。皮弁服は冕服に次ぐ准礼装で、大紅つまり紅花で濃く染めた無文の袍で文様はないのだが、その格を明示するために敢えて「五章」の文字を加えたと考えられる。明代の郡王格は官位のうえでは従一品に相当するはずだが、実際には二品官相当として扱われたという（河上　二〇一三）。

以上のように、常服および皮弁服から見るに、日本国王・豊臣秀吉に対して明側が示した格は一品官と二品官の間であった。壬辰戦争の講和にあたって頒賜された冠服類のうち、内容品の詳細を示す文書を伴うのは秀吉頒賜品のみで、上杉景勝をはじめ諸将の手に渡った品についての記録は確認できない。また、宗室にしか許されない皮弁服を与

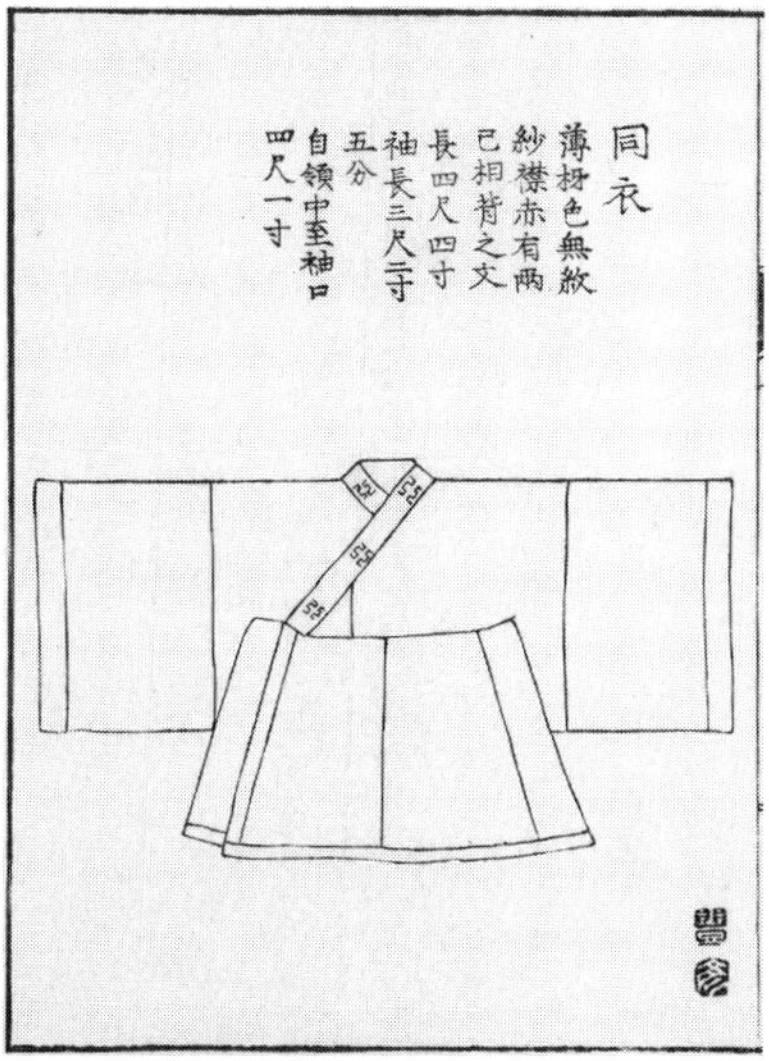

図1　素白中単（『豊公遺宝図略』〈京都大学附属図書館所蔵〉）

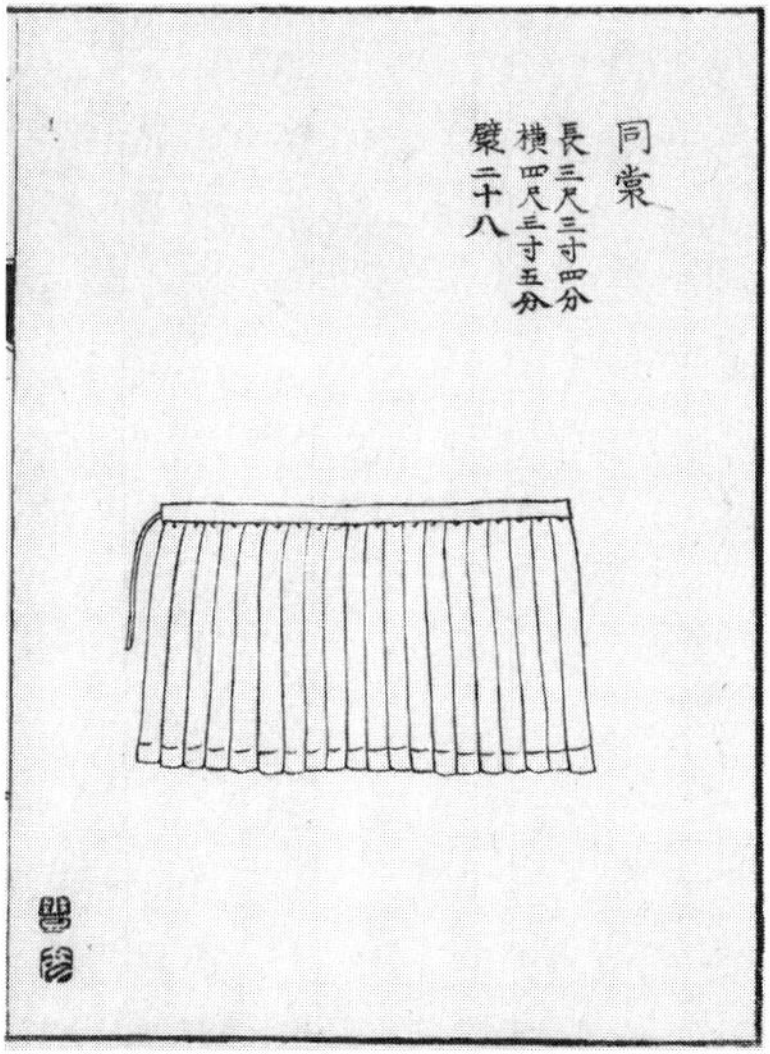

図2　纁色素前後裳（『豊公遺宝図略』〈京都大学附属図書館所蔵〉）

えられたのは、蕃王たる秀吉のみである。目録と記載された服飾類がともに伝えられる秀吉の冠服類は、東アジア史において極めて重要な作例と位置付けることができる。

本章では、この壬辰戦争を契機として明朝から日本国王へ大量に頒賜された冠服を相対化して捉えるために、同時期に明から冊封を受けていた琉球国王に頒賜された冠服と、冠服賜与をめぐる琉球と明の交渉を概観する。そして、琉球王国の事例を通して、壬辰戦争の講和交渉において、上杉景勝を含む陪臣にいたるまで大量の冠服頒賜が実施された背景について考えてみたい。

2　明朝の琉球王冊封と冠服の頒賜

明朝冊封のはじまりと琉球三山の王

東アジア諸国が明王朝と冊封関係を結ぶ契機となったのは、モンゴルの建国した元を倒し漢人による明王朝を打ち建て、その初代皇帝となった洪武帝が、周辺諸国に使いを送り朝貢を求めたことにある。この招諭を受けて、アジアの多くの国が明王朝に入貢した。その最大の理由は、それまで比較的自由度が高かった民間による商業貿易を明王朝が禁じたうえに、海岸線の防衛を強化して密貿易を排除し、朝貢という形式でしか貿易を認めなかったためである。東アジアの先進国である中国産品は、周辺諸国にとって憧れの奢侈品であり、その輸入に伴う利益は莫大であった。周辺諸国は、明王朝との貿易の利を前提に冊封を望んだのである。

琉球もまた明と冊封関係を結ぶことを選んだ。その概要を先学の研究（原田　一九九六、二〇一八）に導かれながら確認してみよう。琉球へ明使楊載が洪武帝の招諭を届けたのは、洪武五年（一三七二）のことであった。当時琉球は、中山・山南・山北の三国が分立する三山時代であり、三山はそれぞれにこれに応じた。最も迅速に反応したのは中山王察度で、招諭と同年に入貢している。琉球王国の外交文書をまとめた『歴代宝案』には三山時代の記録は収録されていないため、以下、明の朝廷で編纂された明実録を参照していく。

中山王察度、弟泰期等を遣わし、方物を奉表す。詔して察度に大統暦及び織金文綺紗羅各々五匹を賜わり、泰期等に文綺紗羅の襲衣を賜わること差有り。

（『明太祖実録』巻七七、洪武五年十二月壬寅条）

察度の入貢に対して、大統暦と織金（金糸を織り込んだ織物）・文綺・紗・羅といった絹織物の反物各五匹が察度へ、文綺・紗・羅の襲衣が使者の泰期に与えられた。襲衣とは衣服ひとそろいの意であるから、常服一式であったかもしれない。この時点では、察度には冠服は与えられず、明が蕃国と外交関係を樹立する際の初期段階に与える大統暦のみが頒賜された。しかし、陪臣である琉球の使者へ仕立て済みの衣服が下賜されていたことに注目しておきたい。

察度の入貢から八年の間を置いて、洪武十三年に山南王の承察度が入貢して大統暦を頒賜され、同十六年には山王の帕尼芝も入貢した。同年、中山王察度は鍍金銀印と絹織物七十二匹を下賜されている。それに続き、洪武十八年、山南王と山北王にも駝鈕（駱駝形のつまみ）の鍍金銀印が下賜された。鍍金銀印は郡王格に頒賜されるので（河上　二〇一三）、三山の王はそれぞれが郡王格に位置付けられたと判断できる。明との関係が深まるにつれ、大統暦、鍍金銀印と、冊封を象徴する品々が与えられているが、王の冠服はなかなか頒賜されなかった。

服制の確立を目指して——冠服への執着

琉球で初めて冠服を下賜されたのは中山王察度の息子である武寧と考えられる。明実録には、朝貢を開始してから二十五年以上を経た洪武三十一年の事項として、以下の記録がある。なお、明実録では察度の事績とされるが、琉球王国の正史である『中山世譜』によれば、察度は一三九五年に歿しているので、ここでは武寧の事績と考えておく。

琉球国中山王察度、冠帯を賜わる。これより先、察度が使を遣わし来朝するに中国冠服を請う。上曰く、彼の外夷、能く中国の礼儀を慕うは、誠に嘉尚すべし。礼部其れ冠帯之制を図し、往きて之を示せと。ここに至りて、其の臣亞蘭匏等を遣わし、来貢して謝恩し、復た冠帯を以て請うを為す。命じて制の如く之を賜い、幷びに其の臣下に冠服を賜う。

（『明太祖実録』巻二五六、洪武三十一年三月癸亥条）

この記載から、察度がかねてより中国の儀礼を慕い、明の礼部から冠帯の制度を図解したものを示されていたが、洪武三十一年の朝貢時に、察度（おそらく武寧）が重ねて冠帯を求めたため、服制の通りに冠帯を与え、あわせて臣下の冠服も下賜したことが確認できる。だが、王に下賜されたのが皮弁服であったのか常服であったのか、残念ながら種類は記されない。この記事は、すでに宮廷装束の生地を反物として下賜され、図面でその詳細を示されていたにもかかわらず、仕立て済みの衣服の下賜を願い出てそれを許されたと理解されている（原田　一九九六）。冠帯あるいは冠服と記された場合には、内訳や員数などの詳細が記されずとも仕立て済みの衣服を意味した。

このように、中山王は仕立て済みの冠服の下賜に固執している。その理由は、明の宮廷装束、とりわけ常服が、直線裁ちが基本の琉球の衣服とは異なり曲線裁ちで構成される異文化の服飾であったからだろう。図を見ただけで生地から裁断し、収まりよく仕立てるのは、当時の中山国では難しかったに違いない。朝貢使が中国本土滞在中に宮廷装束の製作工房に依頼して縫製するという手段も想定はしうるが、明への朝貢を始めたばかりの中山国に、そのような伝手を得るのは困難であったろう。宮廷装束の体系が確立していなかった当時の琉球において、中山王は明の服制を正確に移植し、琉球の宮廷装束体系を整えることを望んでいたのではないだろうか。そのため、反物ではなく仕立て済みの冠服そのものの下賜を願い出たのである。中山王が冠服の頒賜を受けると、永楽元年（一四〇三）には、山北王攀安知の申し出により山北王と臣下へ冠服が与えられた。翌永楽二年には、山南王応祖も山北王にならって冠帯を所望し、これを下賜されている。

このように、琉球で初めて冠服の頒賜を受けたのは中山王の武寧で、それは洪武三十一年（一三九八）のことであった。しかしそれ以前に実は、察度は家臣へ明の官職と冠帯の下賜を申請しており、願いの通りに公服などの頒賜を得ている。洪武二十五年入貢時には通事を務めた程復と葉希尹へ、洪武二十七年時には入明した王相の亞蘭匏へ、官職と冠帯の賜与を求めたのがそれであり、亞蘭匏には明朝の正五品が授けられた。これは、中山王のために精勤していることへのねぎらいと、琉球の蕃俗を改めたいための申請であった。臣下にまで冠服を申請している点に、明の服制を体系的に導入しようとする中山王の強い意向が窺えよう。

皮弁服の下賜と琉球での冠服製作

冠服を下賜された武寧であったが、尚思紹・尚巴志父子に滅ぼされ、中山王の王統は第一尚氏へと移った。永楽五年（一四〇七）、思紹は中山王世子を騙って入貢し、武寧を父と称してその死を報告し、中山王に封じられている。明実録にそれ以上の記述はないが、実はこの時に思紹へ皮弁服が下賜されていた。その事実は、思紹の歿後、跡を嗣いだ尚巴志に対して、明の礼部が宣徳二年（一四二七）五月二十四日付けで作成した『歴代宝案』所収文書によって明らかにできる。

琉球国中山王尚巴志奏するに、欽差の内官柴山、勅書を齎捧して王爵を襲封し、紗帽・束帯・衣服・礼物を頒賜す。欽遵して領受するを除くの外、切に照らすに、洪武より永楽年間に至る以来、聖朝、祖・父に王爵を襲封するに、倶に皮弁冠服等の件有り。今、襲封を蒙るも、未だ頒賜を奉ぜず。乞う、前例に照らして頒降して便益ならしめんことを、と。（中略）欽遵して査得するに、永楽五年九月内、本国中山王世子思紹に王爵を襲封し、皮弁冠朝服等の件を給するを欽准す。（中略）中山王世子尚巴志の襲爵の冠服は、永楽二十二年二月内、已経に工部に移咨し料造せしめて去後る、と。

（『歴代宝案』一—〇四—〇一　括弧内の注記は筆者による）

この文書には、尚巴志から、祖父とする武寧、父である思紹ともども、琉球王に冊封されるにあたっては皮弁冠服を頒賜された先例があるので、自らへも皮弁服を支給してもらいたい、との訴えに基づいて礼部が調査を行い、永楽五年に思紹へ皮弁冠服を支給したことを確認したため、巴志への皮弁服下賜を決定したことを記している。武寧への皮弁服下賜の先例についていては言及しておらず、中山王への皮弁服下賜の開始がいつからであったかは確認できないが、冊封当初から礼装として皮弁服が下賜されていた蓋然性は高い。この尚巴志の治世下、一四二九年に三山が統一され琉球王国が成立したと考えられている。以後の明への遣使は、第一尚氏とは血縁関係のない第二尚氏に王統が移りはしたものの、中山王の系譜に立つ王によって継続された。王が薨去すると世子は明へ使いを送って襲封と皮弁服などの頒賜を願い出ることが慣例となり、明からは皮弁服をもたらす冊封使が来琉した。

ところで、尚巴志もまた、家臣への冠服の支給を願い出ている。『明史』巻三二三、琉球伝には、正統二年（一四三七）に訪れた朝貢使が、琉球の陪臣は明との冊封関係が成立した当初に拝領した冠服を着用しつづけ傷みが進んでいるので、再び冠服を支給してほしいと上奏したことが記される。この申請に対して明側は、冠服の支給は行わず、琉球自らが冠服を製作するよう返答した。この一件以降、陪臣への冠服支給の申請が見られなくなることから、これがひとつの契機となって、琉球国内に冠服の仕立て技術が本格的に移入されたと考えられよう。

さて、琉球王に皮弁服が頒賜されるのは恒例となったが、その頒賜品の詳細は『歴代宝案』に収録された天順五年（一四六一）三月二十五日付けの目録（歴代宝案一—〇一—一六）によって、第一尚氏七代尚徳から以下の通り確認できる。

皮弁冠服一副

七旒皁皺紗皮弁冠一頂
　旒珠金事件線条全
玉圭一枚袋全
五章錦紗皮弁服一套
大紅素皮弁服一件
白素中単一件
纁色素前後裳一件
纁色素蔽膝一件玉鉤線索全
纁色粧花錦綬一件
纁色粧花佩帯一付金鉤玉素玎璫全
紅白素大帯一条
大紅素紵糸舃一双襪全
大紅平羅銷金雲夾袍袱四条
常服
　烏紗帽一頂
　金相犀帯一条
　大紅羅織金胸背麒麟円領一件
　深青羅褡褳一件
　柏枝緑羅貼裏一件

冒頭に引用した豊臣秀吉宛の勅諭記載品と比較すると、前半と後半の記載品は入れ替わっているものの、「五章錦（絹の誤記か）紗皮弁服」「麒麟円領」「金相犀帯」と、身分や官位を示す標識を含め、ほぼ同じ内容であることが確認できる。さらに、秀吉にやや後れて、同じく万暦帝から冊封を受けた第二尚氏七代尚寧の万暦三十一年（一六〇三）の頒賜品目録（『歴代宝案』一―〇一―二九）に至っては、秀吉のそれと同内容である。

3　「日本国王」足利将軍家への冠服賜与

足利将軍家に与えられた明朝の宮廷装束――義満への特賜

ところで、秀吉以前、足利義満が日本国王に冊封され、明と国交を樹立していたことは広く知られるところである。明側にとって秀吉冊封にあたっての先例となるのは足利将軍家の事例であろうから、足利将軍家の冠服受容についても確認しておく必要があるだろう。

仕立て済みの冠服が賜与されたかという点について見ていくと、『明史』および明実録には、永楽元年（一四〇三）、道義こと足利義満に冠服・亀鈕金章・錦綺紗羅を下賜したとの記載がある。このことから、冊封当初より、親王格に贈られるという金印に加え、仕立て済みの冠服が義満に頒賜されたことが確認できる。冠服の種類は不明だが、朝鮮や琉球の事例から推して常服であった可能性が指摘されている（河上　二〇二三）。そして、永楽三年には九章の冕服（明の宮廷装束における正礼装）が下賜された。これは冊封に伴うものではなく、捕獲した倭寇を献じたことを賞しての特賜であった可能性が指摘されている（村井　二〇一八）。九章冕服は明の服制では皇太子が着用するもので、冊封国の中では朝鮮国王に許されていた特別な品である。このように、義満に対しては仕立て済みの衣服の頒賜が確認でき、親王格の金印と皇太子格の冕服が支給されていることから、郡王格の鍍金銀印と皮弁服を頒賜された琉球王よりも高位に遇されていたことが確認できる。

しかしこれは義満だけの特例であった。続く歴代に仕立て済みの冠服が支給された事例は認められない。さらに、義教が頒賜された常服用の反物は、「麒麟」「獅子」「海馬」「白澤」（『善隣国宝記』下　宣徳八年〈一四三三〉六月十一日宣宗別幅）の文様になっている。義満が支給された九章冕服と対応する親王格の常服ならば袞龍文様でなくてはならず、「麒麟」「白澤」は琉球王と同じ公侯駙馬伯格を示す文様である。さらに、義満以後は、冕服や皮弁服といった礼装は頒賜された形跡がない。また、琉球では数多く確認できた陪臣への官職や冠服の下賜申請事例は、足利将軍家では見出すことができない。

形式だけの冊封——日本国王装束用反物のゆくえ

後年の史料ではあるが、『大館常興日記』には、明から頒賜された反物のうち錦・羅・紗それぞれ一匹を朝倉、六角、武田へ下賜したことが見えている。

一、今度就渡唐船帰朝、錦一疋・羅一疋・紗一疋、為　上意、朝倉弾正左衛門入道（孝景）方へ被下遣之、被成御内書候間、晴光（大館）方より冨森左京亮を差下候て遣之也、晴光副状申也云々、
一、如此段、六角（義賢）・武田（晴信）方へも被下遣之由、承及候也、
一、朝倉方へ之　御内書、そと拝見申候間、則うつし奉る也、たれ人被調申候哉、不審令存候、
就渡唐船帰朝到来之間、錦一疋赤紋四季花　羅一疋紺紋雲織金胸背麒麟　紗一疋萌黄紋雲織金胸背麒麟　遣之候、猶晴光可申候也、
二月十一日　御判
朝倉弾正左衛門入道とのへ
一、今度唐船に猿楽の装束に成つへしき物御さ候間、させられて観世に可被下と被思食候由、内々御尋也云々、

（後略）

（『大館常興日記』天文十一年〈一五四二〉二月十二日条　括弧内は筆者による補注）

ここには足利義晴から朝倉孝景への御内書の原文も写されており、下賜された錦は赤紋四季花、羅は紺紋雲織金胸背麒麟、紗は萌葱紋雲織金胸背麒麟の文様であったことが判明する。宣徳帝の別幅に見たように、麒麟文様は日本国王すなわち足利将軍が着用する冠服の生地として明から頒賜されたものである。義晴は長年朝倉家から多大な支援を得ており、反物の下賜はその忠勤への礼物とみなし得るが、本来は日本国王が着用すべき常服の生地を、おそらくその意味を知っているにもかかわらず与えていることから、これらを珍しい高級織物としか認識していなかったことが明らかである。またさらに続いて、明からもたらされた反物のうちには猿楽の装束に適当なものがあるので、観世大夫に下賜するようにとの将軍の意向があったことが記されている。これが宮廷装束用の生地であったかは分からないが、現存する能狂言装束には、常服の生地を転用した作例が散見され、日本においてはこの種の生地が非日常の場を飾る芸能衣裳として受容されていたことを示している。

冠服は与えられるのか求めるのか

私たちはともすれば、冠服の頒賜は、宗主国側の意向によって為されるものであり、着用にあたっては厳格に宗主国の規定が順守されると思いがちである。しかし、以上のように明の琉球王への冠服賜与を通覧していくと、明側が琉球側の意向を汲んで、仕立て済みの品を下賜したり、陪臣へ官職や冠服を下賜したりしており、冊封国側の要望に多大な配慮がなされている（村井　二〇一八）。一方で、冠服にさして興味を示さない日本側へは、反物を頒賜するだけである。さらに琉球においては、本来は下賜された二品官を示す金相犀帯を帯びなくてはならない琉球王が、受封ののちに越官となる一品官の玉帯を身につけることがあった。『琉球録撮要補遺』によれば、万暦七年（一五七九）

に尚永冊封の副使として来琉していた謝杰がこれを見とがめて問いただしたところ、琉球側は、犀角帯では臣下が身に着ける三品官を示す金鈒花帯や四品官を示す素金帯よりも格下に見えるので、王は玉帯を身に着けていると返答し、謝杰もこれを黙認したという（原田　一九九六）。冊封使が服制規定を厳格に運用しないのは、明としては、自国の優越性が担保されているという、国内での体面が重要であって、目の届かない遠国での運用は、冊封使の裁量に委ねて差支えなかったことを意味するのだろう。

以上の検討から、仕立て済みの郡王格の皮弁服と常服、さらには仕立て済みの配下の諸将への常服を頒賜された秀吉の冊封には、通常であれば先例として参照されるべき日本国王・足利将軍家の事例はまったくと言っていいほど参照されておらず、むしろ琉球国王の事例との親近性が強いことが明らかである。『明神宗実録』巻二七九、万暦二十二年十一月己卯条にあるように、秀吉の冊封にあたっては、朝鮮と琉球の事例が参照されたのである。そして、配下の武将たちに官職と仕立て済みの冠服が賜与されたのは、おそらくは日本側からの強い申し入れによるものと推測できよう。

4　御後絵が語る琉球王国の服制の確立

皮弁服をまとう琉球王

文献史料を通して明から琉球国王に頒賜された皮弁服と常服について述べてきたが、残念ながら、これらの衣服は現存していない。唯一伝存する琉球国王の装束は、明ではなく清から頒賜された生地を用いて仕立てた唐衣裳一式（那覇市歴史博物館所蔵）で、尚王家に伝来したものである〈図3〉。だが、歴代の王がそれらを着用した姿は、わずかではあるが絵画の中に見ることができる。続いては、描かれた琉球国王の服飾を通して、王国の服制の確立につい

図3　赤地龍瑞雲嶮山文様繻珍唐衣裳（那覇市歴史博物館所蔵）

図4　尚円王御後絵（鎌倉芳太郎撮影，沖縄県立芸術大学附属図書・芸術資料館所蔵）

て考えてみたい。

歴代琉球国王の肖像画として知られるのが「御後絵」である。本来は王家の宗廟である円覚寺御照堂の位牌の背後に描かれた壁画であったが、温湿度変化にさらされる環境からの劣化や建物火災による焼失などの備えとして、控えの掛軸や巻物が製作されるようになったという。壁画を写すため、その実寸大の掛軸は縦横二メートル近い大幅であった。

大正年間（一九一二―二六）には、尚王家の中城御殿に掛軸一種、巻物三種のあわせて四種類の控えが所蔵されていたことが、当時の研究者の調査ノートから判明する。だが、残念なことに第二次世界大戦時の沖縄戦により、これらすべての御後絵は所在不明となってしまった。そのよすがを伝えるのが、戦前に鎌倉芳太郎が撮影した十幅の琉球国王の肖像画（第二尚氏初代尚円〈図4〉、三代尚真、五代尚元、七代尚寧、八代尚豊、十一代尚貞、十三代尚敬〈図5〉、十四代尚穆、十七代尚灝、十八代尚育）のモノクロ写真である（平川　二〇二四）。

図5　尚敬王御後絵（鎌倉芳太郎撮影，沖縄県立芸術大学附属図書・芸術資料館所蔵）

これらの御後絵は、管理を担当していた真栄平房敬の証言により沖縄戦の後にも存在していたことが確認されており、所在不明の盗難文化財としてアメリカFBIの盗難美術品リストに登録されていた。そして驚くことに、令和六年（二〇二四）五月、そのうちの四幅がアメリカの個人宅で発見され、沖縄県に返還されたことが報道によって明らかになった（https://www3.nhk.or.jp/news/html/20240426/k10014425771000.html）。この四幅の中には、明時代の皮弁服を着用した琉球国王を描く二幅が含まれており、いずれも鎌倉の撮影写真には含まれない像主であった。ひとつは三分割されているうえに皮弁冠ではなく常服に合わせる烏紗帽を被った特異な図像で、第二尚氏九代尚賢かと推察されているもの、いまひとつは軸部分に「尚清様」と記され、四代尚清とみなしうる一幅である（https://www3.nhk.or.jp/lnews/okinawa/20240430/5090027647.html）。現在修理検討中で一般には未公開とのことだが、この発見により御後絵の彩色が明らかになり、国王が鮮やかな紅の皮弁服を着用していたことが確認された。

御後絵では、宮殿の中で王座に腰掛ける琉球国王を中央に大きく描き、その左右に七〜八人ずつ立ち並ぶ群臣たちをそれぞれ小さめに描く。王をはじめ諸臣は明の宮廷装束を思わせる姿で、明に朝貢していた八代尚豊王までは、国王はいずれも皮弁服とみなしうる無地の衣服を着用するが、清に朝貢するようになった十一代尚貞王からは地文様のある衣服に変わり、十三代尚敬王からは蟒を織り出した華麗な衣服が描かれるようになる。

描かれた皮弁服の問題点

御後絵に描かれた琉球国王の服飾については、明代に冊封された国王の皮弁服が、万暦十五年（一五八七）に刊行された『大明会典』の郡王の記述と正確には一致しないことがかねてより指摘されてきた（原田　二〇〇一、平川　二〇二四）。具体的には、本来は使用されない方心曲領と称される首元の飾りや腰の革帯が描かれる点、蔽膝と呼ばれる前掛けのような部分の形状が細すぎる点などである。『歴代宝案』収載の頒賜目録には皮弁服の数助詞を「一套」と記すことから、皮弁服は仕立て済みで頒賜されたはずであり、御後絵での着装の違いは琉球側で行われたと見るべきだろう。

それでは、本来は含まれない構成品が加えられたのはなぜだろうか。その理由は、これらの冠服の規範となったものが、両国の交流が始まった最初期に頒賜された冠服の図面や仕立て済みの明製冠服であったことに起因するのではないかと筆者は考える。琉球に最初にもたらされた仕立て済みの冠服は明の陪臣となる臣下への下賜品で、洪武二十五年（一三九二）、二十七年の二度にわたって下賜されている。また冠服の図面は洪武三十一年以前に与えられていた。『大明会典』に先立ち明朝の服制を含む官制をまとめた『諸司職掌』が編纂されたのは洪武二十六年であり、琉球の陪臣たちが冠服を与えられた時期は明の服制が明文化された時期に当たっている。尚敬王までの歴代国王の御後絵では、左右に描かれる重臣のうち最前列の二名、あわせて四名が明の朝服とおぼしき冠服を着用し、国王と同様に方心曲領を首に掛ける。『大明会典』によれば、方心曲領を用いるのは文武官の祭服のみだが、『宋史』巻一五三輿服志においては、諸臣が朝服着用時に方心曲領を身に着けるとされている。このことから、明初においては、宋の服制にならって諸臣の朝服や王の朝服にあたる皮弁服に方心曲領を加える時期があったのではないだろうか。あくまで推論に過ぎないが、この明初の服制が図面や実際の作例として琉球王国に伝えられ、それが後代の規範となって継承されたために、方心曲領が描かれた可能性を想定したい。

また革帯の着用についても、『諸司職掌』には皇帝皮弁服の構成品として「白玉佩革帯」と「緋白大帯」の二種類の帯が記載されており、明初の皮弁服には二種の帯を着装したと考えられる。これは皇帝冕服でも同じで、構成品として「白羅大帯」「玉革帯」の二種の帯が記載される。琉球へ皮弁服がもたらされたのは、前述の通り永楽五年以前であり、『諸司職掌』の完成から十五年も経っていない。この頃には、冕服や皮弁服において大帯と玉帯の二種を一緒に用いた蓋然性が高いことから、御後絵が革帯を描くのは、明初の先例を踏襲したためだろう。余談ながら、『明史』巻六六輿服志によれば、嘉靖八年（一五二九）にはすでに冕服にも革帯は用いられなくなっていたという。本来革帯は前に韍（ひざあて）を、後ろに綬を、左右に玉佩をつなぐものだったが、この頃にはこれらは裳に直接付けられるようになっていたため、革帯は用途を失っていたのである。このように、着装は時代につれて変わるものであった。

なお、蔽膝が細いという指摘については、御後絵において腰まわりに付ける蔽膝、玉佩、大綬が混同されている様相がうかがえることから、該当部分は蔽膝とは異なるものではないかと考えている。

皮弁服から唐衣裳へ——琉球王国の服制の確立

明から清へと宗主国が変わると、御後絵に描かれる琉球国王の衣服は大きく変容する。清に皮弁服という服制はなく、頒賜されるのは宮廷装束用の反物のみであったが、琉球から、かつてのように仕立て済みの冠服の頒賜を願い出ることはなかった。清から下賜された蟒を織り出した反物で、明の皮弁服風の衣服を仕立てるようになったのである。御蟒緞（うまんとう）とも呼ばれたこの唐衣裳の誕生は、明の冠服から学んだ琉球王国が、明の服制を基に王国独自の服制を確立したことを意味する。清からも冊封使は訪れたが、その冊封儀礼にあたって、琉球国王は清の冠服を身に着けることはなかった。清から下賜された生地は用いるものの、明の皮弁服風に仕立てた唐衣裳を着用したのである。そして、皮弁服風の唐衣裳や常服などの明朝風の装束を身に着けるのは国王のみとなり、家臣たちは帕をかぶる琉装へと服制を改めた。ただし、江戸幕府への使節団である江戸上りの使者に選ばれた王族や家臣は、その時だけ明代の常服を着続けたという。それがすでに故実となっていたためであろう（原田　一九九六）。

5　秀吉麾下への大量の冠服頒賜が意味するもの

なぜ冠服を求めるのか

本章では、壬辰戦争の講和交渉において、上杉景勝を含む陪臣にいたるまで大量の冠服頒賜が実施された背景について考えるために、同じく明から冊封を受けていた足利将軍家と琉球への冠服賜与について考察した。

明と琉球の間に冊封関係が樹立された時期は、琉球が統一に向かっていた時期に重なる。三国に分かれていた琉球をひとつの国にまとめあげた第一尚氏は、陪臣へ明の冠服の賜与をたびたび願い出るとともに、仕立て済みの冠服の頒賜を強く望んだ。これは新興国家である琉球が、明に倣って服制の体系を整えようとしていたためである。またその過程を史料から確かめる中で、明は琉球のように強く下賜を願い出た国にのみ家臣分の冠服や仕立て済みの冠服を下賜しており、何も要求しない日本の足利将軍家には冠服用の反物を与えるだけであったことが明らかになった。このことを念頭に置くならば、壬辰戦争の講和交渉において、日本国王に冊封された秀吉のみならず、陪臣の諸将にまで仕立て済みの冠服が大量に頒賜されたのは、交渉の過程で秀吉側が強く申し入れを行ったためと推測できるだろう。

秀吉の服制へのこだわり

そうであるならば、なぜ秀吉側は大量の冠服の頒賜を望んだのだろうか。一試論ではあるが、それは秀吉が本気で中国大陸支配を企図し、天皇を北京に移して自らは寧波に居を定める「唐入り」を計画する中で、中国移住にあたって新たな服制を整えることを構想していたからではないだろうか。

秀吉は身分秩序を明らかにするという装束の機能に極めて敏感な人物であった。それは、武家摂関家である豊臣家が、旧来の公家摂関家よりも優位であることを明示するために、唐冠に天皇のみが着用する引直衣を取り合わせるという、新たな豊臣家の装束を創始したことからも明らかである（寺嶋　二〇一五）。そのような秀吉だからこそ、明の服制にも強い関心を抱いていたはずである。現在妙法院には、秀吉が頒賜された皮弁服と麒麟胸背の常服に加え、蟒、飛魚、斗牛、獅子などを織り出した仕立て済みの衣服が残されている。これらの頒賜目録にない衣服が混在する理由について、これまで特に言及されることはなかったが、もし秀吉が大陸征服後の服制について思いを巡らせていたとすれば、今後の見本として各種の衣服を手元にとどめたとも想定しうるだろう。

秀吉の壮大な野望はついえたが、上杉景勝へ頒賜された冠服は、秀吉の壮大な野望の一端を伝えているのではないだろうか。

参考文献（年次は初出年による）

①日本語（五十音順）

相川佳予子　一九七〇「明代の服飾―『金瓶梅』にみる服飾の考察―」『明清時代の科学技術史』京都大学人文科学研究所

浅倉有子　二〇〇八「上杉伯爵家の宝物管理」角屋由美子編『特別展　上杉伯爵家の明治』米沢市上杉博物館

荒木　猛　一九九〇「金瓶梅補服考」『長崎大学教養部紀要（人文科学篇）』三一巻一号、のち『金瓶梅研究』（佛教大学研究叢書六）、佛教大学、二〇〇九年に収録

新宮　学　二〇〇〇「十六世紀末の日本と中国・朝鮮との講和交渉―米沢上杉神社所蔵の明朝冠服を手がかりに―」『西村山地域史の研究』一八号

新宮　学　二〇一六「明朝による豊臣秀吉日本国王冊封の顛末（平成二三年度講演会要旨）」『国士館東洋史学』七・八・九合併号

新宮　学　二〇一九「地域からみた壬辰戦争―米沢市の上杉神社に残る明朝冠服を中心に―（韓国語講演要旨　高吉嬉訳）」『山形大学歴史・地理・人類学論集』二〇号

新宮　学　二〇二〇「明朝の日本国王冊封と上杉景勝に贈られた冠服・兵部剳（二〇一九年度東北史学会公開講演要旨）」『歴史』一三四輯

新宮　学　二〇二二「新刊紹介―上杉神社特別展示図録『明国箚付上杉景勝宛一幅　明冠服類（文禄五年上杉景勝受贈）一括―』『山形大学歴史・地理・人類学論集』二三号

新宮　学　二〇二三「上杉神社所蔵の明朝から景勝に贈られた犀角帯の稀少性」『山形大学歴史・地理・人類学論集』二四号

池宮正治　一九九四「琉球国王の赤きみけし―唐衣裳―」『首里城研究』創刊号

石田実洋・橋本雄　二〇一〇「壬生家旧蔵本『宋朝僧捧返牒記』の基礎的考察―足利義満の受封儀礼を中心に―」『古文書研究』六九号

井上　進　一九九四「日本に現存する漢籍について」『ふびと』四六号、のち『書林の眺望―伝統中国の書物世界―』平凡社、

二〇〇六年に収録
入口敦志　二〇〇九「唐冠人物の来歴―和刻本における中国像の造型―」『日本文学研究ジャーナル』三号、国文学研究資料館
岩井茂樹　二〇〇五「明代中国の礼制覇権主義と東アジアの秩序」『東洋文化』八五号、のち『朝貢・海禁・互市―近世東アジアの貿易と秩序―』名古屋大学出版会、二〇二〇年に収録
上杉神社社務所　一九二八『別格官幣上杉神社再建誌』
大形　徹　二〇一五「龍角考―その一、キリンの角―」『人文学論集（大阪府立大学人文学会）』三三号
大形　徹　二〇一六「龍角考―その二、鹿の角―」『人文学論集（大阪府立大学人文学会）』三四号
大阪城天守閣編　二〇一九『豊臣外交』（展覧会図録）大阪城天守閣
大野晃嗣　二〇一九「明朝と豊臣政権交渉の一齣―明朝兵部発給「箚付」が語るもの―」『東洋史研究』七八巻二号
大庭　脩　一九七一「豊臣秀吉を日本国王に封ずる誥命について―わが国に現存する明代の誥勅―」『関西大学東西学術研究所紀要』四集
大庭　脩　一九九六『古代中世における日中関係史の研究』同朋舎出版
小笠原小枝監修・齋藤齊訳　二〇一五『中国絹織物全史―七千年の美と技―』科学出版社東京・国書刊行会
岡本弘道　二〇一一「明朝の「朝貢体制」の体系的把握に向けて―『明実録』による憲宗期朝貢事例表の作成を中心に―」『東アジア文化交渉研究』四号
尾崎周道　一九六九「上杉謙信とその遺品」上杉神社編『上杉神社稽照殿の宝物』
沖縄県図書館史料編集室編　一九九四『歴代宝案訳注本』第一冊、沖縄県教育委員会
小野　忍　一九六〇『中国古典文学全集一七　金瓶梅（下）』平凡社
鎌倉芳太郎　一九八二『沖縄文化の遺宝』岩波書店
河上繁樹　一九九八「豊臣秀吉の日本国王冊封に関する冠服について―妙法院伝来の明代官服―」京都国立博物館『学叢』二〇号
河上繁樹　一九九九「爾を封じて日本国王と為す―明皇帝より豊臣秀吉へ頒賜された冠服―」京都国立博物館編『妙法院と

三十三間堂』日本経済新聞社
河上繁樹　二〇一三「服飾から見た足利義満の冊封に関する小論」『関西学院大学人文論究』六二巻四号
河上繁樹　二〇二三『装いの美術史—織りと染めが彩なす服飾美—』思文閣出版
川西裕也・中尾美位子・木村拓編　二〇二三『壬辰戦争と東アジア—秀吉の対外侵攻の衝撃—』東京大学出版会
祇園祭山鉾連合会　二〇一二『祇園祭山鉾懸装品調査報告書　渡来染織品の部』
菊池秀明　一九九八『広西移民社会と太平天国』風響社
菊池秀明　二〇〇八『清代中国南部の社会変容と太平天国』汲古書院
菊池秀明　二〇二二『越境の中国史—南からみた衝突と融合の三〇〇年—』講談社
九州国立博物館編　二〇一一『契丹　草原の王朝　美しき三人のプリンセス』西日本新聞社
九州国立博物館・沖縄県立博物館美術館編　二〇一一『琉球と袋中上人展』九州国立博物館
金英叔・孫敬子　一九八四『朝鮮王朝韓国服飾図録』臨川書店
金文京・玄幸子・佐藤晴彦訳注　二〇〇二『老乞大—朝鮮中世の中国語会話読本—』平凡社
宮内庁書陵部編　一九五〇『図書寮典籍解題』歴史編、養徳社
元代の法制研究班　二〇〇八「『元典章　禮部』校定と譯注（二）」『東方学報』八二冊
黄能馥・陳娟娟・黄鋼、古田真一監訳・栗城延江訳　二〇一九『中国服飾史図鑑（1）〜（4）』国書刊行会
国立歴史民俗博物館編　二〇一八『日本の中世文書—機能と形と国際比較—』国立歴史民俗博物館
小島浩之　二〇一七「中国古文書料紙研究への視角」湯山賢一編『古文書料紙論叢』勉誠出版
小林　聡　二〇〇九「漢唐間の礼制と公的服飾制度に関する研究序説」『埼玉大学紀要（教育学部）』五八巻二号
笹間良彦　二〇〇八『図説　龍とドラゴンの世界』万来舎
佐藤　琴　二〇二一「上杉神社所蔵の明朝冠服の補子について—飛魚か斗牛か—」『山形大学歴史・地理・人類学論集』二二号
白石典之　二〇二二『モンゴル考古学概説』同成社
周　正律　二〇一七「漢代における龍文化の構造と展開」関西大学審査学位論文

杉原たく哉　二〇〇〇　『中華図像遊覧』大修館書店
杉本正年　一九七八　「朝鮮の役をめぐる秀吉らの冊封と明の冠服」『服飾文化』一六〇号
杉山正明・北川誠一　一九九七　『世界の歴史（九）』中央公論社
須田牧子　二〇一三　「明国箚付」東京大学史料編所第三六回史料展覧会図録『東アジアと日本、世界と日本』
須田牧子　二〇一七　「原本調査から見る豊臣秀吉の冊封と陪臣への授職」黒嶋敏・屋良健一郎編『琉球史料学の船出』勉誠出版
角屋由美子編　二〇二一　『明国箚付上杉景勝宛一幅　明冠服類（文禄五年上杉景勝受贈）一括』上杉神社
高島晶彦　二〇一七　「箚付料紙の自然科学的手法による検討」『東京大学史料編纂所附属画像史料解析センター通信』七六号
高田英樹　二〇一九　『原典中世ヨーロッパ東方記』名古屋大学出版会
瀧川政次郎　一九四二　「清代文武官服制考」『史学雑誌』五三編一号
武内房司　一九九七　「西南少数民族—土司制度とその崩壊過程をめぐって—」『明清時代史の基本問題』汲古書院
谷　徹也　二〇二二　「「朝鮮三奉行」の渡海をめぐって」『立命館文学』六七七号
鄭杜熙・李璟珣編　小幡倫裕訳　二〇〇八　『壬辰戦争—一六世紀日・朝・中の国際戦争—』明石書店
寺嶋一根　二〇一五　「装束からみた豊臣政権の支配秩序」『洛北史学』一七号
檀上　寛　二〇一六　『天下と天朝の中国史』岩波書店
沈従文・王㐨編、古田真一・栗城延江翻訳　一九九五　『中国古代の服飾研究　増補版』京都書院
東京国立博物館編　二〇一二　『天翔る龍』東京国立博物館
東京国立博物館・九州国立博物館等編　二〇二二　『琉球—沖縄復帰五〇年記念特別展—』ＮＨＫ他
豊見山和行　二〇〇四　『琉球王国の外交と王権』吉川弘文館
豊見山和行　二〇二三　「「秀吉冠服」と琉球国王冠服の二三の問題」『がじゅまる通信』九六号、榕樹書林
中野　等　二〇〇八　『文禄・慶長の役』（戦争の日本史一六）、吉川弘文館
中村栄孝　一九六九　『日鮮関係史の研究』中巻、吉川弘文館
那覇市市民文化部歴史資料室編　二〇〇三　『尚家関係資料総合調査報告』Ⅰ古文書編、Ⅱ美術工芸編　那覇市

奈良国立博物館編　一九九九　『平成十一年　正倉院展』奈良国立博物館
八田真理子　二〇二四　「〈修理報告〉「明妃出塞図」（阿部コレクション）」『大阪市立美術館紀要』二四号
早川泰弘・佐野千絵・三浦定俊　二〇〇三　「文化財の非破壊調査」『尚家関係資料総合調査報告書』Ⅱ　美術工芸編
原田禹雄　一九九六　「明・清時代の琉球国王の冠服」『南島史学』四八号
田禹雄　二〇〇〇　『冊封使録からみた琉球』榕樹書林
原田禹雄　二〇〇一　「琉球国王の皮弁冠服」『沖縄文化研究』二七号、のち『琉球を守護する神』榕樹書林、二〇〇三年に収録
原原田禹雄　二〇〇三　「琉球国王の常服」『沖縄文化研究』二九、のち『琉球を守護する神』榕樹書林、二〇〇三年に収録
樋口隆康　一九五〇　「東亜に於ける銙帯金具とその文化的意義」『史林』三三巻三号
平川信幸　二〇二四　『琉球国王の肖像画「御後絵」とその展開』思文閣出版
福田千鶴　二〇二四　『高台院』吉川弘文館
藤田励夫　二〇二一　「安南日越外交文書の花押についての試論」九州国立博物館紀要『東風西声』一六号
舩田善之　二〇〇五　「元代の命令文書の開読について」『東洋史研究』六三巻四号
文化庁編　一九八七　『国宝高松塚古墳壁画　保存と修理』文化庁
文化庁文化財部　二〇一八　「新指定の重要文化財―美術工芸品―」『月刊文化財』六五七号
文化庁文化財部美術学芸課　二〇〇六　『琉球国王尚家関係資料目録』
本間美紀　二〇一五　「ペルシアの写本挿絵における中国由来の岩山表現」『早稲田大学総合人文科学研究センター研究誌』三
増井寛也　二〇〇九　「マンジュ国〈四旗制〉初建年代考」『立命館東洋史学』三二号
桝屋友子　二〇一四　『イスラームの写本絵画』名古屋大学出版会
松田毅一監訳　一九八七　『十六・七世紀イエズス会日本報告集』第一期第二巻、同朋舎出版
水盛涼一　二〇二五　「辺疆の懐柔―明代以降の中国における域内自立勢力と賜服制度―」『経営情報研究』二九号
宮崎市定　一九六五　「二角五爪龍について」『石田博士頌寿記念東洋史論叢』、のち『宮崎市定全集』一七巻、岩波書店、一九九三年に収録

宮　紀子　二〇一八　『モンゴル時代の「知」の東西』名古屋大学出版会
宮　紀子　二〇二二　「モンゴル時代史鶏肋抄（一七）―君主は錦繍がお好き―」ミネルヴァ通信『究』一四〇号
宮　紀子　二〇二二　「モンゴル時代史鶏肋抄（一八）―ファッションモードはカアンから―」『究』一四一号
宮　紀子　二〇二三　「モンゴル時代史鶏肋抄（一九）―消化・継承されるファッション―」『究』一四二号
宮本一夫　二〇一四　「北方系帯飾板出現と展開」『ユーラシア考古学―高濱秀先生退職記念論文集―』六一書房
妙法院史研究会編　一九八〇　『妙法院史料』第五巻、古記録・古文書一、吉川弘文館
向日市埋蔵文化財センター編　二〇〇六　『再現・長岡京』京都府向日市
村井章介　二〇一八　「明代「冊封」の古文書学的検討―日中関係史の画期はいつか―」『史学雑誌』一二七編二号
村井章介他編　二〇一五　『日明関係史研究入門―アジアのなかの遣明船―』勉誠出版
森安孝夫　一九九四　「ウイグル文書箚記（その四）」『内陸アジア言語の研究』九
山田勅之　二〇一一　『雲南ナシ族政権の歴史―中華とチベットの狭間で―』慶友社
山田浩世　二〇一七　「琉球中山王の花押と近世琉球」黒嶋敏・屋良健一郎編『琉球史料学の船出―いま、歴史情報の海へ―』勉誠出版
山辺知行・神谷栄子　一九六九　『上杉家伝来衣裳』（日本伝統衣裳第一巻）講談社
山辺知行・神谷栄子　一九五五　「上杉神社の服飾品」『MUSEUM』五六号
米沢温故会　一九七七～一九八六　『上杉家御年譜　三　景勝公（2）』
米沢市史編さん委員会編　一九九九　『米沢市史　大年表』米沢市
米沢市上杉博物館編　二〇〇三　『国宝　上杉家文書図説―古文書が語りはじめた―』米沢市上杉博物館
米沢市上杉博物館編　二〇〇六　『上杉景勝―転換の時代を生き抜いた人生―』米沢市上杉博物館
米沢市上杉博物館編　二〇一六　『米沢中納言　上杉景勝』米沢市上杉博物館
米沢市上杉博物館編　二〇二〇　『米沢城―上杉氏の居城―』米沢市上杉博物館
米谷　均　二〇一四　「豊臣秀吉の「日本国王」冊封の意義」山本博文・堀新・曽根勇二編『豊臣政権の正体』柏書房
柳成龍、朴鐘鳴訳注　一九七九　『懲毖録』平凡社

渡辺健哉　二〇二二「元の大都―元朝の中国統治―」『岩波講座世界歴史（七）』岩波書店
渡辺美季　二〇二〇「琉球・日本関係における冠服と詔勅」『東国史学』六九号

②中文（五十音順）

尹志紅　二〇二一『明代服飾文化与社会風尚―《金瓶梅》中的服飾解読―』武漢理工大学出版社
雲南省博物館　二〇〇一『木氏宦譜影印本』雲南美術出版社
衛聚賢　一九四四『秦良玉』説文社
王　淵　二〇〇八「補子名称的由来与変化」『絲綢』二〇〇八年七期
王　熹　二〇一三『明代服飾研究』中華書局
王　熹　二〇〇九「明代少数民族与藩属国賜服述論」『故宮学刊』五輯、のち右記著書第五章の一部として収録
王興平　二〇〇〇「明朝命服制度与南京出土王公貴族妝飾文物」南京市博物館編『明朝首飾冠服』科学出版社
王宝林・宗鳳英主編　二〇〇七『中国文武官補』南京出版社
韓志遠　二〇一六『元代衣食住行』中華書局
魏　堅　二〇〇八『元上都（上）（下）』中国大百科全書出版社
魏　堅　二〇一一「蒙古高原石雕人像源流初探―兼論羊群廟石雕人像的性質与帰属―」『大漠朔風―北方考古文選　歴史巻―』科学出版社
龔　蔭　二〇一二『中国土司制度史』四川人民出版社
京王晶　二〇一九「明代出土玉帯相関問題研究」『故宮博物院院刊』二〇一九年三期
虞海燕　二〇一五「玉帯与明代政治生活」『北京文博』文叢二〇一五年二期
甄　娜　二〇二三『華服史迹―考古視域下的中国服飾芸術研究―』中国紡織出版社
孔子博物館　二〇一八『孔府服飾研究　档案巻』東華大学出版社
孔子博物館　二〇二一『斉明盛服―明代衍聖公服飾展―』文物出版社
江西省博物館等編　二〇一〇『江西明代藩王墓』文物出版社

江蘇省古陶瓷研究会　二〇二三『中国青花瓷紋飾図典　花鳥巻　下　走獣・蟲魚』東南大学出版社
黄能馥編　二〇〇七『中国服飾通史』中国紡織出版社
故宮博物院・山東博物館・曲阜文物局編　二〇一三『大羽華裳―明清服飾特展―』斉魯書社
国立故宮博物院　二〇一八「明人出警入蹕図」古画動漫
https://theme.npm.edu.tw/exh105/npm_anime/DepartureReturn/ch/index.html
山東省博物館　一九七二「発掘明朱檀墓紀実」『文物』一九七二年五期
山東博物館・孔子博物館編　二〇二〇『明代服飾文化展　衣冠大成』山東美術出版社
上海市文物保管委員会　一九六一「上海市盧湾区明潘氏墓発掘簡報」『考古』一九六一年八期
重慶中国三峡博物館・重慶博物館編　二〇〇五『重慶中国三峡博物館・重慶博物館』文物出版社
首都博物館編　二〇二〇『錦綉中華―古代絲織品文化展―』科学出版社
蒋玉秋　二〇一九「京都妙法院蔵豊臣秀吉明制服飾研究」『芸術設計研究』二〇一九年二期
蒋玉秋　二〇二一『明鑒―明代服装形制研究―』中国紡織出版社
曹　喆　二〇一七『歴代《輿服志》図釈・元史巻』東華大学出版社
孫宇翔・陳雪飛　二〇一八『你不知道的錦衣衛―明代賜服紋章制度演変浅論―』知識産権出版社
泰州市博物館　一九九五「江蘇泰州市明代徐蕃夫婦墓清理簡報」『文物』一九八六年九期
戴立強　一九九五「明代品官〝補子〟新探」『遼海文物学刊』一九九五年二期
茅恵偉　二〇二一『中国歴代絲綢芸術―元代―』浙江大学出版社
中国社会科学院考古研究所・定陵博物館・北京市文物工作隊編　一九九〇『定陵』上、文物出版社
張永康・彭曉主編　二〇〇一『木氏宦譜』雲南美術出版社
張万東　二〇二三「土司与衛所之間―明末石砫女土司秦良玉出身新論―」『原生態民族文化学刊』二〇二三年三期
趙　豊　二〇〇五「蒙元胸背及其源流」趙豊・尚剛主編『絲綢之路与元代藝術』藝紗堂服飾出版
趙　豊　二〇一六『錦程―中国絲綢与絲綢之路―』黄山書社
趙連賞　二〇一一「明代賜趣琉球冊封使及賜琉球国王礼服辨析」『故宮博物院院刊』二〇一一年一期

陳一萍・鐘蔚・梁文倩　二〇二一「明代賜服飛魚紋溯源及藝術特質探析」『服飾導刊』二〇二一年六期
陳光徳（Trần Quang Đắc）二〇一三『爵譜衭帽（Ngàn năm áo mũ）』雅南（Nhã Nam）
鄭潔西　二〇一七「萬暦朝鮮戦争期間和平条件的交渉及其変遷」『学術研究』二〇一七年九期
田澍　二〇〇二『嘉靖革新研究』中国社会科学出版社
唐彩蘭編　二〇〇五『遼上京文物擷英』遠方出版社
董進　二〇一一『大明衣冠図志』北京郵電大学出版社、のち北京大学出版社より再刊、二〇一六年
南京市博物館編　二〇〇〇『明朝首飾冠服』科学出版社
楊君誼　二〇一六「景徳鎮瓷器装飾飛魚紋図像学研究」『民族藝術研究』二〇一六年一期
羅瑋　二〇二三『馬上衣冠―元明服飾中的蒙古因素―』社会科学文献出版社
蘭陵笑笑生著・梅節校訂・陳詔黄霖注釈　一九九三『金瓶梅詞話　梅節重校本』夢梅館
李昕　二〇二一「七十年来明代墓葬出土服飾研究回顧与展望」『中国史研究動態』二〇二一年一期
李俞霏　二〇二二『礼制与造物―明清山東礼儀服飾研究―』中国紡織出版社
陸楚翬　二〇二二『我在明朝穿什麼』江蘇人民出版社
劉珂艶　二〇一八『元代紡織品紋様研究』東華大学出版社
劉継先　二〇一三『永順宣慰司歴代稽訓録』貴州人民出版社
劉瑞璞・劉暢　二〇二〇「明代官服従〝胸背〟到〝補子〟的蒙俗漢制」『藝術設計研究』二〇二〇年四期
劉芳如・鄭淑方主編　二〇一五『國立故宮博物院藏蒙古文物彙編』国立故宮博物院
柳彤　二〇一三「明代万通墓金執壺紋様新解」『首都博物館論叢』二〇一三年二七期
麗江市地方志編纂辦公室　二〇二三『百巻麗江文庫』第二輯第九巻「明代詔諭・譜牒・日記」『皇明恩綸録』

③英　文

Blair, S. Sheila. 1995, *A Compendium of Chronicles :Rashid al-Din*、*s Illustrated History of the World*（*Nasser D, Khalili Collection of Islamic Art XXVII*), Oxford Univ Press

David, Hugus. 2022, *Chinese Rank Badges: Symbols of Power, Wealth, and Intellect in the Ming and Qing Dynasties*. Hong Kong University Press.　のち王敬雅・仇泰格訳『補子：明清時期的品級標識』社会科学文献出版社二〇二三年に中文翻訳出版

Denney, Joyce. 2010, “*Mongol dress in the thirteenth and fourteenth centuries*” *in The World of Khubilai Khan: Chinese Art in the Yuan Dynasty*, Metropolitan Museum of Art

Kadoi, Yuka. 2009, *Islamic Chinoiserie: The Art of Mongol Iran*. Edinburgh University Press

Komaroff, Linda and Carboni, Stefano (eds.) 2002, *The Legacy of Genghis Khan: Courtly Art and Culture in Western Asia*, Metropolitan Museum of Art

Masuya, Tomoko. 2017, “Visualization of Texts: Scenes of Mourning in the Great Mongol Shāhnāma”, *ORIENT*, Vol. 52

Shea, L. Eiren. 2020, *Mongol court dress, identity formation, and global exchange*, Routledge

Valery M. Garrett, 1994, *Chinese clothing : an illustrated guide*, Oxford University Press

Watt, C. Y. James. (ed.) 2010, *The World of Khubilai Khan: Chinese Art in the Yuan Dynasty*, Metropolitan Museum of Art

あとがき

編者新宮が上杉景勝の冠服と初めて出逢ったのは、一九八四年四月二日のことであった。いまから四十年も前のことであるが、日付まではっきり確認できるのは、東洋文庫の故山根幸夫先生が主宰する明代史研究会の見学旅行で米沢市を訪れた時のことだからである（『明代史研究』一三号、彙報欄）。

その時の見学旅行は、山形県出身の故奥山憲夫さんと私とが同郷の誼で担当を命じられた。私が研究会に参加してまだ一年足らずであったから、宿泊先の予約などさまざまな準備は奥山さんが手配された。主たる目的は、公立図書館ながらも「米沢善本」を所蔵することで知られる市立米沢図書館の明清刻本の閲覧であった。閲覧対象の『居家必備』（明刊本）をはじめとする一四点のリストアップは、山根先生ご自身がなされた。閲覧後に訪れた上杉神社の宝物殿「稽照殿」で、紅色鮮やかな明朝冠服が片隅に展示されているのが目に止まった。明国から景勝に贈られたものという簡単な説明があった。明代軍政史が専門の奥山さんに「本当かなぁ」と声を掛けながら、しばし注視したことを思い出す。文禄・慶長の役という戦いの最中に、見事な冠服が「贈られた」ということをにわかには信じられなかった。後日、故大庭脩先生の先駆的研究に接して、その時の不勉強を恥じた。

その後、本格的に調べるようになったのは、一九九九年京都国立博物館において妙法院所蔵の豊臣秀吉に贈られた明朝冠服の展示が話題となってからのことである。ちょうどその頃、西村山地域史研究会の談話会での講演を依頼された。中学時代の恩師鈴木勲先生の推薦によるものであった。地域史研究者と郷土史愛好者からなる研究会で、多少とも地元に関わる話題がふさわしいと考え選んだのが、景勝に贈られた上杉神社所蔵の明朝箚付と冠服のテーマであった。

講演後に論文に掲載するにあたり、兵部笏の写真撮影を特別に許可していただき、社務所で笏付を初めて実見し、その大きさに驚いた。また宮司兼館長の故大乗寺健氏から景勝の冠服と笏付について、さまざまなお話を伺うことができた。講演とその後の調査をもとにまとめたのが、『西村山地域史の研究』一六号に掲載された二〇〇〇年の論文である。地方の雑誌に発表したためにほとんど参照されることはなかった。また当時は服飾史の知識に欠けていたものの、個人的には明服・笏付研究の出発点となった論考である。

論文執筆にあたり参照した大庭先生とはまったく面識がなかったものの、拙論の別刷をお送りしたところ、当時皇學館大学の学長となられていた先生から早速丁寧な返書をいただいた。お手紙には、先生が景勝の明服に関心を持ったのは、四十年以上も前の昭和三十年（一九五五）の米沢宋版三史の調査で訪れた時以来のことであると記されていた。また、「馬齢をかさねてみるとやはり一つの問題が解明されるまでには時間がかかりますし、いろいろな史料が世に明らかになり自分で実見するまでは長い時間が必要だと思います。ある意味では自分が生きている間に以前扱った資料が目に見える所に出て来て、その問題に関心を持ってくれる人が出てくることを知り得るのは幸福だと思います」と添えてあった。息の長い歴史研究の醍醐味を言い当てた至言である。先生からは関西に来たら伊勢にも是非立ち寄ることを誘われたが、訪れる機会を逸し謦咳に接することができなかったのは誠に残念と言わねばならない。

二〇一六年四月から勤務先の附属博物館館長兼務となった（二〇年三月まで）。同年四月、米沢市上杉博物館の開館十五周年を記念する特別展「米沢中納言　上杉景勝」で、久しぶりに兵部笏と冠服一式と対面した。企画展示室の広いスペースにゆったりと飾られた紅染めの常服と萌黄の便服の色鮮やかなコントラストの絶妙さに心を奪われて、地元紙に一文を寄稿した（山形新聞二〇一六年五月二十七日付、新宮寄稿「上杉博物館特別展　上杉景勝（前期）を振り返って」）。

新たに勉強しはじめた博物館業務とも関わる科研の申請ができないかと考えて、同館学芸研究員を兼務する佐藤琴氏と相談して、史料研究と文物調査の双方の視点から景勝に贈られた明朝冠服を研究課題として申請した。とくに、中国で盛んになりつつあった服飾史研究の成果をも吸収したいと考えた。申請に先立ち、上杉神社の大乗寺宮司に書簡を送って了解をお願いした。科研のメンバーには、明代官僚制を専門とする大野晃嗣氏（東北大学）と日本のみならず広く東アジアの染織史を専門とする山川曉氏（京都国立博物館）に研究協力者として加わっていただいた。

二〇一八年四月、採択のうれしい知らせに接した。その直前の三月には、文化審議会が景勝受贈の「明国箚付・冠服」を歴史資料として分割指定を答申したというニュースが報道された（朝日新聞二〇一八年三月十四日付、山形版）。国内での文書研究の進展を踏まえたものであり、偶然とは言え幸先よい科研のスタートとなった。

これ以降、二度にわたって日本学術振興会の科学研究補助金（基盤研究C）の交付を受けた。二〇一八年（平成三十）度の研究課題は、「壬辰戦争期、明朝から日本に贈られた箚付・冠服類の総合的研究」（18K00986）である。第Ⅰ期の採択と同時に「明服・箚付研究会」を組織し、歴史文献と文物資料の双方から研究課題にアプローチした。研究成果の一端については、二〇一九年度東北史学会大会公開講演（東北大学　十月五日）で、「明朝の日本国王冊封と上杉景勝に贈られた冠服・兵部箚」と題して報告する機会が得られた。

ついで、二〇二一年（令和三）度には引き続き、「壬辰戦争期、豊臣秀吉＝日本国王冊封のために贈られた明朝箚付・冠服類の総合的研究」（21K00886）が採択された。第Ⅱ期では、研究協力者をすべて研究分担者に変更し、渡辺健哉氏（大阪公立大学）と水盛涼一氏（多摩大学）を新たに研究分担者に加えて通時的・空間的視点を広げた。さらに、角屋由美子氏（上杉神社学芸課長）にも研究協力者として加わっていただいた。

第Ⅰ期と第Ⅱ期を併せて本科研が共同で実施した資料熟覧と明服・箚付研究会の日時と場所は、以下の通りである。

二〇一八年十一月一日、二日（米沢市）
・明服・箚付研究会（米沢市上杉博物館）
新宮　学「壬辰戦争期、上杉景勝に贈られた明服補子再考」
大野晃嗣「明朝と豊臣政権交渉の一コマ―明朝兵部発給「箚付」が語るもの―」
・上杉神社稽照殿にて、同神社所蔵の重要文化財上杉景勝に贈られた明朝冠服五点のうち大紅刻糸胸背斗牛円領一領、緑貼裏一領、犀角帯一条の三点の熟覧調査
二〇一九年七月十六日、一七日（京都市）
・明服・箚付研究会（京都国立博物館）
山川　曉「萌葱緞子地かい豸文様金襴鎧下着」について
佐藤　琴「秀吉の肖像画の唐冠について」
大野晃嗣「明朝兵部発給「箚付」が語るもの」
新宮　学「上杉景勝に贈られた犀角帯について」
・京都国立博物館にて、妙法院所蔵重要文化財「明官服類（文禄五年豊臣秀吉受贈）」の麒麟円領一領、貼裏一領、靴一雙、襪一雙、皮弁服一領、裳一腰、中単一領、便服一領の八点の熟覧調査
・祇園祭り前祭の山伏山会所等にて、山鉾懸装品として再利用された明服・補子の調査
二〇二一年七月二十五日、二十六日（米沢市）
・明服・箚付研究会（米沢市上杉博物館）
新宮　学「第Ⅱ期明服・箚付科研の開始にあたって」
佐藤　琴「上杉神社所蔵の明朝冠服の補子について―飛魚か斗牛か」

角屋由美子「重要文化財の明冠服類（烏紗帽・犀角帯・靴三点）の保存修復について」（講演）
・上杉神社稽照殿にて、明冠服類と箚付の特別展示の閲覧調査
二〇二二年一月二十二日（大阪市）
・明服・箚付研究会（大阪市立大学杉本キャンパス）
城山好美（松鶴堂修理技術部染織担当課長）「重要文化財の明冠服類の修理について」（講演）
新宮　学「上杉神社所蔵景勝受贈の犀角帯の稀少価値について」
二〇二二年七月三十一日（太宰府市）
・九州国立博物館特別展「琉球」に展示された琉球国王尚家関係資料の玉冠（付簪）、赤地瑞龍雲嶮山文様唐衣裳、紺地龍丸文様緞子唐衣裳等の閲覧調査
・明服・箚付研究会（九州国立博物館）
山田葉子（那覇市歴史博物館主任学芸員）「国宝琉球尚家「玉冠」の復元過程で判明した知見」（講演）
渡辺健哉「モンゴル時代の「胸背」」
山川　曉「琉球王家と明清朝の下賜衣料」
二〇二三年七月十二日（米沢市）
・上杉神社稽照殿にて、重要文化財明冠服類（文禄五年上杉景勝受贈）の犀角帯一条を北野博司氏（東北芸術工科大学）により3Ｄ撮影
二〇二三年十二月一日、二日（那覇市）
・那覇市歴史博物館所蔵の国宝琉球国王尚家関係資料の玉冠・赤地龍瑞雲嶮山文様唐衣裳・紺地龍丸文様唐衣裳・赤地繻子裙・白地繻子衣裳・石御帯・御官庫の七点の熟覧調査

・明服・箚付研究会（那覇市歴史博物館）
佐藤　琴「上杉神社所蔵の明朝冠服の補子について―飛魚か斗牛か（続）」
角屋由美子「上杉神社蔵上杉家伝来服飾類とその伝承について」
水盛涼一「華服を着た〝蕃夷〟―明朝西南土司賜服制度研究序説」

二〇二四年十月二十二日
・明服・箚付研究会（Zoom）
　九月末を目途に提出された本書各章の原稿をもとに、午前および午後をかけて検討会を実施した。当日諸用で参加が適わなかったメンバーには、後日録画ビデオで議論を共有した。

　この間、コロナ禍のため二〇二〇年のように共同での調査や研究会がまったく実施できない期間が生じるなど、多大の支障をきたした。また当初計画していた中国での資料調査も実現できなかったのはじつに残念であった。とはいえ、二〇二一年七月には、この間二年をかけて京都の松鶴堂で修理していた明冠服類三点を含む箚付と冠服一式の特別展示が行われた（山形新聞二〇二一年九月十八日付、新宮寄稿「景勝に贈られた明朝冠服　米沢で修理後初公開」）。
　コロナ感染がようやく収束した二〇二三年八月、中国の北京市で開催された「二〇二三明文化論壇」国際学術研討会にて「重新考察万暦二十三年頒賜給上杉景勝的明朝冠服」（通訳上海財経大学　銭晟氏）と題して招待講演を行った。景勝が受贈した明朝冠服について海外で初めて紹介する貴重な機会となった。
　さらに同年十二月には、沖縄の那覇市歴史博物館において国宝琉球王尚家関係資料の調査が実現し、景勝の冠服類と比較検討することができ思いがけない成果が得られた。この間、熟覧調査に協力していただいた上杉神社稽照殿、妙法院、京都国立博物館、九州国立博物館、那覇市歴史博物館の関係者各位にはあらためて謝意を表します。

最後に、これまで細々と継続してきた明服・笏付研究会の研究成果を一般の読者にも還元したいという編者の希望に全面的に協力いただいた研究会のメンバーにも心から感謝したい。

本書に収めた景勝の冠服類や笏付の画像使用にあたっては、大乗寺真二宮司より多大の便宜をはかっていただいたことに感謝申し上げます。ほかにも、宮内庁書陵部図書寮を始めとして所蔵資料の画像データ提供と掲載許可をいただいた各博物館等にも感謝いたします。

なお、出版に際して吉川弘文館の編集者をご紹介いただいた国立歴史民俗博物館の三上喜孝氏、および編集業務と校正に尽力いただいた編集部次長石津輝真さんと並木隆さんに感謝いたします。

二〇二四年十二月二十三日

千歳山、瀧山と蔵王の山並みを望んで

新　宮　学

執筆者紹介（生年／現職）——執筆順

新宮　学（あらみや・まなぶ）　別　掲

角屋由美子（すみや・ゆみこ）　1959年生まれ／上杉神社稽照殿館長・米沢市上杉博物館上杉文化研究室室長

大野晃嗣（おおの・こうじ）　1971年生まれ／東北大学大学院文学研究科教授

佐藤　琴（さとう・こと）　1970年生まれ／山形大学基盤教育機構（附属博物館）教授

北野博司（きたの・ひろし）　1959年生まれ／東北芸術工科大学教授・同文化財保存修復研究センター長

渡辺健哉（わたなべ・けんや）　1973年生まれ／大阪公立大学大学院文学研究科教授

水盛涼一（みずもり・りょういち）　1979年生まれ／多摩大学経営情報学部准教授

山川　曉（やまかわ・あき）　1968年生まれ／関西学院大学文学部教授

図・表一覧

＊は，宗教法人上杉神社所蔵（写真は松本正光氏撮影，および株式会社松鶴堂提供）。
＊＊は，宗教法人上杉神社所蔵（フォトグラメトリーにより北野博司氏作成の実測図 明服・箚付研究会提供）

【口　絵】

【序　章】

図 4　斗牛文補子（『中国文武官補』）南京出版社　2007 年　21
図 5　飛魚文トレース図　京都祇園祭黒主山前掛　河上繁樹氏作成（河上　1998）　22

【第一章】
図 1　山形県指定有形文化財「紫糸威伊予札五枚胴具足」　＊　35
図 2　重要文化財「太刀　銘　助宗　附革柄革包太刀拵」　＊　36
図 3　国宝「上杉家文書」豊臣秀吉朱印状（文禄二年）九月二十九日　米沢市上杉博物館所蔵　41
図 4　明冠服類保存箱　＊　45
図 5　上杉家整理札　＊　45
図 6- ①「歴第二〇五号　重要文化財指定書」　＊　48
図 6- ②「歴第二〇五号　重要文化財指定書附書」　＊　48
図 7　藤堂高虎所用「黒漆塗唐冠形兜　面頬付」伊賀市所蔵，伊賀上野城保管　50
図 8　上杉景勝所用「唐冠形兜」宮坂考古館所蔵　50

【第二章】
図 1　毛利輝元宛明朝兵部発給劄付　毛利博物館所蔵　57
図 2　上杉劄付石星押署　上杉神社所蔵　透過光，大野晃嗣氏撮影　59
図 3　『中国明朝檔案総匯』に収録されているサイン（左から梁延棟〈通番 623〉，陳新甲〈2818〉，張縉彦〈3380〉）　61
図 4　上杉劄付修正痕（本文）　上杉神社所蔵　透過光，大野晃嗣氏撮影　62
図 5　上杉劄付修正痕（宛名）　上杉神社所蔵　透過光，大野晃嗣氏撮影　62
図 6　毛利劄付修正痕（本文）　毛利博物館所蔵　透過光，大野晃嗣氏撮影　62
図 7　毛利劄付修正痕（宛名）　毛利博物館所蔵　透過光，大野晃嗣氏撮影　62
表　劄付本紙の存在する「上杉劄付」「毛利劄付」「前田劄付」の文字比較　大野晃嗣氏作成　72

【第三章】
図 1　河南南陽陳棚漢代彩絵画像石墓　中後室北過梁南面拓本（周正律「漢代における龍文化の構造と展開」第 6 章挿図 9，出典：蔣宏杰ほか「河南南陽陳棚漢代彩繪畫像石墓」〈『考古學報』2007 年第 2 期〉）　79
図 2　高松塚古墳壁画　青龍　明日香村教育委員会提供　79
図 3「入蹕図」（部分）　台湾国立故宮博物院所蔵　85
図 4　獬豸補子（David Hugus 著，王敬雅・仇泰格訳『補子』）　Chris Hall 所蔵　87
図 5　飛魚補子（David Hugus 著，王敬雅・仇泰格訳『補子』）　Chris Hall 所蔵　88
図 6　万家家族墓出土飛魚文仙盞瓶（部分，描き起こし）　首都博物館所蔵　陳一萍・鐘蔚・梁文倩「明代賜服飛魚紋溯源及藝術特質探析」2021 年　92

【第四章】

図 1　明代の大帯と革帯（『万暦大明会典』）　*101*
図 2　調査当時の犀角帯　上杉神社所蔵，東京文化財研究所提供　*103*
図 3　南京太平門外出土の金鑲□帯　南京市博物館所蔵　『明朝首飾冠服』科学出版社　2000 年　47 頁　*109*
図 4-①　石御帯（全体）（国宝・琉球国王尚家関係資料）　那覇市歴史博物館所蔵　*113*
図 4-②　石御帯（部分）　那覇市歴史博物館所蔵　*113*
図 5　琉球国王着用犀角白玉帯（鎌倉芳太郎撮影）　沖縄県立芸術大学附属図書・芸術資料館所蔵　*116*
図 6-①　石御帯の三台正方　那覇市歴史博物館所蔵　大野晃嗣氏撮影　*117*
図 6-②　石御帯の魚尾　那覇市歴史博物館所蔵　大野晃嗣氏撮影　*118*
（コラム）
図 1　犀角帯上面のオルソ画像と銙番号　＊＊　*121*
図 2　犀角帯の俯瞰図　＊＊　*122*
図 3　『大明衣冠図志』にみる帯銙の配列と名称　（董進　2011　北京郵電大学出版社）　*124*
図 4　犀角帯に用いられた 4 種の銙　＊＊　*125*
図 5　犀角帯外面の展開模式図　＊＊　*126*

【第五章】

図 1　劉貫道「元世祖出猟図軸」の部分　台湾国立故宮博物院所蔵　*141*
図 2　『新編纂図増類群書類要事林広記』続集巻 6，文藝類，双陸の挿絵（続修四庫全書本 1218 冊）　*143*
図 3　『新編纂図増類群書類要事林広記』続集巻 11，儀礼類，拝見新礼の挿絵（続修四庫全書本 1218 冊）　*144*
図 4　“The Nobles and Mubids Advise Khusrau Parviz about Shirin”, Folio from the First Small Shahnama　メトロポリタン美術館所蔵　*145*
図 5　正藍旗羊群廟元代祭祀遺跡出土漢白玉石彫像（魏　2008 上，697 頁）　*146*
表 1　至元 24 年の服色の規定（『元史』巻 78，輿服志 1，百官公服）　*135*
表 2　『延祐四明志』巻 12，賦役考，織染周歳額辨　*139*
表 3　『至順鎮江志』巻 6，造作辨　*139*

【第六章】

図 1　孔府旧蔵の「六十五代衍聖公孔胤植常服衣冠像」（孔子博物館　2021　44 頁）　*151*
図 2　孔府旧蔵の一品文官常服「大紅色暗花紗綴繡雲鶴方補圓領袍」（孔子博物館　2021　46 頁）　*152*

図 3　孔府旧蔵の命婦吉服「大紅色綢繡過肩麒麟鸞鳳紋女袍」（孔子博物館　2021　98 頁）　*152*
図 4　崇禎 12 年の勅諭と回賜目録（麗江市地方志編纂辦公室　2023　80 頁）　*156*
図 5　麗江府世襲知事十八世木青の肖像画（雲南省博物館　2001　132 頁）　*157*
図 6　泰良玉の「泰平黄綢平金繡龍鳳衫」（重慶中国三峡博物館など　2005　154 頁）　*166*
図 7　泰良玉の「藍緞平金繡龍袍」（重慶中国三峡博物館など　2005　155 頁）　*166*

【第七章】
図 1　素白中単（『豊公遺宝図略』）　京都大学附属図書館所蔵　*173*
図 2　纁色素前後裳（『豊公遺宝図略』）　京都大学附属図書館所蔵　*173*
図 3　赤地龍瑞雲嶮山文様繻珍唐衣裳（国宝・琉球国王尚家関係資料）　那覇市歴史博物館所蔵　*184*
図 4　尚円王御後絵（鎌倉芳太郎撮影）　沖縄県立芸術大学附属図書・芸術資料館所蔵　*184*
図 5　尚敬王御後絵（鎌倉芳太郎撮影）　沖縄県立芸術大学附属図書・芸術資料館所蔵　*185*

編者略歴
一九五五年、山形県に生まれる
一九八三年、東北大学大学院文学研究科東洋史学専攻博士課程単位取得退学
現在、山形大学名誉教授、人文社会科学部客員研究員
博士（文学）

主要著書
『北京遷都の研究―近世中国の首都移転―』（汲古書院、二〇〇四年）
『明清都市商業史の研究』（汲古書院、二〇一七年）
『北京の歴史―「中華世界」に選ばれた都城の歩み―』（筑摩書房、二〇二一年）

上杉景勝と明の冠服
中国から贈られた高官衣装

二〇二五年（令和七）三月十日　第一刷発行

編　者　新《あら》宮《みや》　学《まなぶ》

発行者　吉川道郎

発行所　株式会社　吉川弘文館
郵便番号一一三―〇〇三三
東京都文京区本郷七丁目二番八号
電話〇三―三八一三―九一五一〈代〉
振替口座〇〇一〇〇―五―二四四番
https://www.yoshikawa-k.co.jp/

印刷＝藤原印刷株式会社
製本＝ナショナル製本協同組合
装幀＝清水良洋・宮崎萌美

ISBN978-4-642-08476-5